W0191597

Mehrdad Baghai · Stephen Coley · David White

Die Alchimie des Wachstums

Die McKinsey-Strategie für nachhaltig profitable Unternehmensentwicklung

Mit einer Einleitung
von Herbert Henzler und Jürgen Ringbeck

Aus dem Amerikanischen von Ute Pfudel

Econ

Die Originalausgabe erschien 1999 bei
Orion Publishing Group Ltd., London,
unter dem Titel
»The Alchemy of Growth.
Kickstarting and sustaining growth in your company«.
Copyright © 1999 McKinsey & Company, Inc. United States
All rights reserved
The rights of Mehrdad Baghai, Stephen Coley and David White to
be identified as the authors of this work have been asserted by them
in accordance with the Copyright, Designs and Patents Act 1988

Aus dem Amerikanischen von Ute Pfudel

Der Econ Verlag ist ein Unternehmen
der Verlagshaus Goethestraße GmbH & Co. KG

ISBN 3-430-11128-5

© 1999 für die deutsche Ausgabe
by Verlagshaus Goethestraße GmbH & Co. KG
Alle Rechte vorbehalten. Printed in Germany
Gesetzt aus der Trump Mediaeval und Officina Sans
bei Josefine Urban – KompetenzCenter, Düsseldorf
Papier: Papierfabrik Schleipen GmbH, Bad Dürkheim
Druck und Bindung: Bercker Graphischer Betrieb GmbH, Kevelaer

Für unsere Eltern, Ehefrauen und Kinder

Inhaltsverzeichnis

Einleitung

Von den Wachstums-Champions lernen

*Europa bietet Unternehmen
attraktive Wachstumsmöglichkeiten*

Wachstum sichert Wohlstand. Es ist Lebenselixier für die Wirtschaft als Ganzes wie für jedes einzelne Unternehmen. Eine prosperierende Volkswirtschaft schafft Stabilität und steigende Einkommen für ihre Bürger. Wachsende Unternehmen bauen Gewinne und Marktanteile aus, schaffen neue Arbeit und motivieren ihre Mitarbeiter – »Wachstums-Champions« ziehen im Kampf um Talente die Spitzenkräfte des Marktes an.

Die Zeichen für Wachstum in Europa stehen zunehmend besser, insbesondere in der EU. Die Einführung des Euro, der tiefgreifende Wandel des Kapitalmarktes sowie Liberalisierung und Harmonisierung eröffnen Europas Unternehmen enorme Chancen:

- Der am 1. Januar 1999 eingeführte Euro schafft Transparenz und einen elf Länder umfassenden Wirtschaftsraum. Nicht mehr 40 Millionen Spanier oder 80 Millionen Deutsche, sondern knapp 300 Millionen Europäer sind nun die Zielgröße.
- Der entfesselte Kapitalmarkt sorgt einerseits für enormen Druck, indem er leistungsschwache Unternehmen gnadenlos identifiziert und bestraft. Andererseits beflügelt er die leistungsstarken: Ihnen stehen neue, effizientere Wege zur Finanzierung von Wachstum zur Verfügung.
- Bislang regulierte Märkte werden geöffnet, Subventionen nach und nach abgebaut. Die Marktwirtschaft hält Einzug in viele bislang abgeschottete Bereiche – nicht zuletzt vorangetrieben durch die Brüsseler EU-Wettbewerbskommission, wie aktuell bei der Energieversorgung.

- Langfristig sichert auch die häufig kritisierte Harmonisierung Wachstum. Indem etwa der Dschungel aus unterschiedlichen Normen gelichtet wird: In den achtziger Jahren existierten rund 100 000 nationale Standards in den Ländern der Europäischen Gemeinschaft. Mit etwas Pech mußte ein Produkt für jeden Exportmarkt in der EU immer wieder modifiziert werden, um den jeweiligen Anforderungen zu genügen. Europäische Normen wie CEN und internationale Standards wie ISO lösen diesen Wirrwar nach und nach ab. Sie ebnen echten europäischen Produkten den Weg – Produkten, die in ein und derselben Form zahlreiche Märkte innerhalb der EU erobern können.

Einige europäische Unternehmen mit zukunftsgerichteten Ideen haben diese Chancen bereits entschlossen genutzt und erzielen profitables Wachstum in Größenordnungen, die den weltweiten Vergleich nicht scheuen müssen: Unter den 500 umsatzstärksten europäischen Unternehmen waren 27, die Umsatz und Aktienrendite von 1995 bis 1998 um jährlich mindestens 20 Prozent steigerten; dazu gehören Porsche, Rentokil, Sodexho Alliance und SAP. Zehn der führenden 50 europäischen Unternehmen erzielten sogar Aktienrenditen von mehr als 50 Prozent in jedem der vergangenen drei Jahre; Spitzenreiter dieser Gruppe ist der finnische Telekommunikationskonzern Nokia, gefolgt vom niederländischen Versicherer Aegon, der Bank Unicredito Italia, der Banco Bilbao, Mannesmann, der spanischen Telefónica, der Allied Irish Bank, Fortis, Telekom Italia und L'Oreal.

Und der Rest? Die Existenz einiger europäischer Wachstums-Champions darf nicht darüber hinwegtäuschen, daß die Top 100 der börsennotierten europäischen Unternehmen (nach Umsatz) in den neunziger Jahren weit hinter der Performance US-amerikanischer Unternehmen zurückblieben: Die US-Top-100 erzielten im Schnitt Umsatz- und Ergebniszuwächse, die um ein Drittel höher ausfielen. Nur im Jahr 1998 waren die europäischen Unternehmen unter den Fortune Global 500 den amerikanischen hinsichtlich Umsatz und Ergebniswachstum überlegen; die Europäer realisierten Ergebniszuwächse in Höhe von 13 Prozent, während die US-Unternehmen sogar Einbußen von –3,7 Prozent verkraften mußten. Ob es sich hierbei um eine Trendwende handelt, ist noch offen. Feststeht: Wer sich an der Aufholjagd nicht beteiligt, läuft Gefahr, abgehängt zu werden.

Zu den europäischen Spitzenunternehmen zählt Mannesmann. Der Konzern kann sein enormes Wachstum unter anderem darauf zurückführen, daß er die Chancen der europäischen Marktintegration früh erkannt und entschlossen genutzt hat: Mannesmann trat mit dem erklärten Ziel in den liberalisierten Markt für Telekommunikation ein, Europas führender Telefonanbieter zu werden. Den Auftakt bildete im Jahr 1990 der Lizenzvertrag zum Aufbau und Betrieb des ersten privaten Mobilfunknetzes D2 in Deutschland. Heute ist Mannesmann Deutschlands Nummer eins im Bereich Mobiltelekommunikation und hält Beteiligungen an Telekommunikationsunternehmen in Frankreich, Italien und Österreich. Mannesmanns Telekommunikationsbereich wächst um ein Vielfaches schneller als die traditionellen Geschäfte Automobilzulieferung und Röhrenherstellung. Die Umsätze mit Telekommunikation stiegen von 1997 bis 1998 um 34 Prozent (der Gesamtumsatz ging im selben Zeitraum leicht zurück) und machen bereits ein Viertel des Konzernumsatzes aus. Im ersten Halbjahr 1999 erzielte die Sparte Telekommunikation erneut ein Umsatzwachstum von 34 Prozent. Die Anteilseigner von Mannesmann verbuchten in den vergangenen drei Jahren durchschnittlich 63 Prozent Wertzuwachs pro Jahr.

Grund zum Optimismus

Die Entwicklung von Mannesmann zeigt, wie sehr Unternehmen von der Liberalisierung und Deregulierung innerhalb Europas profitieren können. Die Chancen für solche Erfolge steigen: Europa dürfte in den kommenden Jahren noch wesentlich wachstumsfreundlicher werden. Die Entwicklung der Kapitalmärkte, die Rahmenbedingungen für den Dienstleistungsbereich sowie die anstehende Erweiterung der Europäischen Union stimmen optimistisch, denn sie verbessern die Voraussetzungen für Wachstum oder eröffnen vielfältige und vielversprechende Wachstumsperspektiven. Sehen wir uns die einzelnen Komponenten dieses Erfolgspotentials einmal genauer an:

Auf dem *Kapitalmarkt* verbessert die Einführung des Euro die Voraussetzungen für Wachstum. Die einheitliche Währung katapultiert die EU-11 auf Platz zwei der weltweit größten Finanzmärkte nach den USA. Nach Schätzungen von Experten der Deutschen Bank wird der Euro im Jahr 2010 weltweit rund 35 Prozent der Fakturierungswährungen repräsentieren, 25 bis 30 Prozent der Reservewährung und 30 bis 40 Prozent der Anlagen- und Emissionswährung. Die momentane Schwäche des Euro bietet übrigens keinen Grund, an seiner Bedeutung zu zweifeln; die Schwankungen, die der ECU in den vergangenen zwei Jahrzehnten erlebt hat, waren durchaus größer.

Die Unternehmen aus den Ländern der Währungsunion werden dank der einheitlichen Währung nicht nur sinkende Transaktionskosten verzeichnen, weil sie keine Wechselkursrisiken mehr absichern müssen und Umtauschkosten nicht mehr anfallen. Ein beträchtlicher Wachstumsimpuls geht zudem davon aus, daß der Zugang zu Kapital wesentlich vereinfacht wird: Börsen in ganz Europa verknüpfen derzeit ihre Handelssysteme und sorgen für mehr Transparenz auf den Kapitalmärkten. So wird Konkurrenzdruck auf die Investmentbanken ausgeübt, die ihre Preise für Aktienemissionen senken müssen – die Unternehmen können sich dann neues Kapital zu günstigeren Konditionen verschaffen.

Die erhöhte Transparenz lenkt aber auch das Interesse privater Anleger stärker auf den Aktienmarkt; sie sind angesichts dauerhaft niedriger Zinsen für Sparguthaben auf der Suche nach lukrativen Anlagemöglichkeiten. Indem Privatanleger mehr und mehr Sparguthaben durch Wertpapiere substituieren, dürften sie bis zum Jahr 2008 die Marktkapitalisierung um mehrere Billionen Dollar erhöhen. In dieser Hinsicht ist schon viel in Bewegung geraten: Von 1995 bis 1998 ist die Marktkapitalisierung auf dem europäischen Aktienmarkt bereits um 22 Prozent pro Jahr gestiegen. Gerade auch in weniger entwickelten Kapitalmärkten wie Deutschland nahmen die Börsennotierungen sprunghaft zu – der Gang an die Börse kann wesentlich effektiver sein als der Gang zur risikobewußten Hausbank, wenn es um die Beschaffung von Kapital für Wachstumsaktivitäten geht. Entschlossen sich 1997 noch 35 deutsche Unternehmen zum Börsengang, wagten 1998 schon 76 Newcomer diesen Schritt und 27 allein im ersten Quartal 1999. Der Trend dürfte sich europaweit fortsetzen.

Die mit dem Euro verbundene Transparenz bringt übrigens nicht nur Dynamik in den Kapitalmarkt, sondern auch in die Gütermärkte: Die Preise innerhalb der Europäischen Union werden sich einander angleichen, denn sie werden durch die einheitliche Währung mühelos über Länder hinweg vergleichbar. Eine Reaktion darauf ist die Einführung einheitlicher Grundpreise auf Euro-Basis in der Automobilindustrie, mit Porsche als Vorreiter. Konsequenz solcher Entwicklungen: Wachstumschancen für die wettbewerbsfähigsten Produkte, denen das nivellierte Preisniveau nichts anhaben kann und die deshalb Konkurrenz verdrängen können.

Für den *Dienstleistungsbereich* entwickelt sich das spezifische Umfeld besonders günstig. Dieser Wirtschaftszweig erwies sich in den vergangenen Jahrzehnten als ausgesprochen dynamisch, und so ist der Beitrag des Dienstleistungssektors zum Bruttoinlandsprodukt in Deutschland von 41 Prozent (1965) auf 68 Prozent (1998) gestiegen. Die Wachstumsraten in den kommenden zehn Jahren werden überdurchschnittlich sein. Vor allem Branchen wie Telekommunikation und Logistik profitieren davon, daß der Markt immer komplexer wird, die Logistik zusätzlich vom Trend zur kleinteiligen Produktion. Unternehmen, die europaweit präsent sein wollen, müssen entsprechende Verteilnetze aufbauen. Diese Netze, die durch umfangreichen Einsatz von Informationstechnologie immer ausgefeilter gesteuert werden können, versorgen zentrale Produktionsstandorte von Unternehmen stundengenau mit Zuliefermaterial aus allen Regionen Europas und transportieren die fertigen Produkte von ein oder zwei Distributionszentren aus nach ganz Europa.

Auch die Werbebranche kann sich über eine steigende Nachfrage freuen: Der freie Verkehr von Waren und Dienstleistungen, die einheitliche Währung und die Deregulierung von Industrien erhöhen den Bedarf für gesamteuropäische Werbestrategien – Produktnamen, Werbemittel und -slogans müssen den Geschmack in den verschiedenen Ecken Europas treffen. Zudem beschert die Deregulierung der Werbeindustrie Kunden aus solchen Industrien, in denen Werbung zu Zeiten staatlicher Monopole selten war: Seit auf Märkten wie Telekommunikation und Energieversorgung Wettbewerb besteht, müssen nicht nur die ehemaligen Monopolanbieter die Aufmerksamkeit potentieller Kunden auf sich lenken, sondern auch diejenigen Unternehmen, die neu in diese Märkte eingetreten sind. Für die deutsche Werbebranche haben sich diese Veränderungen ihres Umfeldes im Jahr 1998 bereits in einem Wachstum von gut drei Prozent niedergeschlagen.

Außerdem steht der Raum offen für völlig neue Dienstleistungsangebote, zum Beispiel aufgrund der demographischen Entwicklung in der

EU. »Senioren« heißt die neue, wachsende Zielgruppe. Sinkende Geburten- und Sterberaten führen dazu, daß sich die Alterspyramide verformt: Der Anteil der über Sechzigjährigen an der Bevölkerung wird von 1995 bis 2025 um etwa ein Fünftel zunehmen. Diese Generation der Älteren wünscht sich speziell auf ihre Bedürfnisse zugeschnittene Angebote in puncto Gesundheit, Pflege, Freizeitgestaltung und Reisen. Und dank ihrer wirtschaftlichen Situation kann sie es sich leisten, solche Angebote wahrzunehmen: Rentner- und Pensionärshaushalte verfügen heute über ein Vermögenseinkommen von fast 40 Milliarden DM, das entspricht fast 29 Prozent des gesamten Vermögenseinkommens in den alten Bundesländern.

Schließlich wird die im nächsten Jahrzehnt anstehende Erweiterung der EU Wachstumsmöglichkeiten bescheren. Heute besteht die EU aus 370 Millionen potentiellen Käufern. Nach dem Jahr 2010 könnten es knapp 500 Millionen Bürger sein – fast doppelt so viele wie heute in den USA. Durch ihren Beitritt zum gemeinsamen Markt werden die EU-Neulinge den Unternehmen der jetzigen EU-Staaten den Marktzugang zu ihren Bürgern erheblich erleichtern. So gewinnen diese Unternehmen ein riesiges Kundenpotential hinzu, das sie »mit allem Komfort« des gemeinsamen Marktes beliefern können, ohne Zölle oder sonstige Importbeschränkungen. Angesichts der geringen Kaufkraft in den Beitrittsländern sollte das Für und Wider dieser Wachstumsoption gründlich abgewogen werden.

Wachstum auf europäische Art

Chancen für Wachstum in Europa sind also durchaus vorhanden. Was den weniger wachstumsstarken europäischen Unternehmen offensichtlich fehlt, ist eine Anleitung, wie man diese wahrnehmen kann. Von den erfolgreichen europäischen Wachstumsunternehmen können sie vier »Erfolgsrezepte« übernehmen, mit denen profitables Wachstum durch Nutzen der Dynamik des europäischen Marktes zu erzielen ist: Geografische Expansion, Eingriffe in die Industriestruktur, Entwicklung neuer Produkte und Dienstleistungen sowie Neugestaltung von Distributionssystemen.

Erstens: Die *geografische Expansion* in einem liberalisierten und harmonisierten Europa. Die Liberalisierung öffnet protektionierte

Märkte, so werden bis zum Jahr 2005 Airlines, Telekommunikation, Elektrizitätsversorgung und die Transportbranche vollständig für den Wettbewerb freigegeben sein. Harmonisierung erleichtert den Zugang zu neuen Kunden in anderen europäischen Märkten. Im Landfrachtverkehr gelang dies innerhalb von zehn Jahren, der Markt wurde bis 1998 EU-weit vereinheitlicht. Bis 1988 waren z. B. inländische Transporte inländischen Speditionen vorbehalten und internationale Transporte durch bilaterale Abkommen geregelt. Heute können die billigsten und besten Frachtunternehmen beauftragt werden – gleich, aus welchem Land. EU-Regelungen haben die alten Ländervorschriften ersetzt.

Auch andere Branchen nehmen die Expansionschancen wahr: Die Deutsche Bank hat ihren Einstieg ins Privatkundengeschäft in Frankreich angekündigt, dem zweitgrößten europäischen Bankenmarkt. Ähnliches geschieht im Elektrizitätssektor: Eléctricité de France ist seit kurzem am englischen und walisischen Markt präsent und hat London Electricity akquiriert. British Airways, mit einer Flotte von mehr als 300 Flugzeugen Europas größte Fluggesellschaft, hat die Deregulierung des europäischen Luftverkehrs genutzt und die Tochterunternehmen Deutsche BA in Deutschland und Air Liberté in Frankreich gegründet, um Inlandsflüge auf diesen Märkten anzubieten. Beide Linien fliegen noch rote Zahlen ein, erwarten aber, daß sich dies in Kürze ändert.

Auch die jüngst vollzogene Liberalisierung von Flughäfen und von Dienstleistungen im Zusammenhang mit dem Massentransport eröffnet Wachstumschancen. Die Geschäfte des Anlagenherstellers und -betreibers Vivendi umfassen bereits den Betrieb von Eisenbahnen in Großbritannien und Deutschland. Der BAA (British Airports Authority) bot die Liberalisierung die Chance, weitere Flughäfen zu betreiben. Die BAA hatte sich bereits in den achtziger Jahre von der Behörde der britischen Flughäfen zu einem Unternehmen gewandelt. Dieses betreibt heute mehr als ein Dutzend Flughäfen, darunter die bedeutendsten britischen Airports wie Heathrow und Gatwick, und den Flughafen in Neapel. Gemanagt werden sowohl die Start- und Landebahnen als auch die Terminals, was das Bereitstellen von An- und Abreisemöglichkeiten und Sicherheitsdiensten ebenso umfaßt wie den Betrieb von Geschäften und Restaurants. Beständig sucht das Unternehmen auch nach Wachstumsmöglichkeiten in angrenzenden Bereichen des Kerngeschäftes Flughafenbetrieb – so engagiert es sich bereits im Betrieb von Hotels, Hangars und Cargo-Einrichtungen.

Zweitens: *Gestaltung der Industriestruktur* über Fusionen und Akquisitionen dank der Deregulierung der europäischen Märkte. Der Wettkampf um Marktanteile und gute Ausgangspositionen für europäische Aktivitäten ist entbrannt: Kaum ein Tag vergeht ohne die Ankündigung einer bedeutenden Fusion auf europäischer Ebene. So treten nun bisher nationale Postunternehmen in anderen Märkten auf mit dem Ziel, ein europäisches Paket- und Logistiknetzwerk aufzubauen. Das British Post Office hat mit dieser Perspektive German Parcel aufgekauft, die französische La Poste German Denkhaus, ein Privatunternehmen, das insbesondere Päckchen ausliefert. Die Deutsche Post AG hat europäische Logistikunternehmen wie Danzas und den europäischen Transport- und Distributionsbereich von Royal Nedlloyd akquiriert.

Ein weiteres Beispiel für Wachstum durch Gestaltung der Industriestruktur geben die Finanzdienstleistungsmärkte: In Frankreich und Italien kam es zu Zusammenschlüssen von hochangesehenen Banken, zum Beispiel von Credito Italiano und Unicredito: Hervorgegangen ist daraus ein europäischer Spieler mit stabiler Basis im Heimatland Italien – der Zusammenschluß erzielte im Durchschnitt der vergangenen drei Jahre 77 Prozent Aktienrendite jährlich. Weitere tiefgreifende Veränderungen auf nationaler wie auf europäischer Ebene sind zu erwarten. Fünf bis zehn Banken, so schätzen Branchenexperten, werden sich herauskristallisieren und die Länder mit Euro-Währung beherrschen. Solche Zusammenschlüsse ermöglichen attraktive Synergien wie leichteren Marktzugang und Skaleneffekte in Marketing und Vertrieb.

Drittens: *Schaffung neuer europäischer Produkte und Dienstleistungen*, begünstigt durch Deregulierung. Dies betrifft neben anderen Sektoren massiv den Elektrizitätssektor: Der Handel mit Energie wird zu einer neuen Dienstleistung, da die traditionellen Monopole zerschlagen werden. Eine Dynamik, wie sie unlängst die Deregulierung der Telekommunikation entfacht hat, könnte durchaus auch auf dem Energiemarkt entstehen. Auch in der Eisenbahnindustrie wird die Nachfrage nicht mehr überwiegend vom heimischen Inlandsmarkt gedeckt, sondern zunehmend vom europäischen Markt. Unternehmen wie GEC/Alstom oder Fiat Ferrovia haben diese Chance erfolgreich genutzt. Die italienische Pendolino-Neigetechnik haben bereits sechs Eisenbahnen der Europäischen Union eingeführt.

Viertens: *Aufbau neuer Distributionssysteme.* Grenzüberschreitende Transaktionen sind im vereinigten europäischen Markt wesentlich leichter. Das ermöglicht den Unternehmen, die bislang über mehrere Staaten verstreute und voneinander isolierte Produktion und Distribution europaweit zu integrieren und dadurch erheblich zu straffen: Unternehmen, die europaweite Distributions-Netzwerke aufbauen, reduzieren drastisch ihre Lieferzeiten und Kosten.

Der Discounter Lidl hat in den neunziger Jahren 30 europäische Logistikzentren aufgebaut. Von dort werden 3000 Filialen in acht europäischen Ländern beliefert. Für Neulinge auf dem europäischen Markt wie die texanische Dell Computer Corporation ist es geradezu selbstverständlich, ein europaweites Distributionszentrum einzurichten. 1991 hat das Unternehmen seine europäische Produktions- und Distributionsstätte im irischen Limerick gegründet. Hier wird die gesamte Produktpalette – Notebooks, Server und Workstations – gefertigt. Der europäische Zweig wuchs in den letzten zwei Jahren um mehr als 60 Prozent pro Jahr und macht mittlerweile ein Viertel des Gesamtumsatzes aus. Dell hat bereits den Ausbau seines Stützpunktes in Europa angekündigt.

Noch einmal: Europäische Unternehmen sollten diese Wachstumschancen unbedingt ergreifen. Denn eines dürfen sie nicht übersehen: Die Liberalisierung und die Harmonisierung der Märkte verschärfen auch erheblich den Wettbewerb, und die Kapitalmärkte werden alle Unternehmen nach denselben Kriterien beurteilen. Die einheitliche Währung wird Druck ausüben auf die Margen, da die Preise europaweit transparenter werden. Unter diesen Umständen ist Wachstum das beste Mittel, um die strategische Kontrolle in der Hand zu behalten (oder sie sich zu erwerben) und nicht zum Übernahmekandidaten für andere, wachstumsstärkere Spieler zu werden.

Anforderungen im globalen Wettbewerb

Die beschriebenen Wachstumsrezepte gelten vor allem für solche Branchen, deren bedeutendstes Spielfeld für Wachstum der einheitliche europäische Markt ist und bleiben wird – für Branchen wie Finanzdienstleistung, Energie, Transport und Verkehr sowie Telekommunikation. Erfolgreiche Unternehmen dieser Wirtschaftszweige haben es verstanden, die hauptsächlich durch Liberalisierung und Deregulierung entstandenen Chancen zum Haupthebel ihrer Wachstumsstrategien zu machen.

Für andere europäische Unternehmen ist Europa zwar ein wichtiges Spielfeld, aber längst nicht das einzige; Branchen wie etwa Konsumgüter-, Computer-, Elektronik-, Automobil- oder Pharmaindustrie sind bereits global ausgerichtet. Zwar profitieren auch sie von den Chancen in Europa. Aber wer sich erfolgreich auf dem globalen Spielfeld behaupten will, muß komplexere Wachstumsstrategien formulieren, muß Antworten finden für schwierige Fragen wie diese: Wie läßt sich globale Präsenz in Schlüsselmärkten der Triade aufbauen? Beispielsweise können trotz der beträchtlichen Marktpotentiale viele europäische Unternehmen nur schwer in Asien Fuß fassen und dort Marktanteile erobern. Wie lassen sich globale Wertschöpfungsverbunde aufbauen? Globale Präsenz heißt, Wertschöpfungsstufen wie Entwicklung, Produktion und Vertrieb weltweit aufeinander abzustimmen und zu vernetzen. Wie läßt es sich vermeiden, auf Überproduktion sitzenzubleiben? In vielen Branchen trifft ein stetig steigendes Angebot auf weltweit rückläufigen Bedarf, die Gunst der Konsumenten entscheidet mehr denn je über die Existenz von Unternehmen.

Gesundes Wachstum über einen langen Zeitraum ist unter diesen Bedingungen eine ungeheuer schwierige Aufgabe. McKinsey hat daher in einer weltweiten Untersuchung analysiert, wie es führenden Unternehmen dennoch gelingt, Wachstum profitabel zu managen. In einem ersten Schritt wurden 3000 Unternehmen untersucht, um die Bedeutung des Wachstums für den Unternehmenserfolg in einzelnen Industrien und Regionen zu systematisieren. Die dreißig Großunternehmen, die sich in puncto dauerhaftem Umsatzwachstum und Wertsteigerung als die Leistungsfähigsten erwiesen, wurden dann ausführlich untersucht. Übrigens waren mit Bertelsmann, CRH, der Jefferson Smurfit Group, Nokia und SAP gerade einmal fünf dieser dreißig Unternehmen europäischer Herkunft – ein Beleg dafür, daß auf dem weltweiten Spielfeld Aufholbedarf besteht.

In dem vorliegenden Buch fassen Mehrdad Baghai, Stephen Coley und David White die Erkenntnisse aus dieser weltweiten Untersuchung zusammen. Sie zeigen auf, wie Unternehmen Wachstum managen müssen, um dauerhaft als Gewinner auf den Märkten zu bestehen. Drei Themen sind es, die nach Ansicht der Autoren auf keiner Wachstumsagenda fehlen dürfen:

- *Ist das Anspruchsniveau hoch genug?* Wenn sich Unternehmen damit begnügen, heute passable Ergebnisse in bestehenden Geschäften zu erwirtschaften und moderate Wachstumsraten zu erzielen, zählen sie morgen zu den Verlierern. Überdurchschnittliche Wachstums- und Wertsteigerungsziele müssen formuliert und durch einen Codex von Wertevorstellungen ergänzt werden, der die Mitarbeiter zu Höchstleistungen motiviert.
- *Nimmt Wachstum den gebührenden Platz in der strategischen Planung ein?* Wer ehrgeizige Wachstumsvorhaben realisieren will, muß das gesamte Unternehmen auf Wachstum ausrichten, muß lernen, über das bestehende Kerngeschäft hinaus zu denken. Das beginnt damit, die Suche nach Marktchancen ebenso zu systematisieren wie die Entwicklung neuer Geschäftsideen und endet damit, bestehende Fähigkeiten und erkannte Chancen zu neuen Geschäften zusammenzuführen.
- *Ist die Organisation auf Wachstum ausgerichtet?* Erfolgreiche Wachstumsunternehmen gehen noch einen Schritt weiter als die – mittlerweile bewährten – kleinen Einheiten zu schaffen. Sie sorgen für eine Vernetzung dieser Einheiten, die auf Basis von Produkten, Regionen oder Märkten entstehen. Der Transfer von Best Practice und die Kombination von Fähigkeiten zwischen den einzelnen Einheiten sind nur einige der Vorteile, die sich Wachstums-Champions mit diesem Ansatz sichern.

Unsere Kollegen Mehrdad Baghai, Stephen Coley und David White liefern wertvolle, umsetzbare Hinweise für Manager, die ihre Unternehmen fit machen wollen für profitables Wachstum. Mit einer Fülle von Beispielen erfolgreicher Unternehmen illustrieren die Autoren ihre Hauptthese, daß erfolgreiches Wachstum das ausbalancierte Agieren auf drei Horizonten gleichzeitig erfordert: Ausbauen des gegenwärtigen Kerngeschäftes, Erschließen neuer Geschäftsfelder und Ausloten von Trends und neuen Chancen. Mit den Porträts der untersuchten Wachstumsunternehmen am Schluß des Buches untermauern Baghai, Coley und White noch einmal eindrucksvoll ihre These; die konkreten Fallbeispiele illustrieren, wie Unternehmen sich von Nachzüglern zu beispielhaften Wachstumsunternehmen wandeln können. Die Autoren geben damit gleichzeitig Ansporn und konkrete Anhaltspunkte für Unternehmen, die eine ähnliche Strategie planen.

Prof. Herbert A. Henzler   *Dr. Jürgen Ringbeck*

Vorwort

Dieses Buch haben wir in der Absicht verfaßt, Manager von Unternehmen auf der ganzen Welt dazu anzuregen und sie dabei zu unterstützen, Wachstums-Champions zu werden und sich die Kräfte des Wachstums nutzbar zu machen. Wachstum ist ein nobles Ziel. Es schafft neue Arbeitsplätze für die Gemeinschaft und Reichtum für die Aktionäre. Es kann ein ganz normales Unternehmen zu einem motivierenden Umfeld machen, in dem die Mitarbeiter Sinn und Zweck in ihrer Arbeit sehen. In wachsenden Unternehmen findet eine intensive Wechselwirkung zwischen dem Antrieb des einzelnen und der Gemeinschaft statt. Menschen erleben die stimulierende Erfahrung, Teil eines erfolgreichen Teams zu sein. Daher wundert es nicht, daß eben diese Unternehmen die größten Talente anziehen.

Die verwandelnde Kraft des Wachstums ähnelt der Alchimie aus vergangenen Tagen. Die Alchimie, immer schon ein Mysterium, barg in ihrer magischen Mischung aus Wissenschaft, Philosophie, Kunst und Spiritualität Geheimnisse, die selbst diejenigen, die sie ausübten, nur schwer zu durchschauen vermochten. Dennoch wurden sie alle von einem verlockenden Ziel getrieben: Das Alltägliche in etwas Erhabenes zu verwandeln. Das Streben nach Unternehmenswachstum hat im Bereich des Managements eine ähnliche Reaktion hervorgerufen. Obwohl Führungskräfte von den Versprechungen des Wachstums fasziniert sind, ist ihnen nicht klar, wie sie sie wahrmachen sollen. Weil sie sich nicht in der Lage fühlen, die Verantwortung für Wachstum zu übernehmen, suchen viele nach einer erprobten Methode, die ihnen zeigt, wie sie Wachstum wirklich erzielen und erhalten können.

An sie richtet sich dieses Buch. Es versucht, Führungskräfte von Unternehmen auf das Wachstum vorzubereiten, indem es einen erprobten praktischen Rahmen für das ganzheitliche Management eines wachsenden Unternehmens bietet. Die hier vorgeschlagenen Ideen und Methoden lassen sich auf Unternehmen und Geschäftsbereiche aller

Größen und an allen Standorten anwenden. Sie sollen für alle Ebenen der Unternehmensführung Richtlinien bieten.

Unsere Arbeit entstand aus einer zweieinhalbjährigen Forschungs-initiative von McKinsey & Company heraus, die das Wachstum unserer Klienten unterstützen sollte. Die Untersuchung war weltweit orientiert und wurde mit Vollzeit-Teams in Sydney, Chicago und Toronto sowie weiteren Mitarbeitern in Atlanta, Bombay, Dallas, Düsseldorf, Hong-kong, Houston, London, München und New York durchgeführt. Die Ergebnisse unserer internationalen Studie lassen sich auf zahlreiche unterschiedliche geographische Gegebenheiten und Kulturen anwenden.

Die Untersuchung begann mit einer sorgfältigen Überprüfung der wis-senschaftlichen Überlegungen hinsichtlich Wachstum, Führung und Strategie. Diese theoretischen Perspektiven wurden mit Unterneh-mensbeispielen kombiniert, die Wachstum anstreben. Dazu unter-suchten wir Unternehmen aus zehn Industriesektoren in zwölf Ländern und auf vier Kontinenten. Eine Zusammenfassung dieser Fallbeispiele ist im Anhang aufgeführt.

Einige Namen der Unternehmen sind uns wohlbekannt: Johnson & Johnson, Disney, Sara Lee. Andere sind weniger bekannt, aber un-glaublich erfolgreich: Bombardier, das mit der Herstellung von Snow-mobilen begann und jetzt zum weltweit drittgrößten Hersteller von Zivilflugzeugen aufgestiegen ist; Village Roadshow, das sich von einem kleinen australischen Kinobetreiber zu einem Unterhaltungskonzern von Weltklasse entwickelt hat; und Hutchison Whampoa, das domi-nierende Positionen im schnellwachsenden Infrastrukturbereich in China aufgebaut hat. Im Durchschnitt steigerten die von uns unter-suchten Wachstumsunternehmen während des Analysezeitraums ihre Umsätze um 23 Prozent und die Gesamtaktionärsrendite um 29 Pro-zent pro Jahr. Anhand ihrer Erfolgsgeschichten lassen sich unsere Ideen und Vorstellungen anschaulich und lebendig illustrieren.

Unsere Untersuchung verdeutlicht, daß nur sehr wenige Unternehmen über Jahre hinweg ein für ihre Branche überdurchschnittliches Wachs-tum aufrechterhalten können. Tatsächlich hat sich das Wachstum bei einigen der untersuchten Unternehmen bereits verlangsamt, und un-seren Erwartungen nach wird das bei weiteren der Fall sein. Aber diese

Rückschläge beeinträchtigen nicht die Erfahrungen, die wir aus den Phasen gewonnen haben, in denen Wachstum aufrechterhalten werden konnte. Tatsächlich dienen sie dazu, den Bedarf an neuen Methoden zu bekräftigen, die Führungskräften helfen, Wachstum fortzusetzen. Unsere eigene Methode wurde speziell dazu entwickelt, Unternehmen durch verschiedene wirtschaftliche Konjunkturzyklen hinweg zu Wachstum zu verhelfen – nicht nur während eines Aufschwungs, sondern auch während des allgemeinen Rückgangs.

Ein weiterer Eckpfeiler unserer Überlegungen waren die Erfahrungen aus unserer Beratungstätigkeit. Versuche des Reverse Engineering zum Ankurbeln des Wachstums, Analysen unterschiedlicher Strategien zur Erhaltung des Wachstums und die Einschätzung der Hindernisse, denen aussichtsreiche Wachstumsprogramme gegenüberstehen, haben uns wertvolle Erfahrungen gebracht. Dieses »rückblickende Sinnmachen« wie es der Unternehmenspsychologe Karl Weick nennt, hat Einblicke in die Schwierigkeiten vermittelt, die mit dem Anspruch dauerhaften Wachstums verbunden sind.

Wir konnten uns glücklich schätzen, denn wir durften unsere Ideen mit vielen Aktiengesellschaften auf der ganzen Welt teilen. Die faszinierendsten Aspekte dieser »Markttests« in den vergangenen Jahren waren die positive Reaktion der oberen Managementebene und die Bereitwilligkeit, mit der unsere Wachstumsstrategie in unterschiedlichen Branchen und Regionen umgesetzt wurde. Mehrere hundert der weltweit größten und erfolgreichsten Aktiengesellschaften nutzen bereits Konzepte wie die »drei Horizonte« und die »Wachstumstreppe«, die auf den folgenden Seiten beschrieben sind.

Diese Konzepte funktionieren. Sie haben sich bei der Erarbeitung neuer Werkzeuge für Management und Diagnose als wertvoll erwiesen und bieten ein gemeinsames Vokabular, mit dessen Hilfe Führungskräfte über Firmenwachstum sprechen können. Führungskräfte teilen uns mit, daß sie diese Konzepte als effektiv erachten. Tatsächlich ist es die Erfahrung mit diesen Führungskräften, die uns dazu angeregt hat, unsere Ideen einem breiteren Publikum zu vermitteln.

Um das Buch einfach und verständlich zu halten, haben wir es wie eine Reise von Führungskräften durch das Wachstum aufgebaut.

Teil I, Grundlagen des Wachstums verstehen, stellt die drei Horizonte als das Prinzip vor, mit dem nachhaltiges Wachstum unterstützt wird. Wir heben hier die Notwendigkeit des aktiven Managements von drei unterschiedlichen Stufen in einer Pipeline hervor, in der kontinuierlich Geschäfte aufgebaut werden, um einen Ausgleich zu schaffen zwischen der Aufmerksamkeit des Managements gegenüber der Leitung des Kerngeschäftes und den Bemühungen zur Entwicklung neuer Geschäfte. Dieser Abschnitt beschreibt zudem eine neue Sprache des Wachstums, so daß sich die Art und Weise ändern läßt, in der Leiter über ihre Unternehmen denken und sprechen.

Teil II, Trägheit überwinden, erörtert die zwei unerläßlichen Voraussetzungen für profitables Wachstum: Das Recht auf Wachstum zu verdienen und den Entschluß zu fassen, Wachstum erzielen zu wollen. Dieser Abschnitt hilft Leitern, Wachstumsprogramme anzukurbeln. Zudem beschreibt er einen disziplinierten und dennoch kreativen Weg zur Ermittlung von Wachstumschancen, indem sämtliche Grade der Freiheit genutzt und umfassend durchdacht werden.

Teil III, Impulse setzen, stellt ein schrittweises Verfahren vor, durch das Unternehmen diejenigen Fähigkeiten erschließen, die notwendig sind, um neue Unternehmensinitiativen zu schützen und zu fördern. Dieser Teil illustriert, wie Unternehmen erfolgreich in die Schaffung von Geschäften investieren können.

Teil IV, Kontinuierliches Wachstum sichern, illustriert die organisatorischen Herangehensweisen, die Managementprozesse und die Aktionen der Führung, die erforderlich sind, um fortlaufend neue Ideen zu schaffen und neue Geschäfte zu entwickeln.

Das Ziel, einen Unterschied in das Geschäft und das Leben der Mitarbeiter einzubringen, ist es wert, Wachstum anzustreben. Wir hoffen, die von uns angebotenen Ideen werden den Unternehmen dabei helfen, dies zu erreichen.

Danksagungen

Dieses Buch ist das Ergebnis der Zusammenarbeit vieler Menschen. Unsere Klienten, unsere Kollegen und unsere Familien haben allesamt zu unserer Arbeit beigetragen.

Zunächst möchten wir unseren Klienten dafür danken, daß sie uns inspiriert haben. Wachstum in einer Aktiengesellschaft mit Milliardengewinnen zu erzielen und aufrechtzuerhalten ist eine große Herausforderung an Führung und Management. Unsere Ideen stammen in erster Linie aus unserer Arbeit mit Führungskräften, die vor dieser Herausforderung stehen. Ihre Bestärkung überzeugte uns davon, uns der Aufgabe zu stellen, dieses Buch zu schreiben und unsere Ideen einem breiteren Publikum zu vermitteln.

Zweitens möchten wir uns für die Unterstützung unserer Partner bei McKinsey bedanken, die unsere Forschungsarbeiten finanziell unterstützt haben. Sie haben in beträchtlichem Maße zu den Ideen, die wir in ihrem Namen vorstellen, und zur Umsetzung dieser Ideen in realen Unternehmensumgebungen beigetragen. Ohne ihre intellektuelle Herausforderung und die Möglichkeiten, die sie uns zum Testen unserer Ideen boten, wäre ein Buch nicht möglich gewesen.

Viele unserer Partner haben zu der Arbeit beigetragen, besonders erwähnen wollen wir jedoch Tim Ling, Jürgen Ringbeck, Charles Conn und Rob McLean, die bei unserer Untersuchung eine wichtige Rolle spielten. Tim Ling beteiligte sich schon sehr früh und vereinte pragmatische Vorstellungen und Erfahrungen mit scharfsinnigem Denken. Er regte die Richtung einiger unserer Untersuchungsteams an und war bei der Prüfung und Verfeinerung unserer wichtigsten Ideen und Vorstellungen behilflich. Jürgen Ringbeck arbeitete mit uns zusammen und brachte die Sichtweise des europäischen Kontinents in die Untersuchung mit ein, leitete Fallbeispiel-Teams und erarbeitete Verfahren, mit denen die Ideen in der Umgebung großer Unternehmen angewendet werden konnten. Charles Conn und Rob McLean spielten eine zentrale Rolle in der frühen Entwicklung unserer Überlegungen hinsichtlich Treppen und Fähigkeiten.

Weiterhin möchten wir die Leitung von Dick Foster, Herbert Henzler und Rajat Gupta hervorheben, die unsere Arbeit beaufsichtigten und uns Anleitung vermittelten, als wir sie am meisten benötigten. Insbesondere Dick Foster war eine nie versiegende Quelle des Anreizes, der Motivation und der Unterstützung. Unterstützt wurden wir auch von den Ratschlägen und Anregungen eines formlosen Beratungsgremiums von Partnern, zu denen Peter Bisson, Lar Bradshaw, Marcial Campos, Ron Farmer, Ron Hulme und Mark McGrath gehörten. Andere Führungskräfte, ohne deren Engagement wir nie soweit gekommen wären, waren u. a. Christian Caspar, Ian Davis, Nathaniel Foote, Ted Hall, Tsun-yan Hsieh, Wilhelm Rall und Günther Rommel. Schließlich trugen auch Asif Adil, Tadaaki Chigusa, Raoul Oberman, Tony Perkins und Hirokazu Yamanashi beträchtlich zu unserer Arbeit an den Fallbeispielen in Asien bei.

Mit Rajan Anandan und Andrew Grant teilten wir unsere ersten Überlegungen, und sie waren die Leiter, die unsere Teams durch die schwierigsten Phasen der Untersuchung führten. Danach übernahmen Jeff Chan, Alison Deans, Brad Gambill, Henrike Garkisch Mobed und Sarah Kaplan die Aufgabe der Teamleitung, die sie ebenso erfolgreich durchführten. Jeff Chan übernahm mehrere Aufgaben, er koordinierte unsere Untersuchung und war bei der Synthese der Ergebnisse behilflich. Von der Leitung der Fallbeispiel-Untersuchung über die Beantwortung von Anfragen bis hin zur Durchführung von Kunden-Workshops war Jeff eine unerläßliche Stütze. Sein Wissen im Rahmen der Untersuchung war unermeßlich, und seine Beiträge ziehen sich durch das gesamte Buch.

Die gewissenhafte Arbeit unserer Untersuchungsteams trug nicht nur zur Entwicklung unserer Ideen bei, sondern schuf auch eine außerordentlich wertvolle Dokumentation von Fallbeispielen, die unseren Kollegen zugute kommt. Zu unterschiedlichen Zeiten trugen die folgenden Personen in beträchtlichem Maße zu unserer Arbeit bei: Andrew Abela, Jake Allen, Anna Aqualina, Jason Beckstead, Scott Berg, Cedric Bisson, Antony Blanc, Nikki Blundell, Wulf Böttger, Hans-Günter Brünker, Maggie Carter, Angus Dawson, Darin Gilson, Samantha Hannah, Sallie Honeychurch, Igor Kouzine, Linda Mantia, Aaron Mobarak, Verena Mohaupt, Chad Muir, Fayyaz Nurmohamed, Aileen O'Malley, Annette Quay, Deepak Ramachandran, Hugo Sarrazin, Giri Sekhar, Rafael Simon, Luc Sirois, Stefanie Teichmann und Scott Wilkens.

Wir erfuhren enorme Unterstützung und Hilfe von der Communications Group von McKinsey. Während der gesamten Untersuchungs- und Schreibarbeiten für die amerikanische Originalausgabe arbeitete Partha Bose eng mit unseren Verlegern und uns zusammen. Er unterstützte uns kontinuierlich mit Anregungen und Ermunterungen und übernahm die unangenehmen Arbeiten. Auch Pom Somkabcharti plagte sich mit jedem Aspekt der Herstellung herum, von der Umschlaggestaltung bis zur redaktionellen Arbeit. Ohne ihre Hilfe hätten wir unsere Termine nicht einhalten können. Bill Matassoni schließlich stellte uns diese Mitarbeiter großzügig für unser Buch zur Verfügung.

Auf der Verlegerseite hätten wir dieses Buch nicht ohne das Interesse und Engagement von Martin Lio und seinem Team bei Orion schreiben können. Daß das Buch in weiteren Ausgaben auf der ganzen Welt erscheint, ist unmittelbar auf seine Vision und Leitung zurückzuführen. Bei Perseus waren Nicolas Philipson und sein Team von diesem Projekt fasziniert, und sie handelten immer rasch und entschlossen, um irgend etwas zu erreichen. Wir möchten auch Majorie Williams dafür danken, daß sie sich in das Manuskript vertieft hat und uns damit konstruktives Feedback und Ratschläge zu einer Strategie für die Veröffentlichung vermittelt hat.

Nichts davon wäre möglich gewesen ohne die professionelle Unterstützung von Desiree Clancy, Leslie Cowger, Lori DeWeerd, Mandy Nachum, Heidi Smith und Maradene Wills, die uns bei den vielen unterschiedlichen Fassungen des Manuskripts geholfen haben. Insbesondere Maradene führte die strengste Qualitätskontrolle unserer entstehenden Entwürfe durch. Wir danken allen für ihre Geduld.

Schließlich möchten wir unseren Familien für ihre Unterstützung, ihr Verständnis und ihre Geduld danken. Sie leisteten bereitwillig größere Opfer als wir selbst. Roya Baghai, Jane Coley und Lisa White wurden enge Freundinnen. Dies zeigt, wieviel Zeit unsere Familien ohne uns verbringen mußten. Wir haben ihnen sehr viel zu verdanken.

Besonderer Dank

Besonderer Dank gebührt auch Allan Gold und Houston Spencer. In vielen nahezu schlaflosen Wochen halfen sie uns, unsere Gedanken zusammenzufassen und unsere Ideen klarer und prägnanter auszudrücken. Als fähige geistige Partner waren sie eine unschätzbare Quelle der intellektuellen Herausforderung, und sie spielten eine wichtige Rolle bei der Entwicklung unserer Ideen. Zu unserem Glück verfügten sie über ebensoviel Standfestigkeit und Sinn für Humor wie über Talent. Sie waren ausgezeichnete Mitarbeiter und wahre Freunde. Ohne sie wäre unser Buch bei weitem nicht das, was es ist.

Teil I

Grundlagen des Wachstums verstehen

Frage: Was unterstützt nachhaltiges Wachstum?

Antwort: Ein Unternehmen muß im Sinne einer Pipeline für einen kontinuierlichen Nachschub an Initiativen zum Aufbau neuer Geschäfte sorgen. Nur wenn die Pipeline immer gefüllt ist, werden neue Wachstumsmotoren zur Verfügung stehen, wenn vorhandene ins Stocken geraten. Wenn die Antwort jedoch so einfach ist, warum wachsen dann nicht alle Unternehmen kontinuierlich?

Das Problem ist, daß die meisten Manager zu sehr auf ihre aktuellen Geschäfte konzentriert sind. Sie müssen lernen, genauso viel Aufmerksamkeit auf ihren zukünftigen Weg wie auf ihren derzeitigen Standpunkt zu verwenden. Häufig mangelt es Unternehmen jedoch an einer Methode, parallel zu den derzeitigen Kerngeschäften, neue, im Aufbau befindliche Geschäfte erfolgreich zu managen und zukünftige Unternehmensoptionen zu entwickeln.

Diese Lücke möchten wir mit einem Ansatz schließen, der Wachstum als Management unterschiedlich reifer Geschäfte betrachtet, die jeweils spezifische Anforderungen an das Management stellen. Wir nennen dies das Management der »drei Horizonte«.

1 Wachstum über drei Horizonte

Wenn wir über Wachstum und Verfall nachdenken, sehen wir dabei meist das Bild einer einzelnen Lebensspanne vor uns, die Lebensspanne eines Tieres oder einer Pflanze; den Sämling, die erblühte Blume und den Tod. »Die Blume, die einmal geblüht hat, stirbt für immer.« Aber in einer sich immer wieder erneuernden Gesellschaft ist das eigentliche Bild ein ganzer Garten, ein ausbalanciertes Aquarium oder ein anderes Ökosystem. Einige Dinge entstehen, andere Dinge gedeihen, wieder andere vergehen – aber das System besteht fort.

John Gardner[1]

Nur einem herausragenden Unternehmen gelingt es, Wachstum zu erhalten, wenn sein Kerngeschäft reift. Nur eines von zehn Unternehmen, die über dem Durchschnitt ihrer Branche wachsen, ist in der Lage, diese Position über ein Jahrzehnt durchzuhalten.[2] Nur ein Unternehmen des ursprünglichen Dow Jones Industrieaktienindex' von 1896, nämlich General Electric, findet sich auch heute noch in diesem anerkannten Index des Aktienmarktes.[3]

Wohin Sie auch schauen, es ist überall dasselbe: Unternehmen reifen und gehen zugrunde. Wie in John Gardners metaphorischem Garten entsteht ein Geschäft, wie eine Blume, es blüht und verwelkt. Aber die Tatsache, daß das Geschäft eines Unternehmens erst blüht und danach eingeht, bedeutet nicht, daß auch das Unternehmen zugrunde gehen muß. Erfolgreiche Unternehmen können und müssen ihre einzelnen Geschäftsbereiche überleben.

Wenn die Geschäftsbereiche und Gewinnströme eines Unternehmens reifen, müssen bereits andere vorhanden sein, die deren Platz einnehmen können. Wenn kontinuierliches Wachstum das Ziel ist, muß das Tempo, mit dem die Pipeline aufgefüllt wird, schneller sein als die Geschwindigkeit des Niederganges. Um Wachstum zu erhalten, muß eine ständige Pipeline mit neuen Geschäften vorhanden sein, die neue Gewinnquellen darstellen.

Was die Großunternehmen mit kontinuierlichem Wachstum unterscheidet, ist ihre Fähigkeit, diese neuen Geschäfte zu schaffen. Sie können Innovationen in ihren Kerngeschäften durchführen *und* dabei gleichzeitig neue Geschäfte aufbauen. Sie beherrschen die Kunst des Managements ihrer Pipeline, so daß versiegende Quellen des Wachstums genau zum richtigen Zeitpunkt aufgefüllt werden.

Stellen Sie sich ein Unternehmen vor, das seit über einem Jahrzehnt profitables Wachstum aufrechterhalten konnte. Seine Kerngeschäfte haben die Pipeline bereits verlassen und arbeiten schon als vollständig entwickelte Gewinngeneratoren. In der Pipeline befinden sich jüngere Geschäfte, die bei den Einnahmen (und möglicherweise auch bei den Gewinnen) ein beträchtliches Wachstum aufweisen. Weiter hinten in der Pipeline finden sich Geschäfte in einem früheren Entwicklungsstadium – meist nicht mehr als Untersuchungen aussichtsreicher Ideen. Die Pipeline enthält also entstehende und zukünftige Geschäfte, die die vorhandenen Kerngeschäfte des Unternehmens ergänzen.

Eine gesunde Pipeline ist ein Merkmal aller Unternehmen, die Wachstum erhalten. Leider sind Unternehmen, die stolz auf eine solche Pipeline blicken können, eher die Ausnahme als die Regel. Unternehmen, die Wachstum erhalten wollen, können sich keine Lücken zwischen dem Niedergang eines Geschäftes und dem Aufstieg eines anderen leisten. Sie dürfen mit der Schaffung neuer Geschäfte nicht abwarten, bis das Kerngeschäft zusammenbricht. Dies ist jedoch genau das, was viele Unternehmen tun. Unserer Meinung nach sind der Aufbau und das Management einer funktionierenden Pipeline zur kontinuierlichen Schaffung neuer Geschäfte die wichtigste Herausforderung beim Erhalt von dauerhaft profitablem Wachstum.

Wachstum über drei Horizonte

Diese Aufgabe ist besonders schwer, weil sich die damit einhergehenden Risiken und Herausforderungen an das Management ändern, während ein Projekt die Pipeline durchläuft. Um dies verständlicher zu machen, kann man den Prozeß beim Aufbau von Geschäften in drei

Reifegrade aufschlüsseln. (Man könnte ihn natürlich genauso gut in vier, zehn oder 20 Phasen aufschlüsseln, was das Ganze jedoch immer komplizierter machen würde.)[4] Eine Pipeline mit drei Reifegraden erlaubt es uns, im Lebenszyklus eines Geschäftes zwischen den Phasen des Embryostadiums, der Entwicklung und der Reifung zu unterscheiden. Wir bezeichnen diese Reifegrade als die drei Horizonte des Wachstums.

Der erste Horizont ist das Kerngeschäft und Hauptträger der kurzfristig realisierbaren Gewinne. Der zweite Horizont umfaßt Geschäfte, die zur Zeit im Aufbau sind und erst auf mittlere Sicht – typischerweise in vier bis fünf Jahren – signifikant positive Ergebnisse erwarten lassen. Der dritte Horizont bildet die neuen Geschäftsoptionen. Diese Optionen weisen in der Regel einen negativen Cash Flow auf und müssen erst noch zu neuen Geschäften entwickelt werden.

Jeder Horizont stellt eine andere Stufe bei der Schaffung und Entwicklung eines Geschäftes dar. Jeder erfordert völlig unterschiedliche Fähigkeiten. Und jeder stellt eine andere Herausforderung für das Management dar.

Was ist Horizont 1?

Horizont 1 umfaßt die Geschäfte, die das Kernstück eines Unternehmens bilden – diejenigen, die Kunden und Wertpapieranalysten am stärksten mit dem Firmennamen identifizieren. In erfolgreichen Un-

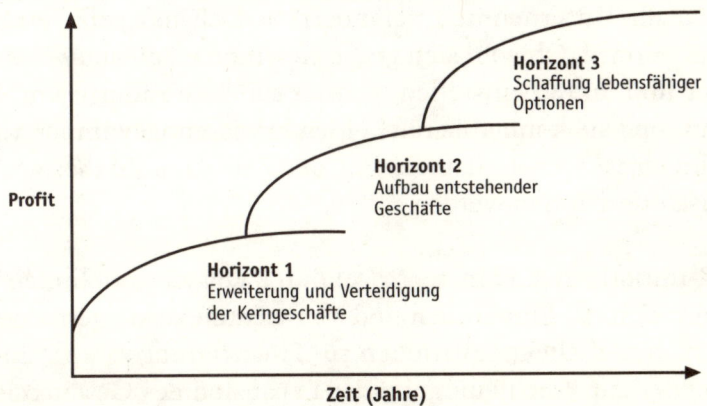

Abbildung 1.1 Definition der drei Horizonte

ternehmen erzielen diese Geschäfte in der Regel den Löwenanteil an Gewinnen und Cash Flow. Horizont-1-Unternehmen sind für kurzfristige Leistung von wesentlicher Bedeutung, und die Mittel, die sie erzielen, und die Fähigkeiten, die sie fördern, stellen Quellen für Wachstum dar. Sie verfügen in der Regel über ein gewisses weiteres Wachstumspotential, werden jedoch letzten Endes abflachen und niedergehen (Abbildung 1.1). Ohne die Unterstützung eines erfolgreichen Horizonts 1 werden die Initiativen der Horizonte 2 und 3 stagnieren und absterben.

Die wichtigste Herausforderung in Horizont 1 für das Management ist die Unterstützung von wettbewerbsfähigen Positionen und die Nutzung des in den Kerngeschäften verbleibenden Potentials. Selbst wenn diese reif sind, kann eine Fortführung von Innovationen ihr Wachstum und ihre Rentabilität allmählich steigern. Klassische Anreizprogramme für das Verkaufspersonal, Produkterweiterungen und Veränderungen des Marketings können dazu beitragen. Restrukturierung, Steigerung der Produktivität sowie Maßnahmen zur Kostenreduzierung helfen ebenso dabei, eine gesunde Leistung so lange wie möglich aufrechtzuerhalten.

Was ist Horizont 2?

Horizont 2 umfaßt aufstrebende Geschäfte: Sich rasch bewegende geschäftliche Unternehmungen, in denen ein Konzept verwurzelt ist oder in denen sich Wachstum beschleunigt. Als aufstrebende Stars des Unternehmens wecken diese Geschäfte die Aufmerksamkeit der Investoren. Sie könnten ihr Unternehmen verändern, jedoch nur mit beträchtlichen Investitionen. Obwohl sich große Gewinne möglicherweise erst in vier oder fünf Jahren einstellen, weisen sie erste Kunden und Einnahmen auf, und sie können bereits einen gewissen Gewinn erzielen. Noch wichtiger ist jedoch, daß sie mit der Zeit so profitabel wie die Horizont-1-Unternehmen werden sollen.

Horizont-2-Initiativen sind in der Regel durch den zielgerichteten Antrieb gekennzeichnet, Einnahmen und Marktanteil zu steigern. Sie benötigen kontinuierliche Investitionen zur Finanzierung von Markteinführungen oder zur Beschleunigung der Expansion des Geschäftes. In einigen Jahren sollten Horizont-2-Initiativen die derzeitigen Kerngeschäfte eines Unternehmens ergänzen oder ersetzen. Hierbei kann es sich entweder um Erweiterungen dieser Geschäfte oder um Bewegungen in neue Richtungen handeln.

Horizont 2 beschreibt den Aufbau neuer Einnahmenströme. Dies erfordert Zeit und neue Fähigkeiten. Ohne Horizont-2-Geschäft wird sich das Wachstum eines Unternehmens verlangsamen und schließlich zum Stillstand kommen. Ein gutes Wachstumsunternehmen muß mehrere dieser aufstrebenden Geschäfte in der Reserve haben und daran arbeiten, aussichtsreiche Ideen zu zukünftigen Gewinngeneratoren umzuwandeln.

Was ist Horizont 3?
Horizont 3 enthält die Saat für die Geschäfte von morgen – Optionen für zukünftige Chancen. Die Optionen befinden sich zwar noch im Embryostadium, sie sind jedoch mehr als nur Ideen. Sie sind reale, wenn auch noch kleine Aktivitäten und Investitionen. Es handelt sich um Forschungsprojekte, Pilotversuche auf dem Markt, Allianzen, Minderheitsbeteiligungen und dokumentierte Kenntnisse und Erfahrungen, die die ersten Schritte hin zu tatsächlichen Geschäften darstellen, selbst wenn sie über ein Jahrzehnt keine Gewinne abwerfen – wenn überhaupt. Sollten sie sich als erfolgreich erweisen, werden sie hinsichtlich ihrer Rentabilität erwartungsgemäß Horizont 1 erreichen.

Ein Unternehmen, das der Auffassung ist, über einen aussichtsreichen Horizont 3 zu verfügen, nur weil seine Manager in ihrer Freizeit einige unausgereifte Ideen aufs Papier gebracht haben, macht sich selbst etwas vor. Ohne durchdachte Initiativen zur Weiterentwicklung vernünftiger Ideen zu Horizont-3-Chancen werden sich die langfristigen Wachstumsaussichten eines Unternehmens nicht erfüllen. Bei den Optionen in Horizont 3 handelt es sich selten um erprobte Chancen, sie müssen jedoch aussichtsreich sein und vom Management unterstützt werden.

Erfolgreiche Geschäfte aufzubauen bedeutet, mehrere unterschiedliche Optionen auszusäen. Einige werden aus internen Gründen versagen, andere fallen den sich verändernden Bedingungen in der Wirtschaft zum Opfer. Die meisten werden nie ein Wachstum erleben und zu erfolgreichen neuen Geschäften werden. Aufgrund dieser Ungewißheiten muß Horizont 3 zahlreiche Aktivitäten umfassen, um die unzähligen Möglichkeiten für die Zukunft zu berücksichtigen. Ziel eines Unternehmens sollte es sein, mit den Optionen zu experimentieren, ohne dabei zuviel Kapital oder andere Mittel aufzuwenden. Herausforderung ist, aussichtsreiche Optionen zu fördern und dabei diejenigen mit sinkendem Potential fallenzulassen.

Simultanes Management aller drei Horizonte

Initiativen in den drei Horizonten zahlen sich in unterschiedlichen Zeitspannen aus. Der Zeitpunkt, an dem sie sich auszahlen, ist jedoch völlig unabhängig davon, wann ihnen das Management Aufmerksamkeit schenken muß und wann Investitionen erforderlich sind. Nur allzu leicht nimmt man an, die Planung zukünftiger Horizonte sei zweitrangig. Wäre dies der Fall, könnten sich die Manager nacheinander jedem Horizont widmen, sich also heute auf Horizont 1 konzentrieren und jeden Einsatz an Zeit und Energie für die Horizonte 2 und 3 auf morgen verschieben.

Dies wäre ein gefährlicher Fehler. Es verwechselt die Aufgabe, eine Pipeline zur Schaffung von Geschäften zu managen, mit kurz-, mittel- und langfristiger Planung. Bei der herkömmlichen strategischen Planung werden einige Aktivitäten bewußt auf die mittel- oder langfristige Ebene verschoben. Ziel des Managements der drei Horizonte ist dagegen die parallele Entwicklung vieler Geschäfte unabhängig von ihrem Reifestadium. Das Management der drei Horizonte muß gleichzeitig und nicht nacheinander erfolgen. Wie es Ghoshal und Bartlett ausdrücken, sehen sich Manager der Herausforderung gegenübergestellt, »Süßes und Bitteres gleichzeitig bewältigen zu müssen«: die »bittere Medizin« operativer Verbesserungen für das derzeitige Geschäft und die »süße« Aufgabe der Erschließung neuer Wachstumsaktivitäten.[5]

Manager wissen, daß Geschäfte unterschiedliche Entwicklungsstufen durchlaufen. Dennoch sind die meisten Unternehmen weit davon entfernt, sich entwickelnde Geschäfte auf Lager zu haben, die nur so aus der Pipeline heraussprudeln. In vielen Unternehmen wird einigen Abschnitten der Pipeline nur geringe Aufmerksamkeit geschenkt, andere wiederum werden damit sehr großzügig bedacht. Wird ein Horizont zu irgendeinem Zeitpunkt vernachlässigt, schwächt dies die Aussichten des Unternehmens auf langfristiges Wachstum.

Soll eine Pipeline zur Schaffung von Geschäften erfolgreich sein, muß die Aufmerksamkeit des Managements folgendes erfüllen:

- Die heutigen Kerngeschäfte am Horizont 1 müssen erweitert und verteidigt werden...
- ...und gleichzeitig die Horizont-2-Geschäfte aufgebaut werden, die als Antrieb des mittelfristigen Ertragswachstums dienen...
- während zur gleichen Zeit die Optionen in Horizont 3 verfolgt werden, die die längerfristige Zukunft des Unternehmens sichern.

Wie simultanes Management funktioniert

Ein anschauliches Beispiel für die gleichzeitige, balancierte Entwicklung der drei Horizonte ist Coca-Cola Amatil (CCA), ein Abfüllunternehmer mit Sitz in Australien. Die maßgebliche Dimension der Wachstumsstrategie von CCA ist die regionale Expansion. In den 60er Jahren nahm das Unternehmen seinen bescheidenen Anfang in einem australischen Bundesstaat. 1997 war es der zweitgrößte und geogra-

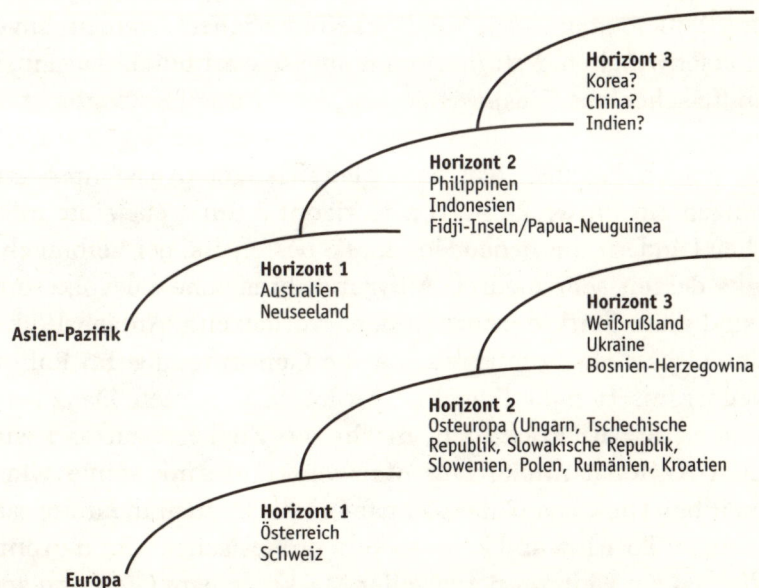

Abbildung 1.2 Horizonte von Coca-Cola Amatil, 1997

phisch am weitesten verbreitete Abfüller von Coca-Cola, der im asiatisch-pazifischen Raum und in Europa präsent ist und über eine halbe Milliarde Verbraucher erreicht (Abbildung 1.2).

In seinem Horizont 1 – dem asiatisch-pazifischen Raum – betreibt CCA reife Geschäfte in Australien und Neuseeland, wo Softdrinks bereits zum alltäglichen Leben gehören. Laut CCA beträgt hier der jährliche Pro-Kopf-Verbrauch über 150 Einheiten à 225 g. In diesen Märkten wird das allmähliche Wachstum durch Kostenreduktion und Innovationen erzielt, die den Verbrauch und die Marktanteile steigern. In Horizont 1 erzielt CCA ein Wachstum durch die Einführung von Verpackungsgrößen wie zum Beispiel einer 600 ml-Plastikflasche, Produkte wie Sportdrinks und Vertriebskanäle wie Getränkeautomaten.

Gleichzeitig erweitert CCA seine Horizont-1-Geschäfte, es investiert stark in den asiatischen Horizont 2, hauptsächlich in die Märkte Philippinen und Indonesien.[6] Dies sind Märkte, in denen der Anteil der Personen, die täglich Softdrinks konsumieren, relativ gering und die Wachstumsaussichten ungeachtet der jüngsten wirtschaftlichen Unruhen gut sind. Der Aufbau der Horizont-2-Geschäfte von CCA bedeutet hohe Investitionen in Herstellung und Vertrieb (zum Beispiel durch die Lieferung von Kaltgetränke-Ausrüstungen an Einzelhändler in Indonesien). Außerdem müssen Möglichkeiten ermittelt werden, um das Produkt erschwinglicher zu machen (zum Beispiel durch den Einsatz von Pfandflaschen aus Glas).

CCA ist jedoch bewußt, daß seine langfristigen Aussichten ohne Bemühungen zur Entwicklung von Horizont 3 nur trübe sind. In den asiatischen Ländern, aus denen Horizont 3 besteht, ist der Verbrauch an Softdrinks derzeit sehr niedrig. Aufgrund ihrer hohen Bevölkerungszahlen sind diese Märkte jedoch äußerst verlockend. Anfang 1998 erteilte The Coca-Cola Company CCA die Genehmigung, im Rahmen einer Neuorganisation die Franchise für Korea zu kaufen. Dank seiner Beziehung zu Robert Kuok, dem mächtigen Zuckerbaron und wichtigen CCA-Aktionär mit Sitz in Malaysia, und dank seiner Glaubwürdigkeit bei The Coca-Cola Company ist CCA auch in einer besonders günstigen Position und kann so vom chinesischen Markt profitieren. Indien ist ein weiterer potentieller Markt, an dem CCA und seine Aktionäre, wie zum Beispiel San Miguel, interessiert sind.

In Europa umfaßt CCAs Horizont 1 die etablierten Märkte in Österreich und der Schweiz, wo der Schwerpunkt auf allmählichem Wachstum liegt. Horizont 2 ist besonders stark, er umfaßt wachsende Geschäfte in sieben osteuropäischen Ländern: Ungarn, der Tschechischen Republik, der Slowakischen Republik, Slowenien, Polen, Rumänien und Kroatien. Im europäischen Horizont 3 hat CCA gewisse Investitionen in Franchisen für einige aussichtsreiche Märkte mit derzeit geringem Softdrink-Verbrauch getätigt: Weißrußland, die Ukraine und Bosnien-Herzegowina.

Die aufgrund dieser geographischen Vorgehensweise geernteten Früchte waren erstaunlich. Von 1990 bis 1996 verzeichnete CCAs Getränke-Geschäft ein Gesamtjahreswachstum der Umsätze von 13 Prozent, während die Aktionärsrendite durchschnittlich 29 Prozent betrug. In diesem Zeitraum stand CCA an der Spitze der 30 größten Unternehmen an der australischen Börse.

Bis vor kurzem managte CCA seine Unternehmensbereiche in Asien und Europa gleichzeitig. Anfang 1998 gab man jedoch Pläne bekannt, den europäischen Unternehmensbereich durch ein Spin-off zu dem getrennt börsennotierten Unternehmen Coca-Cola Beverages abzuspalten. Man erklärte, diese Aktion biete die Möglichkeit, sich auf Abfüll-Franchisen näher der Heimat konzentrieren zu können. Diese Restrukturierung lief problemlos ab und wurde vom Markt gut aufgenommen.

Wenn wir die Fähigkeit von CCA beschreiben, drei Horizonte gleichzeitig handhaben zu können, sagen einige: »Na gut, so können wir besser verstehen, wie diese drei Horizonte uns helfen könnten. Aber das Geschäft von CCA ist nicht die Raumfahrt. Sie verkaufen ein einfaches Produkt und werden von der mächtigsten Marke der Welt unterstützt. Und wir?«

Es ist wirklich nicht schwer zu verstehen, wie man Coca-Cola verkauft, aber genau das macht das Beispiel CCA zu einem guten Ausgangspunkt für die Untersuchung der drei Horizonte. Im wesentlichen hat CCA seine Pipeline auf geographische Art und Weise gefüllt, indem es die drei Horizonte von ländergestützten Geschäften gleichzeitig geleitet hat. Ergebnis war nachhaltiges Wachstum.

Wir hoffen, zeigen zu können, daß die Methode der drei Horizonte auch den Erfolg weit komplexerer Wachstumsstrategien verdeutlicht. Schauen wir uns den Finanzdienstleistungskonzern Charles Schwab an. Schwab definiert seine drei Horizonte nach der Entwicklung und Einführung neuer Finanzprodukte und Dienstleistungen (siehe Abbildung 1.3).

Charles Schwab gründete sein Unternehmen als Full-Service-Wertpapiermakler im Jahr 1971, als die Provisionen für Makler noch streng reguliert waren. 1975 erlaubte die US-Börsenaufsichtsbehörde Maklern, ihre eigenen Honorare festzulegen und eröffnete damit die Möglichkeit eines preisgestützten Wettbewerbs. Während die klassischen Full-Service-Makler ihre hohen Honorare beibehielten, senkte Schwab seine Honorare und führte das Konzept des Diskontmaklers ein. Dieser Schritt stellte den Anfang einer erstaunlichen Wachstumskarriere dar. Seitdem hat sich Schwab zu einem Finanzdienstleistungskonzern mit einem weit größeren Angebot entwickelt, der im März 1998 über fünf Millionen aktive Konten und Aktiva von 400 Milliarden Dollar verfügte. Zwischen 1987 und 1996 erzielte Schwab ein Gesamtjahreswachstum von 35 Prozent an Aktionärsrendite.

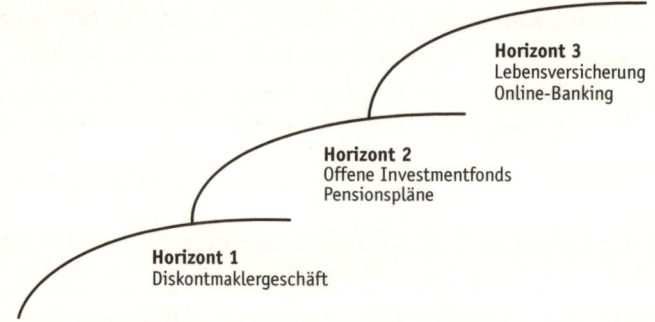

Abbildung 1.3   Horizonte von Charles Schwab, 1998

Schwabs Diskontmaklergeschäft in Horizont 1 ist äußerst profitabel und erlebt immer noch ein rasches Wachstum. Das Unternehmen war wegbereitend beim Telefon-, Online- und Internet-Handel. 1995 setzte es seine Expansion auf internationale Märkte mit der Akquisition von ShareLink Investment Services, dem größten Diskontmakler im Vereinigten Königreich, fort. Vor kurzem eröffnete es eine Zentrale in Lateinamerika und führte Dienstleistungen im asiatisch-pazifischen Raum ein.

Um seine Aktivität in Horizont 1 zu ergänzen, baut Schwab eine eindrucksvolle Anzahl von Horizont-2-Geschäften auf. In den 80er Jahren führte es einen Fremdmittel-Geldmarktfonds ein, der sich seitdem zum drittgrößten Anbieter von offenen Investmentfonds in den Vereinigten Staaten entwickelt hat und der Ende 1997 Kundenaktiva von 161 Milliarden Dollar und ein immer noch starkes Wachstum verzeichnete. Ein zweites Horizont-2-Geschäft hat sich mit Pensionsplänen für mitarbeiterdefinierte Beiträge entwickelt, einem attraktiven Wachstumsbereich.

Die Geschichte von Schwab zeigt, daß man die »Ruhephase« zukünftiger Geschäfte nicht vernachlässigt. In Horizont 3 sichert sich Schwab Optionen im profitablen Lebensversicherungsgeschäft. Man versucht, sich die offensichtliche Zurückhaltung der Kunden den herkömmlichen Lebensversicherungsvertretern gegenüber zunutze zu machen, indem man eine eigene gut entwickelte Back-Office-Technologie und einen eigenen Kundenstamm fördert. »Wenn wir dies erfolgreich vermarkten können, dann sollten wir auch in der Lage sein, eine profitable Position für das Unternehmen zu finden«, erklärte Jeff Benton, Vicepresident Renten und Lebensversicherungen. »Und das kann alles sein, von der Gründung einer Rückversicherung bis zu einem Joint-venture mit einer bereits existierenden.«[7]

Als ersten Schritt zur Untersuchung dieser Option bildete das Unternehmen 1996 eine Alleinpartnerschaft mit einem Versicherer, um Schwab-Kunden in Kalifornien drei kostengünstige Versicherungspläne zu verkaufen. Danach wurde diese Initiative, Schwab Life Insurance Services, mit zusätzlichen Produktangeboten in 14 anderen Bundesstaaten eingeführt. 1998 gab Schwab eine weitere Horizont-3-Initiative, diesmal im Bereich Online-Banking, bekannt. Zudem führt das Unternehmen einen Girokonto-Pilotversuch mit vorhandenen Kunden durch.

Sowohl CCA als auch Schwab verdeutlichen, wie Unternehmen mit nachhaltigem Wachstum ihre drei Horizonte managen. Im Fall CCA sind die drei Horizonte geographisch festgelegt, bei Schwab konzentrieren sie sich auf angrenzende Produktmärkte. Für beide Unternehmen würde es eine Einschränkung ihres Aufstiegs bedeuten, wenn es nicht gelänge, alle drei Horizonte gleichzeitig zu bewältigen. Wie lange noch können CCA und Charles Schwab in der Lage sein, ihre Wachstumskurve aufrechtzuerhalten? Die Antwort hängt davon ab, wie gut sie ihre Geschäftspipeline füllen können.

Abstufung der drei Horizonte im Unternehmen

Um widerstandsfähige Pipelines zu schaffen, ermitteln die erfolgreichsten Wachstumsunternehmen drei Horizonte für jedes ihrer Geschäfte. Die Aktiengesellschaft als Ganzes weist drei Horizonte der Schaffung von Geschäften auf, und dies trifft auch auf jeden ihrer Unternehmensbereiche, jede ihrer Geschäftseinheiten und innerhalb dieser auf jede funktionelle Abteilung sowie auf sämtliche Produktionsanlagen, Produktgruppen, Forschungslabors und Verkaufsgebiete zu. Die Bedeutung der Methode der drei Horizonte steigt exponentiell, wenn sie vom obersten Management an die Manager in den unteren Ebenen weitergeleitet wird.

Kurz gesagt, jeder Manager muß drei Horizonte leiten. Je größer die Zahl der Manager ist, die mit den drei Horizonten arbeiten, desto besser können die Überlegungen hinsichtlich des Wachstums in die Struktur des Unternehmens eingebaut werden und desto größer ist die Bedeutung der Perspektive der drei Horizonte.

Zwischen den von uns untersuchten Wachstumsunternehmen ragt Bombardier aufgrund seiner Fähigkeit heraus, Horizonte im gesamten Unternehmen entwickeln zu können (Abbildung 1.4). Als eines der am stärksten bewunderten kanadischen Unternehmen verzeichnet Bombardier Umsätze von acht Milliarden Kanadischen Dollar (sechs Milliarden US-Dollar), die sich über ein breites Spektrum an Produkten und Dienstleistungen verteilen. Das weltweit drittgrößte zivile Luftfahrtunternehmen ist auch der zweitgrößte Hersteller von Snowmobilen und Privatbooten sowie einer der führenden Hersteller von Eisenbahnen und Straßenbahnen.

Joseph-Armand Bombardier gründete das Unternehmen 1942 mit dem Ziel, Schneefahrzeuge herzustellen und zu vermarkten. 1998 hatte sich Bombardier bereits in sechs Geschäfte aufgespalten, die sich entsprechend der drei Horizonte grob einteilen lassen. Horizont 1 hat drei Geschäfte: Transport, motorisierte Verbraucherprodukte und Luftfahrt.

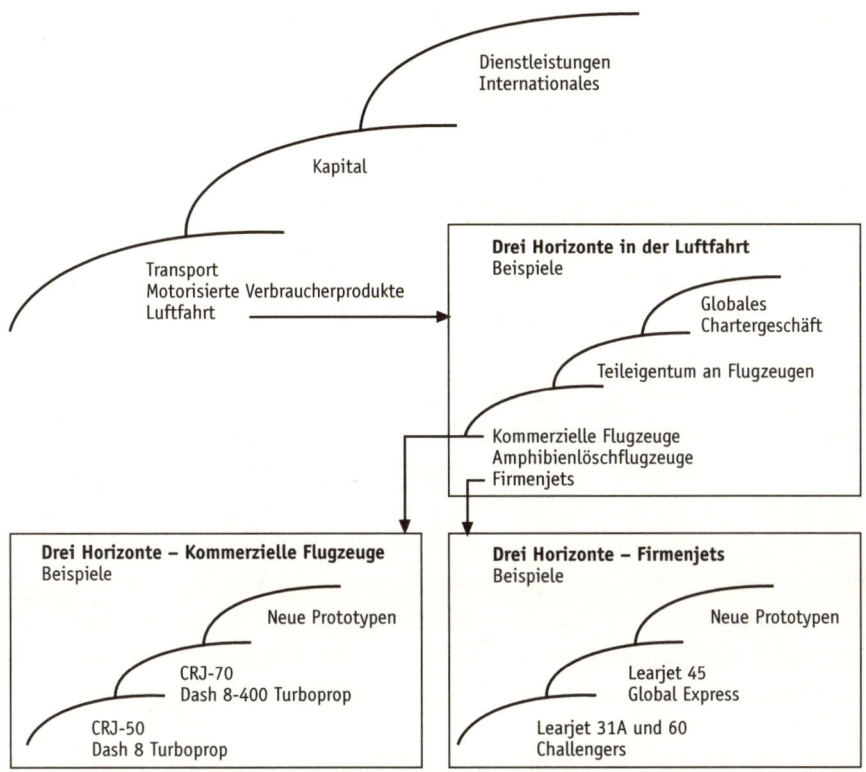

Abbildung 1.4 Bombardiers Abstufung der drei Horizonte, 1998

In Horizont 2 baut Bombardier ein Finanz- und Leasinggeschäft in Nischenmärkten auf, in denen es über entsprechende Produktkenntnisse und Vertriebsnetze verfügt. In Horizont 3 setzt es die Kenntnisse über Fluggesellschaften und aus anderen Branchen, in denen es tätig ist, in einem Dienstleistungsunternehmen um, das die Reparatur, Wartung und Instandsetzung regionaler Flugzeuge umfaßt. Im April 1998 gab man die Gründung einer neuen Gruppe bekannt, die das Wachstum in aufstrebenden Märkten in allen Geschäftsgebieten zum Ziel haben soll.

Bombardiers Luftfahrtgruppe verdeutlicht, wie gut die drei Horizonte innerhalb des Unternehmens abgestuft wurden. Die Gruppe wurde 1986 gegründet, als Bombardier von der kanadischen Regierung Canadair erwarb, einen Hersteller von Firmenjets. Zu diesem Zeitpunkt erregte der Erwerb Erstaunen, weil Bombardier als Hersteller von Snowmobilen und Eisenbahnen bekannt war. Innerhalb des Unternehmens empfand man dies jedoch als nicht so ungewöhnlich. »Als ich mir das

Geschäft (der Luftfahrt) angeschaut habe, stellte ich fest, daß es sich nicht besonders von unseren bisherigen Tätigkeiten unterschied«, bemerkte Laurent Beaudoin, Bombardiers CEO. »Aus der Sicht des Managements waren die Prozesse dieselben: Entwicklung und Herstellung von Produkten und der Umgang mit hochspezialisierten Märkten. Obwohl die Luftfahrt eine andere Art von Markt war, glaubten wir, über die Fähigkeiten zu verfügen, die für das Management dieses Gebietes erforderlich waren. Und so beschlossen wir, es einfach zu versuchen.«[8]

Seit Ende der 80er Jahre stellt Bombardier dank seiner Akquisitionen und seiner internen Produktentwicklung eine wichtige Kraft in der Luftfahrt dar. In Horizont 1 werden Flugzeuge für drei Segmente hergestellt und vermarktet: kommerzielle Flugzeuge, Amphibienlöschflugzeuge und Firmenjets. Um den Markt für Firmenjets zu erweitern, konzentriert sich der Horizont der Luftfahrtgruppe auf den Aufbau eines Geschäftes mit Time-Sharing-Eigentum für Kunden, die sich den Kauf eines eigenen Flugzeugs nicht leisten können. Horizont 3 umfaßt Initiativen, die den Aufbau eines globalen Chartergeschäftes mit Lufthansa und anderen Luftlinien als Partner anstreben.

Hier ist die Abstufung jedoch noch nicht beendet. Bombardier strebt auch im Unternehmensbereich kommerzielle Flugzeuge drei Horizonte an. In Horizont 1 gibt es den Regionaljet CRJ-50 und den Dash 8 Turboprop; in Horizont 2 den vor kurzem verlängerten Regionaljet CRJ-70 und den Dash 8-400 Turboprop; und in Horizont 3 Allianzen für die Entwicklung größerer Flugzeuge.

Diese Horizonte sind nicht zufällig entstanden. Bombardier bemühte sich bewußt um die Entwicklung von Regionaljets. »Wir waren schon immer ein Wachstumsunternehmen. Als wir feststellten, daß Canadair plante, ein Passagierflugzeug mit 50 Sitzen zu entwickeln, beauftragten wir daher eine Arbeitsgruppe, dies unter die Lupe zu nehmen«, erinnerte sich Beaudoin. »Als wir mit den Ergebnissen zufrieden waren, zogen wir einige der besten Ingenieure von Canadair ab, brachten sie in einem eigenen Gebäude unter und beauftragten sie, einen Regionaljet zu entwickeln. Für die Entwicklung investierten wir ca. 250 Millionen Dollar – über die Hälfte der Marktkapitalisierung des Unternehmens zu diesem Zeitpunkt. Heute ist der Regionaljet von Canadair ein großer Erfolg.«

Ähnlich besteht der Horizont 1 im Geschäft Firmenflugzeuge aus dem leichten Learjet 31A und dem mittleren Learjet 60 sowie aus den Challenger-Firmenjets – sämtlich Modelle mit vollen Auftragsbüchern. Horizont 2 umfaßt den superleichten Learjet 45 und den innovativen Global Express für Langstrecken. Horizont 3 besteht aus noch nicht bekanntgegebenen und noch in der Entwicklung befindlichen Prototypen.

Bombardier hat erreicht, daß seine drei Horizonte mit maximalem Nutzen arbeiten. Auf fast allen Ebenen des Unternehmens, von der obersten bis hin zur untersten, achten die Manager darauf, daß ihre Geschäfts-Pipelines gefüllt sind. Diese reichhaltige Abstufung von Wachstumsaktivitäten ist nicht auf die Kerngeschäfte beschränkt. Selbst die Dienstleistungsgruppe, die in Horizont 3 auf Firmenebene sitzt, verfolgt ihre eigenen drei Horizonte des Wachstums.

Insgesamt hat Bombardiers unnachgiebige Konzentration auf das Wachstum innerhalb der drei Horizonte außerordentliche Ergebnisse gebracht: Zwischen 1986 und 1996 wurde ein Gesamtjahreswachstum von 22 Prozent bei den Umsätzen und von 42 Prozent bei der Aktionärsrendite erzielt.

Auf den ersten Blick scheint die Metapher der drei Horizonte zu vereinfachend, um damit die Entwicklung eines Unternehmens zu erklären. Aber gerade diese Einfachheit ist ihre Stärke. Sie hat sich als effektives Hilfsmittel für Dutzende von Unternehmen erwiesen, die damit lernen können, wie sie Wachstumsstrategien erarbeiten und diese ihren Managern vermitteln können.

Die drei Horizonte können auf dreifache Weise zur Förderung des Wachstums eingesetzt werden. Erstens können sie Führungskräften als Werkzeug zur Diagnose bei der Beurteilung der Aussichten für Wachstum auf jeder Unternehmensebene helfen, und sie können mögliche Lücken im Umfang und in der Beschaffenheit neuer Gewinnquellen aufzeigen.

Zweitens stellen die drei Horizonte als sprachliche Begriffe ein einheitliches Mittel zur Kommunikation mit Mitarbeitern und Investoren dar. Die einfachen Begriffe erleichtern es beiden Gruppen, Prioritäten des Unternehmens zu verstehen und zu erörtern.

Drittens bringt der Rahmen als Managementphilosophie Manager und Unternehmen dazu, sowohl die zukünftigen Ergebnisse als auch die des aktuellen Quartals zu berücksichtigen.

Unsere Erfahrungen mit Hunderten von Unternehmen zeigten, daß sich die drei Horizonte intuitiv erfassen und anwenden lassen. Werden sie in einem Unternehmen eingeführt, bieten sie ein wirksames Mittel für einen Blick in den Spiegel und für den Start in eine Reise des Wachstums.

ANMERKUNGEN

1 J. W. Gardner, *Self-Renewal: The individual and the innovative society* (New York 1981), S. 5. Gardner ist ehemaliger US-Kabinettsekretär, Bürgerrechtler und Verfasser mehrerer Bücher über Werte.

2 Richard N. Foster, Director bei McKinsey, ermittelte diese Erfolgsrate in umfassenden und unveröffentlichten Untersuchungen über die Vergänglichkeit von herausragender Leistung. Das Ergebnis basiert auf Daten von 404 Einzelgeschäft-Unternehmen in 15 Branchen innerhalb von 30 Jahren.

3 Der Web Site von Dow Jones bemerkt, »Als Charles Dow den US-Industrieaktienindex schuf, der zum ersten Mal am 29. Mai 1896 erschien, bestand er aus einem Dutzend Aktien. Von den ursprünglichen zwölf ist heute nur noch General Electric dabei. Und selbst GE schied für eine Weile aus – es wurde 1898 gelöscht, kehrte jedoch neun Jahre später wieder zurück und ersetzte Tennessee Coal and Iron.«

4 Siehe zum Beispiel I. Adizes, *Corporate Lifecycles: How and why corporations grow and die and what to do about it* (Englewood Cliffs, New Jersey 1989). Adizes schlägt eine zehnstufige Lebenszykluskurve vor: Umwerben, Kleinkind, Dynamik, Heranwachsen, Blütezeit, Stabilität, Aristokratie, frühe Bürokratie, Bürokratie und Tod.

5 S. Ghoshal und C. A. Bartlett, *The Individualized Corporation: A fundamentally new approach to management* (New York 1997), S. 134.

6 Coca-Cola Amatil klassifiziert seine Geschäfte je nach der Höhe des Softdrink-Verbrauchs pro Kopf als »etabliert«, »in der Entwicklung« oder »aufstrebend«. Da wir die Horizonte nach dem Grad der Entwicklung des Geschäftes benennen, beschreiben wir Indonesien als Horizont 2, weil es starke Geschäftsimpulse und Investionen aufweist, während CCA es aufgrund seines äußerst niedrigen Pro-Kopf-Verbrauchs als aufstrebend klassifiziert.

7 S. Hensley, »Charles Schwab to start selling life insurance in May«, *American Banker*, 23. April 1996.

8 M. A. Baghai, S. C. Coley, R. H. Farmer und H. Sarrazin, »The growth philosophy of Bombardier«, *The McKinsey Quarterly*, 1997, Nr. 2, S. 4–29.

2 Kritischer Blick in den Spiegel

Wenn sie Wachstum anstreben wollen, sollten Leiter auf allen Ebenen eines Unternehmens zunächst in den Spiegel schauen und sich fragen »Wie gesund sind meine Horizonte?« Nicht selten ist einer, sind zwei oder sogar alle drei Horizonte unproduktiv. Möglicherweise schenken Führungskräfte innerhalb des Unternehmens einem oder auch mehreren Horizonten nicht genügend Aufmerksamkeit. Außerhalb des Unternehmens können plötzliche Umbrüche in der Wirtschaft den Erfolg bestehender oder sich entwickelnder Geschäfte über Nacht zunichte machen. Ganz gleich, aus welchem Grund, wenn alle drei Horizonte krank sind, wird das Wachstum eines Unternehmens zwangsläufig ins Stocken geraten, und Versuche eines Neubeginns werden äußerst mühselig.

Unsere Untersuchungen zeigen, daß die Horizonte der großen Mehrheit der Unternehmen in den meisten Fällen nicht gesund sind. Das ist die schlechte Nachricht. Die gute Nachricht ist, daß eine genaue Diagnose den Beginn einer Heilung darstellen kann. Wenn sie die starken und die schwachen Punkte in der Pipeline kennen, können Manager leichter ermitteln, wie sie den Wachstumsinitiativen Prioritäten zuweisen sollen. In einigen Fällen kann ein besonders schlechtes Bild sogar darauf hinweisen, daß ein Unternehmen für das Streben nach Wachstum noch nicht bereit ist.

Für einen Blick in den Spiegel sollte ein Unternehmensleiter mit den derzeitigen Rentabilitätstreibern in Horizont 1 beginnen und die folgenden Fragen stellen:

- Erzeugen unsere Kerngeschäfte ausreichende Erträge, so daß wir uns Wachstumsinvestitionen erlauben können?
- Sind wir stark genug auf Leistung ausgerichtet, um die Gewinne in den nächsten Jahren noch weiter steigern zu können?
- Ist unsere Kostenstruktur im Branchenvergleich wettbewerbsfähig?

- War die Betriebsleistung stabil?
- Ist der Marktanteil gestiegen oder war er stabil?
- Sind wir gegenüber neuen Konkurrenten, Technologien oder gesetzlichen Vorschriften, die die Spielregeln verändern könnten, ausreichend geschützt?

Danach sollte er sich die aufstrebenden Geschäfte in Horizont 2 anschauen:

- Verfügen wir über neue Geschäfte, die soviel wirtschaftlichen Wert erzeugen können wie die derzeitigen Kerngeschäfte?
- Gewinnen diese neuen Geschäfte auf dem Markt an Schwung?
- Sind wir auf beträchtliche Investitionen vorbereitet, um ihr Wachstum zu beschleunigen?
- Werden diese Geschäfte durch das Vertrauen der Investoren gestützt?
- Ziehen die neuen Geschäfte Personen mit unternehmerischem Geschick in unser Unternehmen?

Schließlich muß er die Optionen für zukünftige Geschäfte in Horizont 3 betrachten:

- Nimmt sich unser Führungsteam die Zeit, über Wachstumschancen und Entwicklung der Branche nachzudenken?
- Haben wir ein umfassendes Portfolio an Optionen für die Neugestaltung existierender und die Schaffung neuer Geschäfte?
- Unterscheiden sich diese Ideen sehr von denen auf der Liste des vergangenen Jahres, der von vor drei oder vor fünf Jahren?
- Erarbeiten wir effiziente Möglichkeiten, um diese Ideen in neue Geschäfte umzusetzen?
- Wurden die Ideen in konkrete, meßbare erste Schritte umgesetzt und greifbar gemacht?

✓ Gesund ✗ Krank			
Horizonte	**1**	**2**	**3**
Unter Belagerung	✗	✗	✗
Verlust des Rechtes auf Wachstum	✗	✓	✓
Die Luft geht aus	✓	✗	✗
Gestalten einer neuen Zukunft	{ ✗ ✗	✓ ✗	✗ ✓
Schaffen von Ideen, jedoch nicht von neuen Geschäften	✓	✗	✓
Mißlingen der Saat für die Zukunft	✓	✓	✗

Abbildung 2.1 Sechs häufige Muster

Wenn ein Leiter die meisten dieser Fragen nicht mit »Ja« beantworten kann, sind die Horizonte des Unternehmens wahrscheinlich nicht völlig gesund. Herausragende Unternehmen, die es geschafft haben, drei gesunde Horizonte des Wachstums aufzubauen, gibt es, wie uns die Beispiele Coca-Cola Amatil, Charles Schwab und Bombardier zeigten. Meistens finden sich Leiter jedoch in einem von sechs anderen Mustern wieder (Abbildung 2.1).

Muster eines kranken Unternehmens

Unter Belagerung

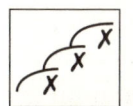 Das erste und schlechteste Muster ist das eines Unternehmens unter Belagerung. Hier entwickeln sich die Kerngeschäfte in Horizont 1 unterdurchschnittlich, sie werden durch Konkurrenten gefährdet oder sehen sich einem drohenden Niedergang gegenüber. In der Pipeline geschieht wenig, so daß keine neuen Geschäfte zur Verfügung stehen, die die Flaute ausgleichen könnten. Keiner der Horizonte ist gesund.

Unternehmen, in denen Umwandlungen stattfinden, befinden sich in der Regel unter Belagerung, ebenso wie Unternehmen, die von plötzlichen wirtschaftlichen Veränderungen oder einer Deregulierung aus der Bahn geworfen werden. Belagerte Unternehmen erleiden einen doppelten Schlag: Sie leiden wegen ihrer sinkenden Erträge nicht nur unter Sanktionen seitens der Finanzmärkte, sondern auch die Investoren schauen ärgerlich auf die Investitionsausgaben, die sie zur Entwicklung neuer Geschäfte brauchen.

Häufig wird die Walt Disney Company als leuchtendes Beispiel für nachhaltiges Wachstum genannt. Dies war jedoch nicht immer so. Nach Walt Disneys Tod 1966 hatte das Unternehmen zu kämpfen. Trotz Disneys kreativer Hinterlassenschaft wurden nur wenige neue Projekte durchgeführt, und die Kerngeschäfte schrumpften. Führungskräfte ruhten sich auf den Lorbeeren der Marke aus, und Ende der 70er Jahre war Disney zu einem idealen Kandidaten für eine Übernahme geworden.

In einem Vortrag, den Michael Eisner vor seiner Ernennung zum CEO vor dem Board of Directors hielt, traf er die Kernaussage, Disney sei ein

Unternehmen, das bereit sei, ausgeschlachtet zu werden.[1] Sein wichtigster Gewinngenerator in Horizont 1, das Themenpark-Geschäft, lag brach. Es kamen nur wenige neue Attraktionen hinzu, und die Besucherzahlen sanken. Die Eintrittspreise waren in einem Jahrzehnt um nur 1 Prozent gestiegen, obwohl für jeden Preisanstieg der Eintrittskarte um einen Dollar das Endergebnis um 30 Millionen Dollar hätte gesteigert werden können. Seit 1973 waren keine neuen Hotels mehr gebaut worden. Zu dem Zeitpunkt, als 1982 das EPCOT Center in der Walt Disney World in Orlando, Florida, und 1983 das Tokyo Disneyland eröffnet wurden, befand sich das konjunkturabhängige Themenpark-Geschäft mitten in der Rezession.

Disneys zweiter Motor in Horizont 1, das Filmgeschäft, war während der 70er Jahre ebenfalls niedergegangen. Disney, einst eine Garantie für Erfolg in Hollywood, verzeichnete 1979 den geringsten Marktanteil der sieben größten Filmstudios, weil man seit Jahren nicht in der Lage war, erfolgreiche Zeichentrickfilme zu produzieren. Die wenigen jährlichen Produktionen fielen jämmerlich unter den Branchendurchschnitt von 15 bis 20 Filmen.

Um die Dinge noch zu verschlimmern, wurden in den Horizonten 2 und 3 nur wenige Geschäfte aufgebaut. Um sicherzugehen, wurden zwar Gespräche über die Errichtung eines Themenparks in Europa geführt, und die Filmproduktionsgesellschaft Touchstone wurde gegründet, um junge und alte Zuschauer zu gewinnen, aber Disney hinkte im Videomarkt hinterher, und der Disney Channel machte finanzielle Verluste.

Der Aktienkurs fiel rapide. Die Gesamtaktionärsrendite wies eine Wachstumsrate von insgesamt 8,3 Prozent von 1974 bis 1984 auf – die Hälfte der Standard & Poor 500. Es überrascht nicht, daß einige Versuche zur Übernahme erörtert wurden. Anfang der 80er Jahre drohten Saul Steinberg, Irwin Jacobs und andere dem Unternehmen mit Auflösung. »Es ist, als ob man beobachtete, wie die eigene Mutter von Verbrechern in New York zusammengeschlagen und ausgeraubt wird«, beschrieb ein Börsianer Steinbergs Versuch zur Übernahme.[2]

In diesem Zustand übernahm Michael Eisner 1984 die Leitung. Er war der erste Außenstehende, der Disney in seiner 61jährigen Geschichte leitete. Das Unternehmen befand sich ohne Zweifel im Belagerungs-zustand.

Verlust des Rechtes auf Wachstum

Konzentriert man sich zu sehr auf das Wachstum, kann dies ebenso zu Problemen führen, wie wenn man es vernachläs-sigt. Während belagerte Unternehmen in erster Linie leiden, weil sie es unterlassen haben, ihre Pipeline der Geschäftsschaffung zu füllen, verlieren andere das Recht auf Wachstum, wenn sie sich zu stark neuen Geschäften zuwenden. Die Neuartigkeit dieser Chancen kann so faszinierend sein, daß Manager ihren Blick von Horizont 1 ab-wenden und dabei vergessen, daß er erhalten werden muß, damit er die finanzielle Unterstützung des Wachstums sicherstellt.

Unternehmen können sich aus mehreren Gründen in dieser mißlichen Lage befinden. Einige kommen mit intelligenter Schaffung von Ge-schäften voran, werden dann aber von äußeren Ereignissen überrascht. Der folgende Verlust von Cash Flow kann das Wachstum zum Still-stand bringen. Andere geraten ins Stolpern, weil sie zuviel auf einmal machen wollen und die Fähigkeiten des Unternehmens hinsichtlich Management und finanziellen Mittel zu stark verteilen. Wenn Manager die Leistung im derzeitigen Kerngeschäft vergessen, kann das parado-xerweise zum Tod neuer Geschäfte führen, für die sie sich so engagie-ren. Sie dürfen nicht vergessen, daß sich die Initiativen in Horizont 2 und 3 nur selten selbst erhalten. Eine Bedrohung der Rentabilität in Horizont 1 kann daher dazu führen, daß Investitionen und Aufmerk-samkeit seitens des Managements dramatisch zurückgehen. Gerät ein Unternehmen in Panik, kann es Jahre dauern, bis Wachstum wieder auf der Tagesordnung der Unternehmensführung steht.

Nokia, weltweiter Hersteller von Telekommunikationsausrüstungen, verlor das Recht auf Wachstum einfach deshalb, weil man versuchte, zuviel zu machen. Das Unternehmen, das 1865 am Ufer des Flusses Nokia in Finnland gegründet wurde, stellte ursprünglich Zellstoff und Papier her. 1966 fusionierte Nokia mit einem Gummiunternehmen und einem Kabelhersteller. In den 80er Jahren war es CEO Kari Kaira-mo, der wie verrückt Akquisitionen tätigte, angestachelt von der Vision, mit dem Abbau der Handelsschranken in Europa ein globales

Unternehmen aufzubauen: »Wir verkaufen ständig nur Stücke, kaufen Stücke, führen Joint-ventures durch. Bei Nokia ist nichts heilig.«[3] Zwischen 1986 und 1989 tätigte das Unternehmen 21 Akquisitionen. Auf dem Höhepunkt seiner Diversifikation versuchte es, Geschäfte von Schuhen bis zu Chemikalien zu führen.

Die Manager konnten so viele Geschäfte einfach nicht bewältigen, und die Geschäfte in Horizont 1, wie zum Beispiel Zellstoff und Papier, begannen zusammenzubrechen. Nokia sackte in die roten Zahlen. Obwohl die Umsätze jährlich um 24 Prozent stiegen, sank der Nettogewinn. Am 12. Dezember 1988 schockte die Nachricht von Kairamos Tod, der sich später als Selbstmord herausstellte, die europäische Geschäftswelt. Der neue Präsident, Simo Vuorilehto, übernahm ein Unternehmen, das dabei war, das Recht auf Wachstum zu verlieren.

Die Luft geht aus

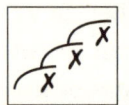 Im starken Gegensatz dazu wenden manche Unternehmen ihren Blick nie von den Kerngeschäften ab. Selbst Unternehmen von Weltklasse kann die Luft ausgehen, wenn diese Geschäfte reifen und keine neuen Geschäfte in der Pipeline sind, die sie ersetzen können. Die Krise muß nicht unmittelbar bevorstehen, sie kann aber hinter jeder Ecke lauern.

Unternehmen, die ihre Leistung durch Steigerung der Effizienz und Senkung der Kosten verbessert haben, können schließlich verringerte Erträge verzeichnen. Dies ist häufig nach dem Abschluß rigoroser Umgestaltungsprogramme der Fall. Es gibt auch Unternehmen, die ihr ursprüngliches Geschäft durch allmählichen Aufbau von Marktanteilen expandiert haben. Erreicht das Geschäftskonzept seinen natürlichen Höhepunkt, kann einem solchen Unternehmen die Luft ausgehen, wenn es nicht bereits eine neue großartige Idee hat, was Wells Fargo befürchtete.

Wells Fargo ist in vielerlei Hinsicht die typische amerikanische Erfolgsgeschichte. 1995 erzielte das Unternehmen die höchste Gesamtkapitalrentabilität und die höchste Eigenkapitalrendite unter den 50 größten US-Banken. Dieses Ergebnis entsprach vollständig der finanziellen Leistung seit Anfang der 80er Jahre. In den zehn Jahren bis 1995 erzielte Wells Fargo ein jährliches Gesamtwachstum von nahezu 19 Prozent bei seinem Nettogewinn, was sich in einem jährlichen Wachstum bei Marktkapitalisierung und Aktionärsrendite von über 20 Prozent niederschlug. Dieses profitable Wachstum beruhte auf rücksichtsloser Kostenreduktion, rigoroser Budgetierung und Planung sowie einer strengen Leistungsmoral.

Paradoxerweise waren es gerade diese Stärken, die die Schaffung neuer Geschäfte verhinderten. Der Planungs- und Budgetierungsprozeß des Unternehmens und eine erforderliche kurzfristige Rentabilität standen neuen Ideen im Wege. Dies wurde erst in der ersten Hälfte der 90er Jahre zum Problem, als Vermögen und Einnahmen um 2 Prozent jährlich sanken und sich das Wachstum der Gewinne auf 8 Prozent jährlich verlangsamte. Obwohl Wells Fargos Ergebnisse 1995 die gleichwertiger Unternehmen bei weitem überschritten, zeigten sich die verringerten Erträge aus Kostenreduktionen auf schmerzhafte Weise. Das Unternehmen hatte sich zwar das Recht auf Wachstum eindeutig verdient, ihm mangelte es jedoch an ausreichenden Initiativen in den Horizonten 2 und 3, um neue Quellen für ein nachhaltiges Wachstum der Gewinne zu schaffen.

Gestalten einer neuen Zukunft

Einige Unternehmen sind auf ihre aussichtsreichen Geschäfte in den Horizonten 2 und 3 stolz, ein lebensfähiger Horizont 1 fehlt jedoch. Dies trifft am häufigsten auf Jungunternehmen zu, deren Geschäft noch einige Jahre von großen Gewinnen und einem Aufbau von Marktwert entfernt ist. Aber auch in großen Unternehmen kann dies der Fall sein.

Von Zeit zu Zeit werden Branchen von starken Umbrüchen geschüttelt: Es finden heftige Verschiebungen in der Wettbewerbsstruktur statt, die die Spielregeln neu definieren und die Geschicke der Spieler verändern.[4] Die Ministahlwerk-Technologie veränderte zum Beispiel die Stahlindustrie, da die Herstellung nun mit geringerem Investitionskapital erfolgen konnte. Dies öffnete die Tür für Nucor, das damit zum Branchenführer wurde. Electronic Commerce verändert das Spiel in vielen Branchen, indem es die Transaktionskosten nach unten drückt.[5] Aber Umbrüche beschränken sich nicht auf technologische Verände-

rungen. Auch die Deregulierung kann Unternehmensschicksale beeinflussen. In der US-amerikanischen Telekommunikationsbranche bedeutete Deregulierung mehr als nur die Auflösung von AT&T: Die Einführung von Wettbewerb führte dazu, daß viele Spieler kämpfen und
sich gegen gierige Angreifer verteidigen mußten.

Unabhängig von ihrer Ursache stellen diese Umbrüche in der Regel das
dar, was der Strategie-Consultant Ian Morrison als »Herausforderung
der zwei Kurven« bezeichnet hat.[6] Leiter, die ihnen gegenüberstehen,
müssen den Übergang von einem unattraktiven übernommenen Geschäft in Horizont 1 zu einem neuen Geschäft machen, das Gewinne
und Wachstum in Horizont 2 steigert. In diesen Fällen muß Horizont 1
die neuen Initiativen in den Horizonten 2 und 3 finanzieren, obwohl er
wahrscheinlich nicht genügend Gewinne dazu erzielt. Daher muß er
ausgeschöpft und möglicherweise sogar desinvestiert werden, um die
finanzielle Voraussetzung für Investitionen in die Zukunft des Unternehmens zu schaffen. Ziel in diesen Fällen ist es, wie Morrison an-
merkt, den geeigneten Zeitpunkt und die angemessene Geschwindigkeit des Übergangs festzulegen.

Schaffen von Ideen, jedoch nicht von neuen Geschäften

Ein weiteres unerwünschtes Muster ergibt sich, wenn Unternehmen starke Geschäfte in Horizont 1 und viele Ideen in
Horizont 3 haben, aber nur wenige Personen daran arbeiten,
um diese Ideen in tatsächliche Geschäfte umzusetzen. Ganz gleich, wie
faszinierend die Ideen sein mögen, Horizont 2 bleibt leer, bis Geschäfte aufgebaut sind. Für ein Unternehmen kann es eine heimtückische
Falle darstellen, wenn es sich aufgrund von aussichtsreichen Optionen
in Horizont 3 fälschlicherweise in Sicherheit wiegt. Um das Ganze
noch komplizierter zu machen, können diese Optionen auch die Erwartungen des Marktes hinsichtlich des Wachstums übermäßig steigern,
so daß sie die Fähigkeit des Unternehmens bei weitem übersteigen. Je
mehr sich die Lücke zwischen Markterwartungen und dem tatsächlichen Wachstum des Unternehmens vergrößert, desto wahrscheinlicher wird ein steiler Fall des Aktienkurses.

Dieses Muster findet sich häufig bei High-Tech-Unternehmen und
Unternehmen, bei denen es schon immer an neuen Ideen mangelte, die

jedoch hart daran gearbeitet haben, um die Lücke zu überwinden. Ein solches Unternehmen ist vielleicht der Auffassung, einige gute Ideen am hintersten Ende der Pipeline stellten eine Wachstumsstrategie dar. Womöglich hat es sich sogar vorgemacht, daß man lediglich einige rasch aus dem Ärmel geschüttelte Ideen benötigte. Wenn die Erwartungen des Marktes steigen, beginnen sich die Führungskräfte zu fragen, ob die neuen Ideen etwas bringen. Unter Druck suchen sie die Lösung eventuell in unüberlegten Akquisitionen. Diese durch Existenzangst ausgelösten Akquisitionen können zwar Löcher stopfen, aber viel zu oft enden sie mit der Zerstörung des Shareholder Values und dem Stillstand der Wachstumsprogramme.

Unternehmen, die stolz auf ihre hochmoderne Forschung sind, ihre Ideen jedoch nicht ausreichend vermarkten können, neigen ebenfalls zu diesem Muster. Xerox stellt ein wohlbekanntes Beispiel für eine mißlungene Kommerzialisierung der Forschung in Horizont 3 dar. 1970 entschied das Unternehmen, seine Zukunft hinge von der Umsetzung völlig neuer Ideen ab. Obwohl als weltweit größter Hersteller von Fotokopierern ein starkes Horizont-1-Geschäft vorhanden war, war man über die Möglichkeit einer Zukunft ohne Papier beunruhigt, die seine Produkte überflüssig machen würde. Es gründete das Palo Alto Research Center (PARC) in Kalifornien, besetzte es mit einigen der besten Wissenschaftler und Ingenieure der Welt und gab ihnen einen eindeutigen Auftrag: Die Zukunft des Computerwesens zu erfinden.

Genau dies taten die Fachleute im PARC. Die Liste der Innovationen, die dabei herauskamen, ist legendär: Die erste graphische Computerschnittstelle mit Fenstern und Symbolen, die von einer Maus gesteuert wurde, der Laserdrucker und das Local Area Network. Das Management von Xerox konnte diese Ideen jedoch nicht vermarkten, und Hewlett-Packard, Apple, Microsoft und andere strichen die Gewinne ein. Viele Unternehmen machen heutzutage denselben Fehler.

Mißlingen der Saat für die Zukunft

Unternehmen, die sich um neue Wachstumsperspektiven bemühen, können hohe Gewinne in Horizont 1 und aussichtsreiche Geschäfte in Horizont 2 vorfinden. Dies treibt einige Jahre ein profitables Wachstum an; wollen sie jedoch den Erfolg erhalten, müssen sie in der Lage sein, die Schaffung neuer Ideen zu einer festen Einrichtung zu machen. Ohne einen kontinuierlichen Strom neuer Optionen in Horizont 3 wird die nächste Generation der Horizont-2-Geschäfte nicht rechtzeitig die Pipeline verlassen, und das Wachstum wird stagnieren.

Die Anforderungen des Aktienmarktes verstärken die Herausforderung noch. Der mit gesunden Horizonten 1 und 2 verbundene Erfolg steigert die Markterwartungen hinsichtlich des Wachstums. Um diese Erwartungen zu erfüllen, müssen Organisationen neue Geschäfte schneller als bisher schaffen. Die Ermittlung und das Management einer immer größer werdenden Anzahl an Wachstumschancen wird jedoch bald zu einer beängstigenden Aufgabe, der nur wenige Unternehmen gewachsen sind.

Eines dieser wenigen Unternehmen ist Johnson & Johnson, das den Erdball durchkämmt, um mit zuwenig Fremdkapital ausgestattete Patente und aufstrebende Technologien zu finden. Es beschäftigt Dutzende von Vice-presidents für Lizenzerteilung und Akquisition, die meist über einen Doktortitel in Jura, Naturwissenschaften oder Medizin verfügen und deren Aufgabe es ist, Chancen zu ermitteln und zu fördern. Sie schaffen Beziehungen zu Spekulationskapital und Wertpapier- und Emissionsgeschäften, wissenschaftlichen Forschungseinrichtungen, medizinischen Forschungszentren und kleinen Jungunternehmen, um Zugang zu attraktiven Technologien in Medizin und Gesundheitswesen zu erhalten. Diese Technologien werden schließlich zu den Produkten umgesetzt, die das Wachstum von Johnson & Johnson antreiben.

Um diese Vice-presidents zu ergänzen, hat das Unternehmen einen Ausschuß für Wissenschaft und Technologie auf CEO-Ebene gebildet. Er fördert Beziehungen mit der akademischen Welt, führenden Denkfabriken, Berufs- und Wissenschaftsverbänden und anderen Forschungsinstituten, um revolutionäre Technologien zu ermitteln.

Den Ausgleich finden

Der Leiter, der unsere Diagnose durchführt und drei gesunde Horizonte findet, stellt in der Regel die Ausnahme dar. Meistens ist vollständige Gesundheit eher Wunsch als Realität. Um sie zu erreichen, muß man wissen, wie viele und welche Art von Initiativen in jedem Horizont verfolgt werden müssen. Wie sieht ein ausgeglichenes Portfolio mit drei Horizonten aus? Welche Initiativen sind geeignet?

Finanzmärkte erkennen die Bedeutung eines Ausgleichs der Aktivitäten über die drei Horizonte hinweg stillschweigend an. Während die Horizonte 2 und 3 im Moment nur wenige oder gar keine Gewinne abwerfen können, hängt von ihnen doch ab, wieviel die Investoren für die Aktien eines Unternehmens zu zahlen bereit sind. Sind sie stark, schaffen sie Erwartungen hinsichtlich des Wachstums und tragen zu einem hohen Aktienagio bei. Obwohl Horizont-1-Geschäfte den Großteil des Cash Flows darstellen, erzielen sie doch einen überraschend kleinen Anteil des Aktienkurses, von dem das meiste auf die Erwartungen hinsichtlich eines zukünftigen Wachstums zurückgeführt werden kann.[7] Dies trifft besonders auf den High-Tech-Sektor zu, in dem Jungunternehmen trotz der Tatsache, daß sie kein Horizont-1-Geschäft aufweisen können, in der Regel Kurs-Gewinn-Verhältnisse von 50 bis 100 fordern – sie bieten lediglich das Potential für ein starkes Wachstum.

Einen Ausgleich zu erzielen bedeutet nicht, in jedem Horizont dieselbe Anzahl an Initiativen zu haben. Aufgrund der niedrigen Trefferquote bei Optionen in Horizont 3 ist in der Regel eine größere Anzahl an Optionen erforderlich, damit man auch nur ein einziges erfolgreiches Horizont-2-Geschäft erhält. Ähnlich schaffen es nicht alle Horizont-2-Geschäfte, Horizont 1 zu erreichen. Aufgrund dieser Selektion schafft ein ausgeglichenes Portfolio in den drei Horizonten eine Entwicklungs-Pipeline, die eher einem Trichter als einem Zylinder ähnelt.

Aussagekräftiger als die bloße Anzahl der Initiativen pro Horizont ist die Art, in der erfahrene Wachstumsunternehmen den Horizonten Investitionsausgaben zuteilen. Häufig widmen sie beträchtliche Summen Initiativen, die sich erst in einigen Jahren auszahlen. Die meisten der von uns untersuchten Unternehmen mit nachhaltigem Wachstum wenden mindestens ein bis zwei Drittel ihrer neuen Investitionsausgaben für Initiativen in Horizont 2 und 3 auf. Ein Unternehmen, das all seine Energie und Gelder für zahlreiche Initiativen in diesen Horizonten aufwendet und dabei die Kerngeschäfte vernachlässigt, hat das Wesentliche vergessen. Wichtig ist nicht so sehr, wie viele Initiativen in einem Unternehmen verfolgt werden, sondern ob der Ausgleich der Initiativen den Anforderungen innerhalb der drei Horizonte entspricht.

Wenn es keine eindeutigen Zahlen zur Ermittlung des optimalen Ausgleichs zwischen den drei Horizonten gibt, wie soll man ihn dann definieren? Die Antwort ist einfach: Ausgleich bedeutet, daß der nächste Wachstumsmotor bereit ist, wenn er benötigt wird. Dies zu realisieren, ist jedoch alles andere als einfach. Die Definition von Ausgleich unterscheidet sich von Unternehmen zu Unternehmen.

Schauen Sie sich dazu die folgenden Faktoren an:

Geschwindigkeit des Fortschritts in den Branchen. In Branchen mit einem äußerst starken Fortschritt ist Horizont 3 eventuell nur wenige Jahre entfernt. Die Bedeutung der in der Pipeline enthaltenen Optionen verglichen mit der derzeitigen Leistung wird viel größer. Bewertungen von Software-Unternehmen werden meistens von Erwartungen auf zukünftiges Wachstum gesteuert, wobei größerer Schwerpunkt auf Initiativen in den Horizonten 2 und 3 gelegt wird. Dagegen tritt Horizont 2 in der sich langsamer entwickelnden Grundstoffindustrie womöglich erst in einem Jahrzehnt ein. Für sie kann der Ausgleich in einer weit geringeren Anzahl von aussichtsreichen Initiativen in den Horizonten 2 und 3 bestehen.

Grad der Ungewißheit. Der Grad der Ungewißheit in einer Branche hängt mit der Geschwindigkeit des Fortschritts zusammen. Unerwartete Veränderungen des Umfeldes können die Kerngeschäfte bedrohen, sie können jedoch auch den Weg für Chancen bereiten. Die durch Deregulierung, Konsolidierung oder neue Technologien verursachte Unsicherheit verstärkt die Komplexität, und es wird noch wichtiger, über ein Portfolio von Chancen zur Geschäftsschaffung zu verfügen. Je mehr Optionen Sie haben, desto flexibler können Sie in Ihren Strategien sein.

Fähigkeiten von Management und finanzielle Fähigkeiten. Hat ein Unternehmen eine unrealistische Auffassung gegenüber dem Geld und der Zeit des Managements, die ihm zur Schaffung von Geschäften zur Verfügung stehen, kann das Wachstumsprogramm zu einem Paradebeispiel für Frustration werden. Je größer die finanziellen Mittel und die Fähigkeiten des Managements sind, die ein Unternehmen großzügig für das Wachstum einsetzen kann, desto mehr Initiativen in Horizont 2 und 3 kann es tragen. Unternehmen, die rasches Wachstum erzielen wollen, sollten sich strecken, Wachstumsinitiativen dürfen jedoch nicht die Horizont-1-Geschäfte schwächen.

Erwartungen der Aktionäre. Wenn die Investoren eines Unternehmens bereit sind, Volatilität zu akzeptieren, kann sich seine Definition von Ausgleich den späteren Horizonten zuwenden, was die Investitionen in den Horizonten 2 und 3 stützt. Wie wir gesehen haben, steigern aussichtsreiche Initiativen in den Horizonten 2 und 3 die Markterwartungen, und das Unternehmen wird möglicherweise mit einer höheren Marktkapitalisierung belohnt. Initiativen der Horizonte 2 und 3 erzeugen wenig Gewinn und Cash Flow, und ihre Erträge sind weit unsicherer als die der Horizont-1-Geschäfte. Infolgedessen erzeugt ein Schwerpunkt auf den Horizonten 2 und 3 in der Regel eine stärkere Volatilität auf dem Aktienmarkt. Dieses gesteigerte Risikoprofil kann genau das sein, was einige Investoren wollen.

Ein Pessimist könnte die beschriebenen Muster als Diagnose einer schlechten Gesundheit beschreiben und düstere Aussichten für das Wachstum vorhersagen. Ein führendes Wachstumsunternehmen andererseits wird die Muster als Ausgangspunkt ansehen, von dem aus nachhaltiges Wachstum erreicht werden kann. Wachstum kann die Alchimie sein, mit der Unternehmen zu starken und leistungsfähigen Organisationen werden. Jedes Unternehmen, dessen Probleme wir in diesem Kapitel beschrieben haben, hat seitdem diese Schwierigkeiten überwunden, gesunde Horizonte aufgebaut und ein profitables Wachstum erzielt.

Nach der Belagerung 1984 konnte sich Disney erneuern und erzielte in den folgenden zehn Jahren eine jährliche Gesamtaktionärsrendite von 29 Prozent, während der Nettogewinn um 27 Prozent jährlich stieg. Nokia stieß zahlreiche Geschäfte ab, um sich in erster Linie auf die Telekommunikation zu konzentrieren. Von 1991 bis 1995 stieg sein Nettogewinn um 70 Prozent jährlich, das jährliche Wachstum der

Aktionärsrendite betrug über 80 Prozent. Die Aktie von Wells Fargo stieg um 54 Prozent in den beiden Jahren nach Dezember 1995, nachdem man Wachstum zu einem ebenso wichtigen Ziel machte wie Betriebsleistung. Die feindliche Übernahme der First Interstate Bancorp 1996, einer großen regionalen US-Bank, verdoppelte das Vermögen von 56 Milliarden Dollar auf 114 Milliarden Dollar und legte den Grundstock für die darauffolgende Fusion mit Norwest 1998.

Eine objektive Beurteilung der Gesundheit der drei Horizonte kann Hinweise auf Genesung und Wachstum geben. Dies zu erreichen, kann einige Jahre dauern, diese Reise ist jedoch reich an Belohnung und Faszination. Unternehmen müssen anfangen, die Löcher in ihren Horizonten zu schließen. Wie dies geht, zeigt Teil II.

ANMERKUNGEN

1 R. Grover, *The Disney Touch: How a daring management team revived an entertainment empire* (New York 1991), S. 40.
2 R. Grieves, »Greenmailing Mickey Mouse; Disney buys out a threatening investor for $ 325 million«, *Time*, 25. Juni 1984.
3 J. Heard und J. Keller, »Nokia skates into high tech's big league«, *Business Week*, 4. April 1988.
4 Eine ausgezeichnete Diskussion der Auswirkung von marktverändernden Technologien auf die Beteiligten siehe C. M. Christensen, *The Innovators' Dilemma: When new technologies cause great firms to fail* (Boston, Mass., 1997).
5 Die radikale Verringerung von Transaktionskosten und ihre Auswirkungen werden erörtert in P. Butler u. a., »A revolution in interaction«, *The McKinsey Quarterly*, 1997, Nr. 1, S. 4–23, und P. B. Evans und T. S. Wurster, »Strategy and the new economics of information«, *Harvard Business Review*, September-Oktober 1997, S. 71–82.
6 I. Morrison, *The Second Curve: Managing the velocity of change* (New York 1996).
7 Der Anteil der Marktkapitalisierung eines Unternehmens, das wachsen soll, ist der Anteil, der nach Abzug des derzeitigen Wertes der aktuellen Cash Flows übrigbleibt. Cash Flow bezieht sich auf den normalisierten Cash Flow für Aktionäre; wir verwenden statt dessen Gewinn nach Steuern. Wir gehen davon aus, daß Neuinvestitionen der Abschreibung entsprechen sollten, um die derzeitigen Cash Flows halten zu können. Die jüngste übereinstimmende Prognose des Institutional Brokers Estimate System wird als Schätzung für Gewinn nach Steuern verwendet. Die Eigenkapitalkosten basieren auf dem Capital Asset Pricing Model, wobei die weltweite Beta- und Zehnjahres-US-Anleihenrenditen als risikoloser Satz verwendet werden. Daten für diese Berechnung stehen ausreichend in bekannten Datenbanken zur Verfügung. Prognosen zu Marktkapitalisierung und Gewinn sind bei Datastream und Global Vantage (Compustat in den Vereinigten Staaten) erhältlich. Anstelle von länderspezifischen Beta-Koeffizienten werden globale Beta-Koeffizienten verwendet; sie errechnen sich direkt aus den monatlichen Erträgen. Die berechnete Wachstumsprämie gibt einen vernünftigen ersten Hinweis auf den Umfang des von den Investoren erwarteten Wachstums, sollte aber mit Vorsicht verwendet werden. Das Ergebnis kann aus drei Gründen fehlinterpretiert werden. Erstens schwankt das zum Erhalt der derzeitigen Cash Flows erforderliche Verhältnis Investitionsausgaben-Abschreibung zwischen Unternehmen und auch Branchen sehr stark. Zweitens gehören viele Unternehmen zu konjunkturabhängigen Branchen, und die Gewinne nach Steuer müssen innerhalb einer Konjunkturphase normalisiert werden. Drittens beeinträchtigen starke Unterschiede bei Zinssätzen und Gewinnabrechnung die Aussagekraft von Vergleichen zwischen Ländern.

Teil II

Trägheit überwinden

Wir leben in einem Zeitalter, das uns viele Chancen bietet. Unseren Erfahrungen nach können wir behaupten, daß Wachstumsprognosen häufiger aufgrund eines Versagens des Managements als durch wirtschaftliche Gegebenheiten eingeschränkt werden. Die Frage für Unternehmen mit unterdurchschnittlicher Entwicklung lautet daher nicht, ob Wachstum möglich ist, sondern, ob sie bereit sind, die Herausforderung Wachstum anzunehmen.

In den folgenden beiden Kapiteln beschreiben wir, wie erfolgreiche Wachstumsunternehmen die Grundlagen für Wachstum schaffen. Sie verdienen sich das Recht auf Wachstum, indem sie eine starke Betriebsleistung sicherstellen. Gleichzeitig fassen sie sowohl innerhalb des Unternehmens als auch bei den Investoren den Entschluß zu wachsen. So wie Manager ihr Haus in Ordnung halten, so beginnen sie auch, umfassender über neue Geschäftschancen nachzudenken. Dazu müssen sie die Schranken tief verwurzelter Überzeugungen niederreißen.

Die Grundlagen für Wachstum zu schaffen bedeutet in der Regel ein bis vier Jahre äußerst harte Arbeit. Einige Manager haben diese Arbeit bereits abgeschlossen. Andere sind soweit, daß sie nicht mehr neidisch auf die Wachstumsunternehmen schauen müssen, sondern selbst Wachstum anstreben können. Für sie wird in diesem Teil erläutert, wie sie vorgehen müssen.

3 Schaffung einer wachstumsorientierten Kultur

Profitables Wachstum aktiviert die Menschen, schafft eine faszinierende Umgebung und erzeugt Shareholder Value. Es sollte jedoch nicht für sämtliche Aktiengesellschaften von höchster Priorität sein. Einige sind einfach noch nicht bereit für eine wachstumsorientierte Kultur. Sie müssen sich noch etwas gedulden und eine solide Grundlage aus herausragender Betriebsleistung, Stärke im Wettbewerb und nachhaltigem Cash Flow aufbauen.

Ein großer Teil der Restrukturierungsmaßnahmen von Unternehmen in den Vereinigten Staaten und Europa zielte darauf ab, diese Grundlage für Wachstum zu schaffen. Leider haben dies viele Unternehmen, insbesondere in Europa und in Asien, noch nicht erreicht. Restrukturierung und Steigerung der Leistung – hiermit fängt ein Unternehmen an, sich (mit unseren Worten) das Recht auf Wachstum zu verdienen – stellen nur die eine Seite des Bildes dar. Die andere Seite ist ein äußerst starker Wille der Führung.

Die Aufgabe ist so schwer, daß die gesamte obere Führungsebene den einheitlichen Entschluß fassen muß, Wachstum erzielen zu wollen. Zu diesem Entschluß zu kommen ist ein weiterer wichtiger Teil der Grundlage für Wachstum.

Viele der Ideen in diesem Kapitel entstanden bei unserer Untersuchung von »Wendeunternehmen«: Unternehmen, die sich bewußt dazu entschlossen haben, ihre Wachstumsrate zu steigern, und die dies auch geschafft haben. Diese Unternehmen unterscheiden sich von unseren 30 großen Wachstumsunternehmen, die wir als Beispiel verwendet haben. Während letztere Einblicke darin vermitteln, wie Wachstum für ein Jahrzehnt oder länger erhalten werden kann, sind die in diesem Kapitel beschriebenen Unternehmen bemerkenswert, weil sie mit großem Erfolg die Trägheit überwanden, um Wachstum anzukurbeln. Nicht alle konnten dieses Wachstum erhalten.

Sich das Recht auf Wachstum verdienen

Ohne eine strategisch und betrieblich gesunde Grundlage kann kein Wachstumsprogramm beginnen. Ein erfolgreiches Wachstumsprogramm erfordert die völlige Aufmerksamkeit des Managements. Daher müssen sämtliche größeren Probleme im Kerngeschäft gelöst sein, bevor man damit beginnt. Wachstum benötigt zudem Investitionen. Ein Unternehmen muß zeigen, daß es profitabel bleiben und genügend finanzielle Mittel erzeugen kann, um die Investitionen tragen zu können, die zum Erreichen von Wachstum erforderlich sind. Anderenfalls können die Mittel für Wachstumsinitiativen in wirtschaftlichen Flauten plötzlich abgeschnitten werden. Nur wenige Entscheidungen sind so frustrierend wie die Senkung der Investitionen, nachdem ein Unternehmen mutig die Herausforderung Wachstum angenommen hat.

Um sich das Recht auf Wachstum zu verdienen, muß ein Unternehmen eine überragende Betriebsleistung erzielen, sämtliche ablenkenden Geschäfte oder Geschäfte mit unterdurchschnittlicher Entwicklung abstoßen und das Vertrauen der Investoren stärken. Diese drei wesentlichen Schritte werden durch das jüngste Beispiel der Warnaco Group veranschaulicht.

Überragende Betriebsleistung

Die Unternehmen mit nachhaltigem Wachstum in unserer Untersuchung sind sämtlich Unternehmen mit herausragender Leistung, die in der Regel einen Status als Marktführer und kostengünstiger Hersteller genießen. Sie erkennen, daß es nicht um Wachstum *oder* herausragende Betriebsleistung, sondern um Wachstum *und* herausragende Betriebsleistung geht. Überragende Betriebsleistung ist das Ergebnis einer starken strategischen Position verbunden mit Fachkenntnissen und Erfahrungen im Führungsbereich. Diese Voraussetzungen versetzen das Management in die Lage, Wachstumsinitiativen zu leiten und zu finanzieren. Wie Unternehmen eine überragende Betriebsleistung erzielen, läßt sich in Hunderten von Büchern und Artikeln nachlesen.[1]

Für über ein Jahrhundert war Warnaco mit der Herstellung von Büstenhaltern und Miederwaren recht erfolgreich. Im Laufe der Zeit diversifizierte man in Herrenbekleidung und Aktiv-Bekleidung. 1986 war das Unternehmen zu einem stark diversifizierten Bekleidungshersteller mit einem

Wert von 600 Millionen Dollar geworden, zu dessen Portfolio bekannte Marken wie Olga, Geoffrey Beene, Hathaway und Chaps by Ralph Lauren gehörten. Trotz dieser geschäftsaufbauenden Aktivitäten blieb ein solides Wachstum über ein Jahrzehnt aus; die Umsätze stiegen um gerade 5 Prozent pro Jahr. Die Gewinne 1986 unterschieden sich kaum von denen 1978, und das Unternehmen nahm kaum seine Kapitalkosten ein.

Jahrelang hatte man die Kosten gesenkt. Dies hielt das Unternehmen zwar stabil, die Gewinne waren jedoch gering, und die Wachstums-Pipeline war leer. Dies sollte sich aber bald ändern. Andrew Galef und Linda Wachner führten 1986 eine Übernahme durch Fremdfinanzierung durch, und Wachner wurde CEO.

Wachner sah sich einem Berg von Schulden und Geschäften mit unterdurchschnittlicher Entwicklung gegenüber und erkannte, daß sie rasch handeln mußte. Sie entschied, sich zuerst auf die Verbesserung der betrieblichen Prozesse zu konzentrieren. Dazu tauschte sie den größten Teil des obersten Managements aus und überreichte ihrem neuen Team billige Notizblöcke mit der Botschaft »Do it now«. Sie schleppte ihre Manager während der Schlußverkaufswochen zu Geschäftsbesichtigungen. Jeden Freitagabend antwortete sie auf einseitige Memos, auf denen die Leiter der Unternehmensbereiche ihre Probleme notiert hatten. Derartige Aktionen machten jedem das Gefühl für Dringlichkeit deutlich, das Linda Wachner im neuen Unternehmen schaffen wollte. Ihre starke persönliche Führungskraft und die neuen Manager, die sie ins Unternehmen eingebracht hatte, ermöglichten es Warnaco, die notwendigen drastischen Schritte zu unternehmen, um die Betriebsleistung zu verbessern.

Die interne Restrukturierung verbesserte die Rentabilität bereits von Anfang an. Die Unternehmensbereiche Chaps by Ralph Lauren, Christian Dior und Hathaway wurden zusammengelegt; der gesamte Miederwarenbereich wurde zu einem Unternehmensbereich zusammengefaßt; 15 Geschäfte mit unterdurchschnittlicher Entwicklung wurden geschlossen; und die internationalen Olga-Geschäfte wurden konsolidiert. Langsam verkäufliche Lieferprogramme wurden abgestoßen, das Arbeitskapital wurde knapper verwaltet, und es wurden Effektivitätsprogramme für die Herstellung eingeführt. Zudem erwarb Warnaco kostengünstige Fabriken in Asien.

Diese Maßnahmen steigerten die Gewinne 1987 um 250 Prozent. Warnaco war zwar noch nicht gefestigt genug für ein drastisches Wachstum, aber man konnte zumindest Investitionen in Wachstumsinitiativen ins Auge fassen. Die Betriebsleistung war stabil und ausgeglichen, so daß Verbesserungen von einer gesunden Basis ausgehen konnten.

Strategische Desinvestition

Unternehmen mit strategisch ablenkenden Geschäften oder Geschäften mit unterdurchschnittlicher Entwicklung müssen nach ihrem Urteilsvermögen handeln. Sollte man eine Desinvestition oder ein Turnaround durchführen oder verkaufen? Chief Executives von Unternehmen mit nachhaltigem Wachstum plädieren eher für Desinvestition als dafür, Zeit, Geld und Energie in die Verbesserung der Leistung von Geschäften zu investieren, die für die Zukunft des Unternehmens nicht von zentraler Bedeutung sind. Die meisten der 30 erfolgreichen Wachstumsunternehmen in unserem Beispiel stießen derartige Geschäfte ab, ebenso die neun »Wendeunternehmen«, die die bewußte Entscheidung für das Wachstum trafen.

Chief Executives, die ein Wachstum anstreben, folgen in der Regel einer Logik wie: »Ich kann einen viel größeren Shareholder Value schaffen, wenn ich in die Energie des leitenden Managements investiere, um unsere A-Geschäfte zu verbessern, anstatt ein Turnaround unserer C-Geschäfte durchzuführen.« Selbstverständlich gilt ein solcher Ansatz nur für Einheiten, die strategisch nicht wichtig sind, und es müssen Käufer zu akzeptablen Preisen für die C-Geschäfte gefunden werden.

Das Beschneiden des Portfolios an Geschäften durch Desinvestition schafft die Kapazitäten für Wachstum. Obwohl ein Geschäftsbereich immer noch angemessene Gewinne erzielen kann, müssen diese gegenüber den Opportunitätskosten für die Ablenkung des Managements und den Wettbewerb um Ressourcen abgewogen werden.[2] Häufig ist es produktiver, die Aufmerksamkeit des Managements und andere Ressourcen den Wachstumschancen zu widmen als den Geschäften mit beschränktem Potential. »Wir desinvestieren jeden Teil des Geschäfts, mit dem wir nicht zufrieden sind ... Wir sind sehr diszipliniert«, erklärte Alfred Zeien, Chairman und Chief Executive von Gillette. »Wir sind davon überzeugt, daß die Vorteile einer weltweiten Führung so großartig sind, daß wir es uns nicht leisten können, dort Zeit, Geld und Management-fähigkeiten zu verschwenden, wo diese Führung nicht erreichbar ist.«[3]

Die Abstoßung nicht zufriedenstellender Geschäfte hat den zusätz-lichen Vorteil, daß sowohl Börse als auch Mitarbeitern die strategische Absicht vermittelt wird. Dagegen kann es unterschiedliche Botschaften über die Richtung und den Entschluß, Wachstum anzustreben, vermit-teln, wenn ein Unternehmen immer unwichtiger werdende Geschäfte *nicht* abbaut.

Bei Warnaco hatte Linda Wachner schnell ein Programm zur strategi-schen Desinvestition gestartet. Als sie das Unternehmen übernahm, konkurrierte es in vier Bekleidungsgruppen und betrieb Einzelhandels-fachgeschäfte. Sie versuchte, den Cash Flow zu verbessern und Schulden zu verringern und entschied sich zu Desinvestition und Konsolidierung, bis nur noch zwei Bekleidungsprogramme übrigblieben. Gewinngenera-toren mit einem starken Vertrieb behielt sie, Geschäfte, die Verluste er-zielten, wurden abgestoßen (Damenbekleidung und 15 Geschäfte). Aktiv-Bekleidung, einer von Wachners »Lieblingen«, wurde 1990 widerwillig verkauft, um Mittel für die Rückzahlung von Schulden zu erhalten. Ab 1992 konzentrierte sich Warnaco ausschließlich auf Bekleidung und Herrenbekleidung, profitable Geschäfte, die die Grundlage für das dar-auffolgende eindrucksvolle Wachstum des Unternehmens schufen.

Aufbau von Vertrauen seitens der Investoren

Sich das Recht auf Wachstum zu verdienen bedeutet auch, die Investoren davon zu überzeugen, daß die Geschäfte des Unternehmens ausreichend stark und gut geführt sind, so daß es eine gesunde Investi-tionspolitik ist, den Wachstumsinitiativen finanzielle Mittel bereitzu-stellen und Aufmerksamkeit seitens des Managements zu widmen. In-vestoren wollen einen Nachweis dafür, daß das in einem Unternehmen zurückbehaltene Geld bessere Erträge erzielt, als wenn es in höheren Dividenden oder Aktienrückkäufen angelegt würde. Unternehmen mit unterdurchschnittlicher Entwicklung können dies offensichtlich nicht erfüllen.

Um von den Aktionären akzeptiert zu werden, überlegen sich Unter-nehmen, die die Wende zum Wachstum geschafft haben, sorgfältig, wie sie mit den Investoren kommunizieren können. Sie achten darauf, daß die Kommunikation klar, einheitlich und regelmäßig ist. Sie bemühen sich sehr, keine widersprüchlichen öffentlichen Erklärungen bezüglich der Unternehmensziele abzugeben und keine Erwartungen zu schüren, die sie nicht erfüllen können.

Überragende Betriebsleistung ist ein unerläßlicher Faktor. Unternehmen, die im Verlauf der Hochs und Tiefs der Konjunkturphase eine einheitliche Rentabilität zeigen, gewinnen das Vertrauen der Investoren. Dieser »Halo-Effekt« ermöglicht es ihnen, vorübergehende schlechte Leistungen ohne zu strenge Sanktionen seitens der Börse durchzustehen. Dies verleiht ihnen eine unschätzbare strategische Flexibilität.

Gelddisponenten, die die Strategie eines Unternehmens verstehen und die seiner Fähigkeit vertrauen, sie anzuwenden, gewähren dem Management die Flexibilität zu investieren, wann immer es will, so daß rasch auf Chancen reagiert werden kann. Dies kann dazu führen, daß bei vorhandenen Chancen antizyklisch investiert wird oder man rascher als die Konkurrenten handelt. Um derartige Vorteile nutzen zu können, muß das Unternehmen die Investoren bereits vorher auf seine Seite bringen. Sie werden sich an ihre Aktien klammern, solange sie an das Wachstum glauben.

Bei Warnaco war die Kommunikation mit den Investoren häufig und relativ offen. Linda Wachner und Chairman Andrew Galef besaßen den größten Teil des Eigenkapitals, und die Inhaber des Fremdkapitals wurden im Rahmen der Finanzierungs- und Rückzahlungsbedingungen regelmäßig vom Fortschritt unterrichtet. Als Wachner das Programm für Desinvestition und Konsolidierung beschrieb, erläuterte sie ihnen, daß die Geschäfte, die man behalten wollte, starke Gewinngeneratoren waren und das Potential zum kostengünstigen Hersteller besaßen. Um ihr Vertrauen zu stärken, hob sie hervor, daß der neue Schwerpunkt des Unternehmens auf liquiden Mitteln, Rentabilität und Wachstum lag. Diese Hervorhebung der Antriebskräfte von wirtschaftlichem Wert war genau das, was die Geber von Fremdkapital hören wollten. Vor der Öffentlichkeit faßte sie ihre Ambitionen für Warnaco zusammen: »Wir wollen Coca-Cola des BH-Geschäfts sein.«

Warnaco erzielte erneut Gewinne und ging 1991 an die Börse. Die Neuigkeiten für die Investoren erwiesen sich rasch als positiv: Zwischen 1992 und 1996 erzielte Warnaco ein durchschnittliches Gesamtjahreswachstum von 14 Prozent bei den Umsätzen und 16 Prozent beim Reingewinn.

Der Entschluß, Wachstum zu erzielen

Warnacos Programm zum Ankurbeln des Wachstums benötigte fünf Jahre. Es war ein mühsames Unterfangen. Maßnahmen zum Start von Wachstum können nicht einfach ein- und ausgeschaltet werden. In den meisten Unternehmen benötigen sie zumindest eine Umwandlung der gesamten Unternehmenskultur. Unternehmen benötigen mehr als das Recht auf Wachstum; sie müssen auch Leidenschaft für Wachstum empfinden. Der Entschluß zu wachsen muß gefaßt und vermittelt werden. Viele der von uns untersuchten Unternehmen brauchten Jahre für ihre Umwandlung. Sie alle benötigten das entschlossene Engagement des Managementteams.

Was ist der Katalysator dafür, diesen gemeinsamen Entschluß zu fassen? Meistens erfolgt der Antrieb in Form einer Veränderung in der Führung – oder auch nur der Androhung einer Veränderung. Wenige Unternehmen waren jedoch in der Lage, ihre eigenen Katalysatoren zu schaffen.[4] Wenn sie den Entschluß zu wachsen fassen, greifen sie meist auf drei Verfahren zurück: Sie gewinnen das Engagement des oberen Managements, sie heben die Maßstäbe an, indem sie ehrgeizige Ziele setzen, und sie beseitigen betriebliche Grenzen, die das Wachstum hemmen.

1994 schloß die Emerson Electric Company das 38. Jahr in Folge ab, in dem der Gewinn je Aktie angestiegen war. Dieser Hersteller von elektrischen und industriellen Teilen und Systemen erkannte jedoch, daß sein langjähriger Schwerpunkt auf Produktivitätsverbesserungen nicht genug sein würde, um die Rate des Gewinnwachstums zu erreichen, die man anstrebte. Dank seiner Fähigkeit, die Gewinne selbst während wirtschaftlichen Flauten steigern zu können, wurde Emerson als das bestgeführte konjunkturabhängige Unternehmen bekannt. Seine Strategie, der kostengünstigste Hersteller zu sein, führte zu anhaltenden Kostenreduktionen, Qualitätsverbesserungen und kleinen Anstiegen der Marktanteile. Die nachhaltige Rentabilität des Unternehmens wurde von keinem anderen industriellen Hersteller und keiner Publikumsgesellschaft erreicht. Das Unternehmen hatte sich eindeutig das Recht auf Wachstum verdient.

Ende 1992 war Chairman und Chief Executive Chuck Knight jedoch überzeugt, Gewinnsteigerungen und Wertsteigerung der Aktienkurse würden sich verlangsamen, wenn neuen Wachstumsinitiativen nicht mehr Aufmerksamkeit gewidmet würde. Prognosen der Unternehmensplanung zeigten, daß kommende Verbesserungen bei Produktivität und Umsätzen kein ausreichendes Gewinnwachstum erzielen würden, um attraktive Aktionärsrenditen zu bringen. Es sei mehr erstklassiges Wachstum erforderlich, um die von Emerson angestrebten Ziele zu erreichen. Chuck Knight zog in seinem Entschluß zu wachsen alle drei Hebel: Er gewann das Engagement des oberen Managements, erhöhte die Maßstäbe und beseitigte die betrieblichen Grenzen, die das Wachstum hemmten.

Das Engagement des oberen Managements

Das Führungsteam zu Wachstum zu motivieren, ist nicht leicht.[5] In den meisten Aktiengesellschaften bedeutet dies sechs Monate bis zwei Jahre der Überlegungen, Diskussionen und persönlichen Entwicklung. Auch personelle Veränderungen sind unter Umständen erforderlich. Es gab keinen »Big Bang«, der Emersons Managementteam miteinander verschmolz. Allerdings förderte ein intensiver analytischer Prozeß die Übereinstimmung bezüglich nötigem Wachstum und den damit verbundenen Risiken.

Sobald das Engagement vorhanden war, folgten auch Aktionen. Knight führte einige Änderungen in Managementsystemen, -praktiken und -politik durch. Auf der Corporate Planning-Konferenz 1994 wurde die dringende Notwendigkeit für Wachstum in sämtlichen Geschäften von Emerson fest in der Agenda des Unternehmens verankert. Die jährliche Konferenz zur Planung der Unternehmensbereiche wurde in zwei Teile geteilt. In einem leitete eine Führungskraft des Unternehmens eine Rentabilitätsprüfung, an der der CEO nicht teilnahm; im anderen führte Knight persönlich eine Wachstumsprüfung durch. Solche offensichtlichen Veränderungen stellten ein deutliches Signal für das obere Management von Emerson dar.

Emerson befindet sich zwar immer noch im Prozeß der Umwandlung zu einem Wachstumsunternehmen, die ersten Erträge sind jedoch ermutigend. Zwischen 1994 und 1996 sprang die jährliche Rate des Einnahmenzuwachses auf 14 Prozent, nahezu das Dreifache der durchschnittlichen Rate der vorhergehenden fünf Jahre. Auch das Gewinnwachstum hielt damit Schritt, was ebenso wichtig ist.

Anheben der Maßstäbe

Der Entschluß zu wachsen drückt sich in der Regel in Form neuer Ziele aus. Häufig übersteigen diese Ziele vernünftige Erwartungen. So werden sie jedoch beachtet. Gewagte Erwartungen können als Schlagwort für Bemühungen im ganzen Unternehmen dienen.[6]

Knight gab ein Programm bekannt, das auf ein zweistelliges Umsatzwachstum abzielte. Zudem verlangte er von jeder Geschäftseinheit, Wachstumschancen in zwei Kategorien einzuteilen: »Erhalt und Schutz der Führung« (Antrieb des Horizont-1-Wachstums) und »Veränderung des Spiels« (Aufbau der Horizont-2- und -3-Geschäfte). Gleichzeitig entwickelten die einzelnen Unternehmensbereiche und die Unternehmenszentrale Pläne für strategische Akquisitionen und Partnerschaften.

Knight bemerkte: »Die Planungssitzungen überstiegen unsere Erwartungen, denn wir ermittelten mehr Wachstumschancen als wir erwartet hatten.«[7] Wie Emerson verfügen die meisten Organisationen über ein beträchtliches verborgenes Wachstumspotential. Schon allein die Frage nach Ideen für Wachstum – und die Anzeichen für die Bereitschaft, das Risiko auf sich zu nehmen, sie zu realisieren – führt manchmal zu überraschend guten Ergebnissen.

Beseitigen der betrieblichen Grenzen

Unerkannte Grenzen, die das Wachstum hemmen, behindern die meisten großen Unternehmen. Wenn sie nicht angegangen und beseitigt werden, untergraben sie die Bemühungen, das Wachstum anzukurbeln. Ein häufiges Beispiel ist die Überzeugung, man müsse Fehler vermeiden, um in einem Unternehmen weiterzukommen. Wer wurde je gefeuert, weil er ein Budget erarbeitet hatte?

Andere Grenzen sind zum Beispiel eine Unternehmenskultur mit starren Auffassungen wie »Wir konkurrieren in reifen Märkten«; Anreizsysteme, die die Leistung bezogen zum Etat anstatt bezogen auf den Umfang der erzielten Verbesserung auszeichnen; oder auch Planungssysteme, die Investitionen und Initiativen vorschlagen, die darauf zugeschnitten sind, nur die jährliche Strategieüberprüfung zu überstehen. Hierbei handelt es sich um unbeabsichtigte Konsequenzen von Reengineering, Restrukturierung und Downsizing eines ganzen Jahrzehnts. Ein Wachstumsprogramm zu starten bedeutet, solche Grenzen zu erkennen und zu beseitigen.

Veränderungen in der Personalpolitik sind ein anderer wichtiger Punkt. Bei Emerson wurde erstklassiges Wachstum zum Meßinstrument für über die Hälfte der jährlichen Prämien. Die Beschäftigungspraxis änderte sich jedoch, als Emerson erfahrene Manager von Unternehmen wie Procter & Gamble, Johnson & Johnson und Black & Decker anwarb, um seinen industriellen Marken mehr Nachdruck zu verleihen. Dies erlaubte den Unternehmensbereichen die Budgetierung für 2000 neue wachstumsbezogene Stellen bis 1997, während in Bereichen, in denen keine bedeutenden Wachstumsmöglichkeiten entwickelt werden konnten, Entlassungen stattfanden. Um die wachsende Bedeutung des asiatisch-pazifischen Raums hervorzuheben, wurde ein Vice Chairman abgestellt, der die Wachstumsinitiativen des Unternehmens dort leiten sollte.

Den Entschluß zu fassen, innerhalb eines gesamten Unternehmens zu wachsen, erfordert Aktionen wie die von Emerson ergriffenen: Klare Signale des Engagements des Managementteams für ein Wachstumsprogramm. Wichtiger und anhaltender sind die Veränderungen von Praktiken und Politiken, die die Arbeitsweise der Menschen und den Grad ihrer Motivation beeinflussen. Veränderungen von Planungsprozessen, Zielen, Anreizsystemen und selbst der Unternehmensstruktur sind Aktionen, die die Mitarbeiter nachdrücklich davon überzeugen, daß es das Management mit der Veränderung wirklich ernst meint.

All dies braucht Zeit. Erfolgreiche Wachstumsbemühungen müssen die betrieblichen Grenzen, die das Wachstum hemmen, erkennen. Führende Unternehmen, denen dies nicht gelingt, können eventuell vorübergehendes Wachstum schaffen, sie werden es jedoch nicht halten können.

Den Wendepunkt schaffen

Sowohl das Recht auf Wachstum als auch der Entschluß dazu sind Voraussetzungen für erfolgreiche Wachstumsbestrebungen. Der Weg eines Unternehmens zu diesen wesentlichen Voraussetzungen hängt jedoch teilweise von seiner Ausgangsposition ab. Einige Manager haben erfolgreich ein Wachstumsprogramm gestartet und sehen vielleicht die ersten Ergebnisse; für sie ist es wichtig, das Fortschreiten zu den drei gesunden Horizonten weiterzuführen.

Unseren Erfahrungen nach waren jedoch viele führende Unternehmen nicht in der Lage, sich das Recht auf Wachstum zu verdienen, haben sich nicht zu Wachstum entschlossen oder auch beides. Sie gehören in eine der in Kapitel 2 beschriebenen drei am stärksten krankenden Kategorien: Sie befinden sich im Belagerungszustand, verlieren das Recht auf Wachstum, oder ihnen geht die Luft aus. Wenn sie sich auf Wachstum vorbereiten, müssen sie sich den fehlenden Voraussetzungen widmen.

Wenn Sie sich im Belagerungszustand befinden...

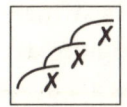 ...müssen Sie sich sowohl das Recht auf Wachstum verdienen als auch den Entschluß dazu fassen.

Für Sie ist es schwer, Probleme zu überwinden. Unternehmen, deren Kerngeschäfte angegriffen werden, müssen vor allem darüber nachdenken, wie sie sich das Recht auf Wachstum verdienen. Bevor Manager von neuen Ideen abgelenkt werden, müssen sie in ihren Kerngeschäften eine solide Leistung erzielen. Kostenreduktion, Qualitätsverbesserung, strategische Desinvestition und andere Maßnahmen zur Leistungsverbesserung werden erforderlich sein, um solche Unternehmen konkurrenzfähig zu machen.

Dies soll nicht heißen, daß Wachstum ganz von der Agenda gestrichen werden soll. Hat es den Wunsch zu wachsen, kann ein Unternehmen seine Bemühungen auf die Verbesserung der Leistung konzentrieren. Mitarbeiter akzeptieren eine Maßnahme zur Leistungsverbesserung eher, wenn sie durchgeführt wird, um ein motivierendes Bestreben nach Wachstum zu realisieren. Auf jeden Fall muß das Erreichen von Rentabilität in Horizont 1 Priorität haben. Ohne sie werden die finanziellen Mittel und die Stabilität, die die Investitionen tragen, fehlen.

Compaq veranschaulicht besonders deutlich, wie ein Unternehmen Wachstum ankurbeln kann, während es belagert wird. Compaq, früher Spieler im Geschäft mit IBM-kompatiblen PCs, war völlig überrascht, als billige Kopien den Markt zu überfluten begannen und seine teureren Modelle angriffen. Mit Preisen bis ca. 40 Prozent unter denen von Compaq veränderten Produkte von Unternehmen wie Dell und Packard Bell den Wettbewerb und verwandelten PCs in Gebrauchsgüter. Nach einem Anstieg von 25 Prozent im vorhergehenden Jahr sanken die Umsätze von Compaq 1991 um 9 Prozent, und der Betriebsertrag halbierte sich. Aufgrund der hohen Kostenstruktur, unzureichender Umsatzprognosen und Produktionsplanungsprozesse, der Abhängigkeit von Händlerpromotions und einer starren Kultur war Compaq nicht in der Lage, auf das sich rasch verändernde Käuferverhalten und den harten Preiskampf einzugehen.

Um den Einbruch in Angriff zu nehmen, entließ das Unternehmen 12 Prozent seiner Beschäftigten. Unzufrieden mit den Umwandlungsmaßnahmen, ersetzte Compaqs Board of Directors jedoch Mitbegründer und Chief Executive Rod Canion durch Eckhard Pfeiffer. Dieser führte eine drastische Restrukturierung des Unternehmens in drei Bereichen durch: Reduzierung der Betriebskosten, Beschleunigung der Produktentwicklung und Erweiterung des Produktprogramms als Konkurrenz zu den Kopien. Pfeiffer verdiente sich so das Recht auf Wachstum und motivierte sein Team, den Entschluß zum Wachstum zu fassen.

Pfeiffer setzte unverzüglich neue Ziele für die Produktrentabilität. Zudem ergriff er Maßnahmen zur Erarbeitung einer Leistungskultur. Manager wurden streng zur Verantwortung gezogen, und Mitarbeiter mit besonders guten Leistungen wurden großzügig belohnt. Diese Bemühungen führten Ende 1992 zu eindrucksvollen Veränderungen in der Betriebsleistung. Die Gesamtzahl der Beschäftigten wurde um 14 Prozent verglichen mit der von 1991 gesenkt, die Gemeinkosten pro hergestelltem Computer sanken um 63 Prozent, und die Zeiten für die Produktentwicklung wurden drastisch gekürzt.

Compaq war nun bereit, Wachstum anzustreben, und entschlossen, Pfeiffers Zielsetzungen zu erreichen. Kurz nach seiner Ernennung zum Chief Executive hatte er bekanntgegeben, daß Compaq anstrebte, bis

1996 der weltweit führende Entwickler und Hersteller von PCs, Notebooks und Servern zu werden. Nachdem zwischen 1990 und Ende 1991 keine neuen Produkte auf den Markt gebracht wurden, führte das Unternehmen 1992 40 neue Produkte ein. Durch Neusegmentierung seiner Märkte war Compaq in der Lage, Planung und Positionierung von Produkten zu verbessern. Die Preise wurden um 10 bis 30 Prozent gesenkt – wobei ein geringer Aufschlag für die Marke beibehalten wurde –, und man setzte eine umfassende geographische Expansion in Asien, Lateinamerika und Osteuropa durch.

Dank dieser mutigen Maßnahmen wurde Compaq 1994, bereits zwei Jahre vor Pfeiffers angestrebtem Zeitpunkt, die Nummer eins in PCs. Zudem stiegen zwischen 1992 und 1996 die Umsätze um 45 Prozent und der Nettogewinn um 58 Prozent pro Jahr, wobei die Aktionärsrenditen durchschnittlich 46 Prozent betrugen.

Wenn Sie das Recht auf Wachstum verlieren ...

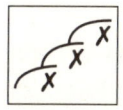 ... müssen Sie sich wieder auf die Grundlagen der Leistungsverbesserung in Ihrem Kerngeschäft konzentrieren.

Unternehmen, die den Horizonten 2 und 3 mehr Aufmerksamkeit zuwenden und dabei das Kerngeschäft vernachlässigen, haben offensichtlich keine Schwierigkeiten, den Entschluß zum Wachstum zu fassen. Möglicherweise ist der Wunsch zu wachsen sogar die Ursache ihres Problems. Sind sie nicht in der Lage, die Leistung in Horizont 1 aufrechtzuerhalten, werden die Wachstumsgeschäfte in den Horizonten 2 und 3 darunter leiden, da die Finanzierung ausbleibt. Führungskräfte in solchen Unternehmen müssen ihren Entschluß zum Wachstum nicht fallenlassen, sie müssen jedoch ihre Anstrengungen verdoppeln, um die Gesundheit des Kerngeschäfts zu erhalten. Sie müssen Maßnahmen, die dazu dienen, Wachstum zu erreichen, mit betrieblichen Maßnahmen abgleichen und gewährleisten, daß weiterhin ausreichende Ressourcen für die Verteidigung und die Erweiterung der Kerngeschäfte zur Verfügung gestellt werden.

Schauen wir uns die Reynolds & Reynolds Company an. 1988 schloß das Unternehmen zwar ein Jahrzehnt mit einem durchschnittlichen

Wachstum von 16 Prozent jährlich ab, aber die Probleme standen
schon vor der Tür. Reynolds, 1866 als Hersteller und Händler von
Formularen gegründet, wuchs durch internes Wachstum und Akquisitionen zu einem Unternehmen mit einem Wert von 800 Millionen
Dollar. Mitte der 80er Jahre baute es seine Horizont-2-Geschäfte mit
Informationsmanagement-Produkten auf, die von branchenspezifischen Computersystemen mit hoher Gewinnspanne bis zu Endlos-
papierrollen für Computerdrucker mit niedriger Gewinnspanne reichten.

Ende der 80er Jahre erlitt Reynolds einige Rückschläge in seinen Hori-
zont-1-Geschäften: Konsolidierung der Kunden, eine Marktverschie-
bung hin zu Produkten mit niedrigen Gewinnspannen und verstärkte
Konkurrenz. Zudem gab es Schwierigkeiten bei der Aufnahme der
Arnold Company, einer großen allgemeinen Druckerei, die man 1986
erwarb, als sich der Wettbewerb in der Druckbranche verstärkte. Die
Akquisition erhöhte Reynolds' Einnahmen um 50 Prozent und war zu
groß, um als offensichtlicher Kandidat für eine Desinvestition abgestoßen zu werden. Sie war jedoch zum größten Teil für eine Verringerung des Betriebsertrages von Reynolds um ein Drittel verantwortlich.
Das Kerngeschäft steckte in Schwierigkeiten, die Umsätze sanken
beträchtlich von 1989 bis 1991, und der Marktwert fiel bedenklich.
David Holmes, der den Unternehmensbereich geleitet hatte, der Geschäftsformulare an Autohändler verkaufte, wurde Chief Executive
und stellte sich der Krise.

Holmes' erste Herausforderung war die Stabilisierung des Betriebsertrages in Horizont 1 und die Wiedererlangung des Rechtes auf Wachstum. Er erarbeitete eine Strategie, mit der man sich auf eine begrenzte
Reihe von Kundenmärkten – Formulare für Automobilbranche, Gesundheitswesen und allgemeine Geschäftsformulare – konzentrieren
wollte, und baute darin Führungspositionen auf. Nachdem die Aussichten in der Branche sowie Reynolds' Wettbewerbsposition analysiert
wurden, entschloß sich Holmes zwischen Ende 1988 und 1991 zur
Desinvestition von sechs weiteren Betriebseinheiten. Reynolds erlangte wieder Rentabilität, und die Einheit für allgemeine Geschäftsformulare erwies sich von 1992 bis 1996 als Wachstumsmotor, als mehrere Akquisitionen in das nun erfolgreiche Geschäft aufgenommen
wurden.

Wenn Ihnen die Luft ausgeht...

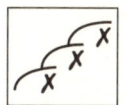 ... ist Ihre Priorität, sich zu Wachstumsbestrebungen zu entschließen.

Unternehmen, denen die Luft ausgeht, haben genau das entgegengesetzte Problem wie die, die das Recht auf Wachstum verlieren. Die Leistung ist im allgemeinen kein Problem; bei diesen Organisationen handelt es sich häufig um international angesehene Unternehmen mit hohen Leistungen. Wenn jemand das Recht auf Wachstum verdient hat, dann sind sie es. Es ist einfach nicht klar, woher zukünftiges Wachstum kommen soll, weil Horizont 1 unter sinkenden Erträgen leidet und keine neuen Antriebskräfte für Wachstum in Horizont 2 oder 3 vorhanden sind. Was fehlt, ist ein Engagement gegenüber dem Wachstum, das genauso stark ist wie das Engagement gegenüber der Betriebsleistung. Ist das Kerngeschäft stark, muß der Entschluß zum Wachstum gefaßt werden, denn es gibt keinen besseren Zeitpunkt dazu.

Die Größe der Aufgabe darf nicht unterschätzt werden: Tiefverwurzeltes Verhalten zu ändern, die Kultur umzugestalten und das Unternehmen für ein neues Ziel zu motivieren, wird mit Sicherheit große Veränderungen in den Bestrebungen sowie eine Reihe von geschäftsaufbauenden Initiativen erfordern, die einige Mitglieder der alten Belegschaft abschrecken könnten. Das Beispiel von Emerson Electric, dem Anfang der 90er Jahre die Luft ausging, beweist dies.

Obwohl vielen der oberen Managementteams der Ansporn zum Wachstum neu sein wird, zeigt die Erfahrung von Unternehmen wie Warnaco, Emerson Electric, Compaq und Reynolds & Reynolds, daß dies möglich ist, wenn die geeignete Grundlage vorhanden ist. Die Aufgaben, das Recht auf Wachstum zu verdienen und den Entschluß dazu zu fassen, sind nie abgeschlossen. Beide sind Voraussetzungen für Wachstum, keine ist jedoch ein Meilenstein, den man hinter sich lassen und dann vergessen kann. Beide erfordern Wachsamkeit. Kontinuierliche Verbesserungen der Leistung müssen Hand in Hand mit der Entwicklung von Wachstumsinitiativen gehen. Jedes Wachstumsprogramm erleidet einmal Fehlschläge, und daher muß der Entschluß des Managements zum Wachstum kontinuierlich unterstützt werden.

Gelingt dies nicht, steigt und sinkt das Wachstum mit den Schwankungen der Konjunktur.

Wenn die Grundlage gelegt ist, müssen die Manager ihre Aufmerksamkeit auch auf die Ermittlung von Wachstumschancen lenken. Kapitel 4 beschreibt produktive Verfahren für die Suche nach diesen Chancen.

ANMERKUNGEN

---

1   Ein einflußreiches Buch zu diesem Thema ist M. Hammer und H. Champy, *Re-engineering the Corporation: A manifesto for a business revolution* (New York 1993). Eine ausgezeichnete Übersicht über den Wert und die Bedeutung von Re-engineering erscheint in J. Mickelthwait und A. Wooldridge, *The Witch Doctors* (London 1996), Kapitel 1, »The fad in progress: Re-engineering«, S. 27–48.

2   Siehe z. B. die beeindruckende Analyse der Bedeutung von Schwerpunkt und Einfachheit in der deutschen Elektronikindustrie in J. Kluge u. a., *Shrink to Grow: Lessons from innovation and productivity in the electronics industry* (London 1996).

3   W. H. Miller, »Gillette's secret to sharpness«, *Industry Week*, 3. Januar 1994.

4   C. Baden-Fuller und J. Stopford stimmen überein: »Unsere erfolgreichen Umwandlungen weisen ein gemeinsames Merkmal auf: Verjüngung wurde von innen geschaffen, während eingeschränkte Ressourcen von außen eingesetzt wurden.« *Rejuvenating the Mature Business: The competitive challenge* (London 1996²), S. 2.

5   Viele Kommentatoren diskutieren die Herausforderung, das Engagement der Unternehmensführung zu wecken und zu fördern. Siehe z. B. N. M. Tichy mit E. Cohen, *The Leadership Engine: How winning companies build leaders at every level* (New York 1997); C. Baden-Fuller und J. Stopford, *Rejuvenating the Mature Business: The competitive challenge* (London 1996²), S. 154–156; S. Ghoshal und C. A. Bartlett, *The Individualized Corporation: A fundamentally new approach to management* (New York 1997), Kapitel 8; und J. Katzenbach u. a., *Real Change Leaders: How you can create growth and high performance at your company* (New York 1995).

6   Die Bedeutung von Stretch-Zielen wird von Managern und Autoren gleichermaßen anerkannt. In *Built to Last: Successful habits of visionary companies* (London 1994) widmen J. C. Collins und J. I. Porras Kapitel 5 den »großen, komplizierten, verwegenen Zielen«. Diese definieren sie als diejenigen, die die Menschen packen und faszinieren.

Im Jahresbericht 1995 von General Electric bemerkt CEO Jack Welch, daß GE 1991 Ziele für Gewinnspannen und Bestandsumschläge gesetzt hatte, die 50 bzw. 100 Prozent über den Zahlen lagen, die das Unternehmen in den vergangenen drei Jahrzehnten erzielt hatte. Er erläutert den Grund: »Dadurch daß wir uns nach diesen ›unerreichbaren‹ Zielen streckten, lernten wir, Aufgaben schneller zu erledigen, als dies bei ›erreichbaren‹ Zielen der Fall gewesen wäre.« Kazuo Inamori von der Kyocera Corporation erklärt: »Angenommen, Sie sind in der Lage, 100 Prozent zu erreichen. Sie setzen Ihr Ziel aber auf lediglich 90 Prozent an, so daß Sie sichergehen können, daß Sie es erreichen. Ihr konservatives Verhalten wird jedesmal stärker, wenn Sie sich ein neues Ziel setzen. Wenn Sie andererseits Ihr Ziel über 100 Prozent ansetzen und hart daran arbeiten, dies zu erreichen, könnte Ihr nächstes Ziel noch ehrgeiziger sein. Dies führt zu einem exponentiellen Wachstum ... In 10, 20 oder 30 Jahren wird es einen großen Unterschied geben zwischen denjenigen, die sich schrittweise Ziele gesetzt und sie nacheinander erreicht haben, denjenigen, die sich unerreichbare Ziele gesetzt und diese nie erreicht haben, und denjenigen, die sich nie ein ehrgeiziges Ziel gesetzt haben.« *A Passion for Success: Practical, inspirational, and spiritual insights from Japan's leading entrepreneur* (New York 1995), S. 81–82.

7   Emerson Electric, Jahresbericht 1995, Schreiben an die Aktionäre, S. 3.

4 Ideenentwicklung in sieben Richtungen

Manche Vorstände bezweifeln, daß sie ihren Unternehmen zu Wachstum verhelfen können. Von ihren Beratern hören sie, ihre Märkte seien reif, ihre Kerngeschäfte bedroht oder ihre Konkurrenten hätten bereits die attraktiven Gebiete erobert. Wenn sie anderweitig nach Anregungen suchen, empfinden sie die Ratschläge aus der derzeitigen Diskussion über Wachstum oft als zu eingeschränkt. Diese empfehlen ihnen in der Regel, einen einzigen strategischen Weg einzuschlagen.[1] Eine Empfehlung orientiert sich ausschließlich an Produktinnovationen, eine andere rät zu grundlegender Neugestaltung des Geschäfts, wiederum eine andere legt den Schwerpunkt auf Globalisierung.[2] Solche Einschränkungen vereinfachen jedoch extrem die Herausforderungen, vor denen Manager stehen. Werden sie befolgt, führen sie langfristig wahrscheinlich zu enttäuschenden Ergebnissen.

Tatsächlich aber schränken die Manager ihre Überlegungen über Unternehmenswachstum durch verborgene und offensichtliche Zwänge ein.[3] Das muß nicht so sein. In unserer Untersuchung haben wir nach Möglichkeiten gesucht, die Augen der Manager für versteckte Chancen zu öffnen. Dazu haben wir ein Werkzeug entwickelt, das wir als die »sieben Grade der Freiheit« bezeichnen. Wenn sie jeden Grad nacheinander systematisch angehen, können Manager lernen, umfassender über Wachstumschancen in ihrem Unternehmen nachzudenken.

Die sieben Grade der Freiheit basieren auf Variablen, die die Richtungen be-

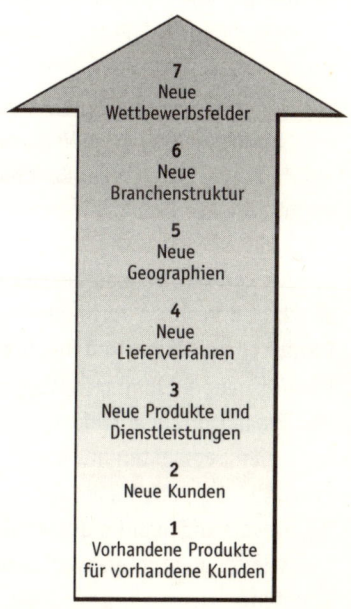

Abbildung 4.1 Die sieben Grade der Freiheit, um Wachstum anzustreben

schreiben, in die Wachstum verfolgt werden kann. Hierbei handelt es sich um die versorgten Kunden; die angebotenen Produkte und Dienstleistungen; das System, mit dem diese den Kunden angeboten werden; die Geographie, in der das Geschäft erfolgt; und die derzeitige Struktur der Branche (Abbildung 4.1). Diese Richtungen unterscheiden sich von

---

Sieben Grade der Freiheit

1. Wie können wir die Verkäufe an dieselben Kunden mit demselben Produktmix steigern?

Können neue Verfahren der Werbung oder Promotion Kunden dazu bringen, den Umfang oder die Häufigkeit ihrer Einkäufe zu steigern?

Wie können wir die Kundentreue und unseren Anteil an den Einkäufen jedes Kunden steigern?

Können die Preise angepaßt werden, um Menge und Nettoertrag zu steigern?

Können andere vorhandene Produkte oder Dienstleistungen im Verbundabsatz an die derzeitigen Kunden der Hauptprodukte verkauft werden?

2. Wie können wir das Geschäft durch den Verkauf vorhandener Produkte an neue Kunden erweitern?

Können neue Verfahren in Werbung und Promotion neue Kunden in vorhandenen Segmenten anziehen?

Gibt es völlig neue Kundensegmente, die an vorhandenen Produkten und Dienstleistungen interessiert sein könnten?

Wie können diese Produkte oder Dienstleistungen für neue Segmente neu positioniert werden?

Könnten wir Partnerschaften oder Allianzen bilden, um die Reichweite vorhandener Produkte und Dienstleistungen zu erweitern?

Können wir diese Produkte und Dienstleistungen so bündeln, daß sie neue Kunden ansprechen?

3. Wie können wir durch die Einführung neuer Produkte und Dienstleistungen wachsen?

Welche Erweiterungen oder Veränderungen vorhandener Produkte und Dienstleistungen würden Lücken in unserer Marktabdeckung füllen?

Welche Bedürfnisse der Kunden erfüllen unsere derzeitigen Produkte oder Dienstleistungen, und wie sieht das ideale Produkt oder die ideale Dienstleistung für diese Bedürfnisse aus?

Welche grundlegend neuen Produkte oder Dienstleistungen könnten entwickelt werden, um eine entstehende oder verborgene Nachfrage zu decken?

Gibt es Produkte oder Produktprogramme, die eingekauft oder lizenziert werden können, um unser derzeitiges Angebot zu vervollkommnen?

Verfahren wie zum Beispiel Akquisition, die dazu dienen können, mehrere Richtungen anzustreben.

Der erste Grad der Freiheit betrifft das existierende Geschäft: Manager überlegen, wie das Unternehmen durch einen gesteigerten Verkauf der

---

4. Wie können wir den Verkauf durch Entwicklung besserer Liefersysteme für die Kunden erweitern?

Welche neuen Verkaufskanäle müssen wir noch untersuchen (Direktverkauf, elektronische Kanäle, neue Händler usw.)?

Gibt es Ersatzkanäle für vorhandene Produkte? Ist ein direkter Kanal im Moment realisierbar?

Kann für das Vertriebssystem des Geschäftes ein Reengineering durchgeführt werden, um Zeit, Kosten und Qualität zu verbessern?

5. Wie und wo können wir in neue geographische Gebiete expandieren?

Gibt es Chancen, die Lieferpunkte in bestehenden Gebieten auszubauen?

Gibt es Chancen, in nicht versorgte Regionen innerhalb der Grenzen eines bestehenden nationalen Geschäftes vorzudringen?

Können Produktionskosten oder Qualitätsvorteile über Exporte ausgenutzt werden?

Kann eine globale Abdeckung Größenvorteile fördern?

In welchen neuen Märkten kann unser Geschäftsmodell eingesetzt und genutzt werden?

6. In welchem Umfang können wir wachsen, wenn wir die Struktur der Branche durch Akquisitionen oder Allianzen ändern?

Bei welchen Branchenteilnehmern, die in Schwierigkeiten stecken, können eine Akquisition zum angemessenen Preis und ein Turnaround durchgeführt werden?

Welche Teile der Branche können durch Akquisitionen konsolidiert werden? Bringt dies Größenvorteile oder andere wettbewerbsbezogene Vorteile?

Wenn Angebote für direkte Akquisitionen fehlen, welche Aktiva oder Teilgeschäfte können gekauft werden?

7. Welche Chancen bestehen außerhalb der vorhandenen Grenzen der Branche?

Gibt es Chancen zur vertikalen Integration und zur Schaffung von Wettbewerbsvorteilen?

Können unsere geschäftlichen Fähigkeiten in anderen Branchen eingesetzt werden?

Verfügen wir über einmalige Aktiva, die zur Schaffung neuer Geschäfte eingesetzt werden könnten?

Kann eine unserer Beziehungen genutzt werden, um Zugang zu neuen Geschäften zu erlangen?

Nähern sich andere Branchen an unsere an?

Produkte, die es bereits herstellt, wachsen kann. Der zweite Grad blickt
über die derzeitigen Kunden hinaus, um Möglichkeiten für den Verkauf
vorhandener Produkte oder Dienstleistungen an neue Kunden oder Segmente zu finden. Werden so die Zwänge nacheinander gelockert, eröffnen sich neue Grade der Freiheit. Der Prozeß endet mit der Chance, die
Branche zu verlassen und Geschäfte in einem neuen Feld in Angriff zu
nehmen.

Man könnte sich fragen: »Machen Führungskräfte all dies denn nicht
bereits?« Offen gesagt, nein. In der Hitze des Wettbewerbsgefechtes berücksichtigen Manager häufig nicht alle Möglichkeiten, die sich ihnen
eröffnen. Unsere Erfahrung zeigt, daß die Struktur der sieben Grade der
Freiheit ein wirksames Verfahren ist, Wachstumschancen zu ermitteln.
Der Wert als Werkzeug zur Diagnose beruht hauptsächlich auf der Tatsache, daß die Anwender dazu gebracht werden, sich jeden Grad der
Freiheit nacheinander anzuschauen. Obwohl dieses Verfahren recht un-
kompliziert ist, hat es dennoch Unternehmen dabei geholfen sicherzu-
gehen, daß sämtliche sich bietenden Chancen untersucht werden.
Außerdem führt der Vergleich von Chancen in den unterschiedlichen
Graden der Freiheit häufig im Managementteam zu einer produktiven
Diskussion über Prioritäten des Unternehmens.

Freiheitsgrade in der Praxis

Wie sehen die sieben Grade der Freiheit in der Realität aus? Schauen
wir uns dazu an, wie einige reale Unternehmen ihre strategischen Möglichkeiten untersuchen.

**1. Wie können wir die Verkäufe an dieselben Kunden mit demselben
Produktmix steigern?**

Unternehmen, die wachsen, wissen sehr gut, wie sie neue Wege finden,
um die Verkäufe ihrer vorhandenen Produkte und Dienstleistungen an
ihre vorhandenen Kunden zu steigern. Sie erarbeiten zum Beispiel
Marketing- und Verkaufsinitiativen, die die Häufigkeit der Einkäufe
oder die gekaufte Menge steigern, oder sie bringen Produkte über Verbundabsatz an die Kunden, die derzeit aus einer begrenzteren Anzahl
von Angeboten kaufen. Immer mehr Unternehmen wenden nicht nur
herkömmliche Verfahren wie diese an, sondern wachsen, indem sie
Direktmarketing-Programme einsetzen, die auf hochentwickelten Da-

tenbanken für Kundenverhalten basieren, oder indem sie die Kundentreue belohnen.[4]

Viele Unternehmen mit einer beherrschenden Position in einem langsam wachsenden Markt würden beginnen, anderweitig nach Wachstum
zu suchen. Nicht so Frito-Lay, der Unternehmensbereich Snacks der
PepsiCo. Nicht bereit einzugestehen, daß die Kategorie Chips reif sein
könnte, belebt Frito-Lay sein vorhandenes Sortiment ständig neu.
Fritos, Lay's, Doritos, Cheetos, Ruffles, Rold Gold und andere Produkte befinden sich in den Schränken von 94 Prozent aller US-Haushalte.
In den fünf Jahren bis 1995 verzeichnete Frito ein fast zweistelliges
jährliches Wachstum, während der Gesamtanteil der Konkurrenten
sank.

Frito-Lay ist ein Meister, wenn es um die Steigerung des Verkaufs
vorhandener Produkte an vorhandene Kunden geht. Das Unternehmen
führt lustige Marketingkampagnen in den Massenmedien durch, um
das Eigenkapital der Marke zu unterstützen, und nutzt wirksame Point-
of-Sale-Promotions, um Verbraucher zu Spontankäufen zu verleiten.
Zusätzlich hält es seine 13 000 im Verkauf Beschäftigten dazu an, in
Einzelhandelsgeschäften mehr und bessere Regalplätze zu belegen.
Dies versucht man zum Beispiel dadurch, daß Maischips nicht nur
neben anderen pikanten Snacks in der Snack-Abteilung plaziert
werden, sondern auch neben mexikanischen Soßendips im Soßen-
regal.

**2. Wie können wir das Geschäft durch den Verkauf vorhandener Pro-
dukte an neue Kunden erweitern?**
Das Wesentliche einer erfolgreichen Strategie kann die Konzentration
auf die Erfüllung der Bedürfnisse eines sorgfältig definierten Zielmark-
tes sein. Wenn sich ein Unternehmen dazu entscheidet, nur eine bestimmte Gruppe von Kunden zu versorgen, kann es jedoch blind für andere Möglichkeiten werden. Das Ermitteln und Ansprechen neuer Kunden kann ein steigendes Wachstum oder attraktive Chancen für die
Versorgung völlig neuer Segmente auslösen. Demographische Muster
und gesellschaftliche und wirtschaftliche Trends können auf Nischen
mit einer verborgenen Nachfrage hindeuten. Das Altern der Babyboom-
Generation hat vielen Unternehmen Chancen im Gesundheits- und
Versicherungswesen eröffnet. Marktteilnehmer haben das Potential

demographisch definierter Segmente, wie zum Beispiel Frauen und ethnische Minderheiten, oder verhaltensmäßig definierter Segmente, wie »umweltbewußt«, »sehr statusbewußt« und »preisbewußt/sucht nach günstigen Angeboten«, erkannt.

Nokia konnte durch die Einführung einer Marketingstrategie für Konsumgüter statt einer technologieorientierten Strategie neue Segmente erreichen. Als einer der führenden Hersteller von Mobiltelefonen zielte Nokia mit seinen Modellen auf kommerzielle umsatzstarke Anwender ab. Durch die Einführung bedienerfreundlicher Produkte in lebendigen Farben wie Weinrot, Opal, Grün, Blau und Zinngelb hat das Unternehmen seitdem die Mobiltelefone in modische Accessoires verwandelt. Einige relativ einfache Änderungen der Hardware entsprachen den Bedürfnissen eines bestimmten Marktsegments, wodurch die Produkte zu einem Muß für junge Leute wurden. »Wir suchen immer nach Möglichkeiten, Technologie mit dem aktuellen Lifestyle zu verbinden. Was Nokia angeregt hat, stellt die Verwandlung des Telefons dar – es wird nicht mehr nur als Mittel zur persönlichen Kommunikation, sondern auch als modisches Accessoire genutzt«, erklärte Matt Wisk, Marketingdirektor von Nokia.[5]

3. Wie können wir durch die Einführung neuer Produkte und Dienstleistungen wachsen?

Unternehmen, die nach Wachstum streben, wählen meistens die Freiheit, neue Produkte und Dienstleistungen einzuführen. Die Ergebnisse sind, insbesondere in reifen Branchen, jedoch häufig enttäuschend. Innovationen müssen sorgfältig geplant werden, um zu gewährleisten, daß sie die Marktnachfrage auch wirklich decken. Ein neues Produkt, das keiner will oder das bereits jeder als billige Kopie hat, ist sinnlos. Innovation läßt sich nur schwer vorhersagen oder planen; meist kann man nur dafür sorgen, daß sie wahrscheinlicher wird.

Es ist überraschend, wie oft aus Zufällen faszinierende Ideen für Produkte entstehen. Mike Harper, ehemaliger President von ConAgra, der sich zu Hause von einem Herzinfarkt erholte, lud seinen Marketing Vice-president zum Mittagessen ein. Nachdem sie das Truthahn-Chili der Familie Harper probiert hatten, kam ihnen eine Idee: Fertige Mahlzeiten, die gesund sind, können auch gut schmecken. Heutzutage klingt dies wohl nicht besonders neu und originell, 1985 aber war es das noch. Harpers Truthahn-Chili entwickelte sich zu einem erfolgreichen Sortiment, das unter dem Programmnamen Healthy Choice verkauft wurde. Nach vier Jahren in der Pipeline der F&E-Abteilung wurden diese Mahlzeiten mit niedrigem Salz- und Cholesteringehalt in Supermärkten in den ganzen USA verkauft.

Entschlossen, den Vorteil des ersten Zuges auszunutzen, überschwemmte ConAgra den Markt. 1992 umfaßte die Marke über 150 Produkte. Healthy Choice stieg bei tiefgekühlten Vorspeisen vom neunten auf den dritten Platz und konnte Umsätze von über 500 Millionen Dollar in den ersten drei Jahren aufweisen. 1997 gab es bereits über 300 Produkte, und die Umsätze überstiegen 1,5 Milliarden Dollar.

4. Wie können wir den Verkauf durch Entwicklung besserer Liefersysteme für die Kunden erweitern?
Immer wieder verlieren Unternehmen mit starken Marktpositionen gegen Konkurrenten, die ein besseres Verfahren zur Lieferung eines ähnlichen Produktes oder einer ähnlichen Dienstleistung an dieselben Kunden erarbeiten. Die Revolution in der Kommunikation und bei internetgestütztem Handel hat diesen Konkurrenzkampf durch die erfolgreiche Neugestaltung der Liefersysteme noch verstärkt und es Innovatoren ermöglicht, vorhandene Verkaufskanäle zu umgehen. Bei Finanzdienstleistungen führten Schalterautomaten kombiniert mit Innovationen wie mobilen Verkaufsmitarbeitern zu großen Veränderungen in den Infrastrukturen der Bankenzweigstellen. Im Einzelhandel bieten Kategorie-Killer den Verbrauchern ein umfassendes Spektrum an Fachprodukten zu weit niedrigeren Kosten an als die herkömmlichen Einzelhändler. In immer mehr Branchen bringt die Neugestaltung von Liefersystemen Wachstumschancen für die Angreifer und Schwierigkeiten für die Verteidiger.[6]

Wer würde im tropisch feuchten Indien einen Sari gegen schwere Jeans eintauschen? Dies war die Herausforderung an das Marketing, vor die sich Arvind Mills, weltweit drittgrößter Hersteller von Denimstoff, gestellt sah. Arvind mußte sowohl die Attraktivität von Jeans steigern als auch eine kostengünstige Möglichkeit finden, ein erschwingliches Produkt in einem Land mit einem durchschnittlichen Jahreseinkommen von 200 Dollar zu vertreiben. Er entwickelte Ruf and Tuf, ein fertig zugeschnittenes Set an Jeansteilen (Denim, Reißverschluß, Nieten und

Markenaufnäher aus Leder), das über Tausende von Schneidern in ganz Indien vertrieben werden konnte.

Ende 1996 hatte das Unternehmen 52 Schulungsprogramme für 4500 Schneider in zehn Bundesstaaten veranstaltet, in denen gezeigt wurde, wie man ein Paar Jeans zusammennäht. Mit sechs Dollar pro Hose waren die neuen Jeans für die Massen weit erschwinglicher als gehobenere Produkte wie Flying Machine und Lee, die 20 bis 40 Dollar kosteten (und in Indien ebenfalls von Arvind vertrieben wurden). Ruf and Tuf wurden zu den bestverkauften Jeans in Indien. Selbst als die Produktion um das Dreifache gesteigert wurde, überstieg die Nachfrage die Versorgung – und zwar so stark, daß Arvind die Werbung einstellte. Innerhalb von zwei Monaten nach Einführung überstieg der Verkauf der neuen modischen Sensation eine Million Einheiten. Nachdem es seine Marktposition gefestigt hat, wendet sich Arvind jetzt herkömmlicheren Kanälen für fertig zugeschnittene Jeans zu, und man plant Produkterweiterungen wie zum Beispiel fertig zugeschnittene Ruf and Tuf-Hemden.

5. Wie und wo können wir in neue geographische Gebiete expandieren?
Geographische Expansion ist eine der besten Chancen für Wachstum, jedoch auch eine der schwersten. Viele Unternehmen sind in der Lage, Wachstum durch eine gesteigerte Produktabdeckung innerhalb bestehender Gebiete oder durch das Vordringen in neue Gebiete in Ländern, in denen sie bereits tätig sind, voranzutreiben. Wachstumschancen auf internationaler Ebene können sogar noch weitere Betätigungsfelder bieten, indem sie Unternehmen erlauben, eine erfolgreiche Geschäftsformel in mehreren Märkten einzusetzen und die Kostenvorteile der globalen Abdeckung in größenintensiven Geschäften zu fördern.

Eines der vielen von uns untersuchten Unternehmen, die die geographische Expansion als Hauptantrieb für Wachstum nutzten, ist SAP. »Hätte man vor zehn oder 15 Jahren die Frage gestellt, ob ein deutsches Software-Unternehmen im Software-Bereich internationale Anerkennung erringen könne, hätten die meisten mit ›Nein‹ geantwortet«, schrieb die *Financial Times*, »das ist die Domäne der Amerikaner oder der Japaner.«[7] Heute ist SAP das größte europäische Software-Unternehmen und weltweit der fünftgrößte unabhängige Software-Verkäufer.

Das bisherige Wachstum ist beneidenswert: Ein Gesamtjahreswachstum von 40 Prozent bei den Umsätzen und 38 Prozent beim Nettoertrag zwischen 1990 und 1996, wobei sich die Umsätze 1996 auf 3,722 Milliarden DM (2,4 Milliarden Dollar) beliefen.

Die frühen Bestrebungen des Unternehmens nach internationaler Expansion haben die Umsätze außerhalb Deutschlands auf 67 Prozent des Ertrages, verglichen mit nur 30 Prozent 1988, ansteigen lassen. Zunächst ging SAP in bekannte deutschsprachige Gebiete, danach expandierte man systematisch in die ganze Welt, insbesondere nach Nordamerika. Das Flaggschiff unter den Produkten, R/3, beherrscht den schnell wachsenden Sektor der Software zur Planung von Unternehmenressourcen und hat die Art und Weise revolutioniert, wie Daten zwischen unterschiedlichen Teilen eines Unternehmens fließen. Die Software ist in 14 verschiedenen Sprachen erhältlich und kann auf die vielfältigen örtlichen Anforderungen zugeschnitten werden. In Kapitel 6 werden wir zu SAP zurückkehren, um uns anzuschauen, wie die jeweiligen Fähigkeiten zur Realisierung dieser internationalen Expansion eingesetzt wurden.

6. In welchem Umfang können wir wachsen, wenn wir die Struktur der Branche ändern?

Manager sind von Natur aus vorsichtig, wenn es um Wachstumschancen geht, in deren Rahmen die Struktur der Branche verändert wird. Viele der erfolgreichsten Wachstumsunternehmen verfolgen jedoch Chancen dieser Art. Dies geschieht meist durch Fusionen, Akquisitionen oder Allianzen. Über die Hälfte unserer 30 als Beispiele angeführten Unternehmen nutzten Akquisitionen zur Förderung von Wachstum. Pat Anslinger und Tom Copeland haben gezeigt, wie unterschiedliche Verfahren von Akquisition und Integration einer Reihe von führenden diversifizierten Aktiengesellschaften und fremdfinanzierten Übernahmeangebotsfonds durch Fusionen und Akquisitionen Wachstum ermöglichten.[8]

CRH, ein Hersteller von Baustoffen und Bauprodukten wie Zement- und Betonblöcken, hat Akquisitionen in hohem Maße genutzt, um sein Geschäft zu erweitern und eine weltweite Baustoffgruppe zu bilden. Das Unternehmen wurde 1970 durch die Fusion von Irish Cement, dem ersten Zementhersteller des Landes, und der Roadstone Group, dem einheimischen Marktführer bei Aggregat- und Betonprodukten, gegründet. Nach der Fusion verfügte CRH plötzlich über einen großen Marktanteil in der kleinen Wirtschaft Irlands, und man begann, internationales Wachstum anzustreben.

Ein Großteil des bisher verzeichneten Wachstums von Umsatz und Gewinn von 20 Prozent pro Jahr wurde durch die Akquisition von kleinen und mittleren Wettbewerbern in Europa und den Vereinigten Staaten gefördert. Der Wert dieser Unternehmen wird durch betriebliche Verbesserungen, Produkttransfers und Synergien mit bestehenden CRH-Unternehmensbereichen gesteigert. Zwischen 1986 und 1996 führte CRH ca. 150 Akquisitionen durch und wurde so hinsichtlich der Marktkapitalisierung das weltweit viertgrößte Unternehmen in seinem Sektor.

Dank seiner dezentralisierten Organisation ist CRH in der Lage, auf lokaler Ebene Entwicklungen durchzuführen und unternehmerische Zielstrebigkeit einzusetzen. Viele große Aktiengesellschaften, bei denen der zentrale Schwerpunkt auf Akquisitionen liegt, erachten CRHs Akquisitionen möglicherweise als zu klein und zu unwichtig. CRH vermeidet Übernahmeschlachten durch das geduldige Umwerben der Firmen, bei denen es sich meist um Familienbetriebe handelt. So wird gewährleistet, daß das Unternehmen vor dem Kauf seine Ziele realistisch bewerten kann. Die Eigentümer ihrerseits empfinden die Kultur von CRH als angenehm und bleiben in der Regel innerhalb der Gruppe, wo sie erfreut das Wachstum ihrer Geschäfte beobachten. Dies dient als ausgezeichnetes Beispiel für andere mögliche Verkäufer. Das Unternehmen hat dieses Programm der kleinen Akquisitionen zu einem Wachstumsmotor ausgearbeitet, wobei es allmählich starke regionale Marktpositionen aufbaut und seinen Aktionären ein Gesamtjahreswachstum der Renditen von 21 Prozent in den Jahren von 1970 bis 1996 zukommen lassen kann.

7. Welche Chancen bestehen außerhalb der vorhandenen Grenzen der Branche?

Die Expansion über die Grenzen der Branche hinaus ist eine der Richtungen, in die das Wachstum angestrebt werden kann. Sie stellt eine der größten Herausforderungen dar und muß besonders sorgfältig überdacht werden. Viele Unternehmen diversifizierten und florierten zwar, aber für weit mehr war die Diversifikation eine Katastrophe.

Dennoch haben die meisten der erfolgreichen Wachstumsunternehmen in unserer Untersuchung die Grenzen ihrer Branche überschritten. Einige haben Wert durch vertikale Integration geschaffen, entweder weil die Branche, in die sie vordrangen, selbst sehr attraktiv war, oder weil die Integration ihnen ermöglichte, einen Mißerfolg auf dem Markt zwischen zwei Stufen der Branchenkette zu überwinden. Andere waren gezwungen, auf neuen Feldern zu kämpfen, als sich bisher getrennte Branchen einander annäherten, wie das bei Kabelfernsehen und Fernmeldewesen oder auch bei Tankstellen und Lebensmitteleinzelhandel der Fall war. Wieder andere haben festgelegt, wo sie entsprechend den Fähigkeiten tätig werden wollten, die für den Erfolg anstatt für den Produktmarkt erforderlich waren, und fanden so Möglichkeiten, ihre vorhandenen Fähigkeiten in einer neuen Umgebung einzusetzen und zu fördern.

GE Capital Services fällt in unserer Untersuchung als erfolgreicher Vertreter branchenübergreifender Maßnahmen auf. Ursprünglich ein Kreditunternehmen, das bei der Finanzierung für den Kauf von Produkten von General Electric behilflich war, ist das Unternehmen durch die Erweiterung um Geschäfte in einer ungewöhnlichen Geschwindigkeit gewachsen. »Mit der Vielzahl an Geschäften müßte GE Capitals Persönlichkeit so vielschichtig wie die von Woody Allen sein«, bemerkte *Fortune*. »Statt dessen ähnelt es eher Clint Eastwood, der den Horizont mit zusammengekniffenen Augen nach einer Handvoll Dollar absucht.«[9]

GE Capital definiert sich selbst als Finanzdienstleistungsunternehmen, einige seiner 28 Geschäftsbereiche machen jedoch einen ganz anderen Eindruck. Im Lauf der Zeit verlagerte sich das Unternehmen von Privat- und Einzelhandelskrediten auf die Vermietung von Eisenbahnwaggons, Flugzeugen, LKWs und Anhängern, auf Unternehmensfinanzierung, Kreditkarten, Versicherungen, Technologiemanagement und Outsourcing. GE Capital, das einen Gewinn von mehreren Milliarden Dollar pro Jahr aufzuweisen hat, ist mit über 900 Flugzeugen, 120 000 LKWs, nahezu 200 000 Eisenbahnwaggons, 750 000 PKWs und elf Satelliten weltweit der größte Vermieter von Ausrüstung.

Die größte Diversifikation war wahrscheinlich GE Capitals erfolgreiches Vordringen in die Welt der Informationstechnologie. Das Geschäft mit IT-Lösungen begann mit einem kleinen Unternehmen in Kanada. Nachdem sich die Formel hier bewährt hatte, wurde eine Reihe von IT-Akquisitionen in den Vereinigten Staaten, im Vereinigten Königreich und in Australien getätigt, die den jährlichen Gewinn um mehr als sechs Milliarden Dollar erhöhten. Ziel war, einen Computerservice von A bis Z anzubieten, der von der Finanzierung von Firmencomputern bis zur Verwaltung ganzer Netzwerke und Systeme reichte.[10]

Die Ketten brechen

Verläßt man sich auf die sieben Grade der Freiheit, wenn man Wachstumschancen ermitteln will, bringt dies nicht unbedingt die Lösung für strategische Probleme todkranker Unternehmen. Die Suche kann vergeblich sein, wenn Strategen nur ein Bild des Unternehmens in seinem heutigen Zustand vor Augen haben oder wenn sie eine schwache Liste mit Chancen vorlegen, die niemanden interessieren. Eine wirkliche Strategie für Wachstum zu erarbeiten ist erst möglich, wenn Manager bereit sind, Geschäfte aus neuen Gesichtspunkten zu betrachten, und Chancen mit Herz und Kopf gleichermaßen beurteilen.

Expansive Einstellung

Kreativität im Unternehmen kann dem Erfolg zum Opfer fallen. Ein Unternehmen kann seinen Markt so stark beherrschen, daß eine breitere Definition des Marktes erforderlich ist, bevor es Wachstumschancen finden kann.

Gillette hätte leicht mit seinem beherrschenden Marktanteil von 60 Prozent des Weltmarktes für Rasierer und Klingen für Männer zufrieden sein können. Dank einer expansiven Einstellung sah es jedoch auch Chancen im breiter definierten Markt für Herrenpflegeprodukte, in dem der Marktanteil nur 20 Prozent betrug. Mit der Produktreihe »Gillette Series for Men« fügte man Rasiercreme, Deodorants und Aftershave hinzu.

Eine noch breitere Definition brachte das Unternehmen auf den Markt für Körperpflegeprodukte, wo der Marktanteil nur 5 Prozent beträgt. Man entdeckte bisher unerforschte Chancen. Gillette drang mit Oral-B in die Zahnpflege vor, mit Sensor for Women in die Körperpflege für

Frauen, mit Braun in Kleingeräte, und mit Waterman und Parker sogar in Schreibwaren. Seine expansive Einstellung hat dem Unternehmen ermöglicht, alle sieben Grade der Freiheit zu erreichen:

Vorhandene Produkte für vorhandene Kunden. Im Rasierklingengeschäft bietet Gillette eine Vielzahl von Produkten von einfachen Einmalklingen bis zu Sensorklingen an. Seine Aufmerksamkeit gegenüber Vertrieb, Werbung und Promotion schafft ein kontinuierliches Wachstum hinsichtlich Hauptkunden und Produkten.

Vorhandene Produkte für neue Kunden. Nach dem Erfolg des Sensor-Rasierers erweiterte Gillette Marke und Technologie auf Produkte für die Frau und führte eine speziell zugeschnittene Variante des Sensors ein. Deren Erfolg etablierte einen neuen Wachstumszweig bei den Pflegeartikeln für die Frau.

Neue Produkte und Dienstleistungen. In jedem Fünfjahreszeitraum will Gillette 40 Prozent seiner Umsätze durch neue Produkte erzielen. Bei Rasierklingen hat das Unternehmen versucht, mehr Kunden durch aufeinanderfolgende Generationen innovativer Produkte zu gewinnen: Von beschichteten Klingen aus rostfreiem Stahl, Doppelklingen, Schwenkköpfen und dem »Lubrastrip« bis zu Sensor, Sensor Excel und jetzt MACH3, einem Rasierer mit drei Klingen. Die Marke Gillette wurde in neue Produktbereiche wie zum Beispiel Rasiercreme und Deodorants erweitert. Braun Oral-B erfand eine revolutionäre Zahnbürste mit Schwenkkopf zur besseren Reinigung der Zähne. Satin Care für die Frau stellte das erste Rasurprodukt dar, das nicht auf Seifenbasis hergestellt wurde. Gillette erfand das erste »unsichtbare« klare Gel-Antitranspirant und die Indikator-Zahnbürste.

Neue Lieferkanäle. Nach der Akquisition von Parker nutzte Gillette seine Position auf dem Markt für Werbegeschenke, um die exklusiveren Waterman-Schreibgeräte zu fördern. Bei der Zahnpflege führte Gillette zwei Verkaufskanäle für das neu entwickelte elektrische Zahnpflegesystem ein: Oral-B-Vertreter verkauften an Zahnärzte, Braun an den Elektrogerätehandel.

Neue Geographien. Mit Unternehmensbereichen in über 200 Ländern erzeugt Gillette über 70 Prozent seiner Umsätze und Betriebserträge außerhalb der Vereinigten Staaten. Häufig dringt Gillette mit dem Rasierklingengeschäft in ein neues Land vor, in dem der Markt für Rasurprodukte in der Regel schon vorhanden ist, erringt Marktanteile durch das Anbieten überlegenerer Produkte und führt dann ein breites Angebot an Zubehörprodukten ein. Die Risiken beim Vordringen in aufstrebende Märkte werden durch Joint-ventures und den Einsatz etablierter Technologien verringert.

Verbesserung der Branchenstruktur. Gillette konsolidierte die Position von PaperMate in der Schreibwarenbranche durch die Akquisition von Liquid Paper 1979, Waterman 1987 und Parker 1993. Zudem wurden das Betriebsvermögen und die Patente für das Rasierklingengeschäft von Wilkinson Sword in großen Teilen Asiens und Lateinamerikas erworben.

Neue Wettbewerbsfelder. Aus seinem Kerngeschäft der Rasierklingen und Körperpflegeartikel drang Gillette 1955 mit PaperMate in Schreibwaren, 1967 mit Braun in Elektrokleingeräte, 1984 mit Oral-B in Zahnpflege und 1996 mit Duracell in Batterien vor.

Nicht alle Unternehmen haben einen solchen Unternehmungsgeist wie Gillette. Es wurde gesagt, daß der Mensch aufhört, etwas über eine Sache zu lernen, sobald er davon überzeugt ist, er wisse etwas darüber. Aktiengesellschaften verhalten sich genauso. Häufig schreiben in Organisationen geltende Konventionen vor, was möglich ist und was nicht, ohne dabei jedoch die eventuellen Chancen zu berücksichtigen. Vielleicht herrscht die weitverbreitete Überzeugung, es gäbe nur wenige neue Möglichkeiten, oder Manager tragen bei der Betrachtung des Unternehmens einfach Scheuklappen.

Bereits 1960 verurteilte Theodore Levitt die Grenzen der Überlegungen von Unternehmen in seinem klassischen Artikel »Marketing myopia« im *Harvard Business Review*. Er beschrieb die Tendenz von Unternehmen, sich selbst »im festen Griff einer engen Produktorientierung« einzusperren. Er führte die Eisenbahn als Beispiel für eine unzureichende Definition des eigenen Unternehmens an: »Sie ließen es zu, daß andere ihnen die Kunden wegnahmen, weil sie von sich selbst der Auffassung waren, sie seien im Eisenbahngeschäft tätig anstatt im Transportgeschäft.«[11]

Die strengen Konventionen herauszufordern ist eine wirksame Methode, um fest verwurzelte Auffassungen und einschränkende Selbstdefinition aufzubrechen. Einige der ausdauerndsten Wachstumsunternehmen überwinden althergebrachtes Wissen durch Neudefinitionen der Grenzen ihrer Branche und Zielmärkte. Ihre Ziele wären ganz andere gewesen, hätten sie nicht über ihr Kerngeschäft hinausgeschaut.

Hätte Disney seinen alten Schwerpunkt beibehalten, wäre es womöglich immer noch eine kleine Zeichentrickfirma. Hätte GE Capital sich auf die Finanzierung der Konsumgüter von General Electric beschränkt, wäre es nie der Marktführer bei Leasing, Fuhrparkmanagement, Sach- und Haftpflichtrückversicherung und Händlermarken-Kreditkarten geworden. Wäre Bombardier bei Snowmobilen geblieben, wäre es nicht der weltweit drittgrößte Hersteller von kommerziellen Flugzeugen. Hätte der Unternehmer Li Ka-shing aus Hongkong den Rat befolgt, »bei seinen Leisten zu bleiben«, wäre er möglicherweise immer noch im Plastikblumengeschäft tätig und nicht der Leiter eines Imperiums aus Transportterminals, Telekommunikation, Energie und Finanzen.

Zu umfassend zu denken birgt jedoch auch Gefahren. Harvard Business School-Professor und Consultant Michael Porter argumentiert, daß Unternehmen bei ihrem Versuch zu wachsen, zu häufig »Einzigartigkeit verwässern, Kompromisse schaffen, Eignung verringern und letztlich den Wettbewerbsvorteil untergraben. Tatsächlich ist die Vorgabe zu wachsen gefährlich für die Strategie.« Porter setzt sich dafür ein, Priorität eines Unternehmens müsse es sein, seine strategische Position zu vertiefen anstatt zu erweitern, da dies das Risiko bergen könne, seinen Wert zu zerstören.[12]

Unternehmen haben recht, wenn sie bei der Verfolgung von Wachstumsinitiativen vorsichtig sind. Es ist jedoch unsinnig, wenn sie aufgrund gebührender Vorsicht ungewöhnliche Ideen beiseite schieben. Collins und Porras ziehen Bilanz: »Wir behaupten nicht, daß Evolution und Fortschritt mit leichtfertiger Diversifikation gleichzusetzen sind ... Auch behaupten wir nicht, daß das Konzept, ›bei seinen Leisten zu bleiben‹ keinen Sinn macht. Die eigentliche Frage ist: Was sind die ›Leisten‹ in einem Unternehmen mit Visionen?«[13]

Rechtfertigung der Leidenschaft

Alle Unternehmen treffen völlig rationale Entscheidungen bezüglich der Chancen, die sie verfolgen wollen – zumindest wird dies üblicherweise in der Geschäftswelt erwartet. Daher haben Planer und Analysten häufig zu starken Einfluß auf den Strategieprozeß. Ihre Verfahren wurden entwickelt, um Voreingenommenheit zu beseitigen oder zu kontrollieren. Das ist jedoch falsch.

Sterile Strategiedokumente setzen mit Recht Staub an. Sie besitzen die Arroganz vorauszusetzen, daß sich der Wille des Unternehmens der rationalen Eleganz einer intelligenten Strategie beugen solle. Selten spiegelt diese Strategie jedoch die Interessen, Hoffnungen und Träume der Manager wider, die die Aufgabe haben, neuen Ideen Flügel zu verleihen. Ohne ihre Leidenschaft kann eine Strategie clever sein. Sie kann raffiniert sein. Sie kann sogar richtig sein. Sie kann jedoch genauso gut unfähig sein und nicht die Kraft besitzen, auch nur irgend etwas zu verändern.

Die Auffassung, ein Unternehmen könne ohne Voreingenommenheit nach Chancen suchen, ist falsch. Müssen Kompromisse zwischen unterschiedlichen wirtschaftlich attraktiven Ideen geschlossen werden, sind Führungsteams stark von dem beeinflußt, was sie am meisten tun möchten. Aus diesem Grund muß Leidenschaft bei der Suche nach Chancen ausdrücklich anerkannt werden. Wird der Leidenschaft ein Wert zugemessen, verdeutlicht man damit, daß Schaffung von Geschäften kein mechanisch bestimmter Prozeß für Planer ist, sondern eine menschliche Angelegenheit, in die Leiter ihre eigenen Emotionen einbringen. Es kann bedeuten, einigen Chancen, die wirklich aussichtsreich erscheinen, eine geringere Priorität zuzuweisen. Dafür erhalten jedoch die beibehaltenen Ideen eine bessere Erfolgschance. Manager widmen ihre Energie eher den Ideen, an die sie glauben und die ihnen wichtig sind.

Geht man an die sieben Grade der Freiheit mit einer expansiven Einstellung heran, erhält man die Antwort auf die Frage »Was ist möglich?«. Genauso wichtig ist die Frage »Für was empfinden wir Leidenschaft?«. Unternehmungen, die niemandem wirklich wichtig sind, werden kaum Erfolg haben. Anstatt begrenzte Management- und finanzielle Ressourcen für Chancen zu verschwenden, die nur wenig

Enthusiasmus hervorrufen, sollten Leiter sie beiseite legen oder daran arbeiten, sie interessanter zu gestalten.

Nach Auffassung des Gründers der Kyocera Corporation, Kazuo Inamori, ist Leidenschaft möglicherweise der einzig wichtige Bestandteil im Erfolg einer Strategie. Er gründete Kyocera 1959 zur Herstellung von Keramik. Heute ist sein Unternehmen der weltweit führende Lieferant von Gehäusen für integrierte Schaltkreise. Zudem ist das Unternehmen mit DDI erfolgreich in der Telekommunikation, mit Kyocera Multimedia im Multimediabereich und mit Kyocera Leasing im Finanzwesen tätig. Inamoris Glaube an die Leidenschaft ist so stark, daß er empfiehlt, Gewinn nicht direkt zu suchen, sondern Gewinn aus dem Streben nach Leidenschaft erfolgen zu lassen. Mit dieser Herangehensweise ist Kyoceras Nettogewinn von unter fünf Milliarden Yen 1980 auf über 80 Milliarden Yen (713 Millionen US-Dollar) 1996 angestiegen.

In seinem Buch über Unternehmergeist erklärt Inamori, daß »tiefe Leidenschaft« der Grund für die Schaffung und den letztendlichen Erfolg des Telekommunikationsgeschäftes DDI waren, von dem Kyocera einen Anteil von 22 Prozent besitzt. »Ich wäre nie in der Lage gewesen, DDI zu gründen, wenn ich nicht von dem Traum berauscht gewesen wäre, das staatliche Monopol von NTT herauszufordern. Das Projekt erforderte hohe Investitionen, und niemand konnte unseren Erfolg garantieren. Jeder konservative Kopf hätte die Unternehmung als zu riskant bezeichnet.«[14] Aus Leidenschaft widmeten Kyoceras Führungskräfte ihre Freizeit einem spekulativen Entdeckungsprozeß. Sechs Monate lang reiste ein Team von sechs Ingenieuren jedes Wochenende zu Kyoceras Gästehaus in Kyoto, um »zu planen, zu träumen, nachzudenken und zu diskutieren«. Es zahlte sich aus, auf die Leidenschaft zu hören. Am ersten Tag im Börsenhandel 1994 überstieg DDIs Marktkapitalisierung 11,75 Milliarden Dollar. 1996 verzeichnete das Unternehmen Umsätze von sechs Milliarden Dollar und einen Marktwert von 18,8 Milliarden Dollar (größer als der von Kyocera selbst: 14 Milliarden Dollar).

Leidenschaft mit einzubeziehen bedeutet jedoch nicht, sich von Voreingenommenheit überwältigen zu lassen. Voreingenommenheit gegenüber neuen Ideen kann in gleichem Maße destruktiv sein, wie Leidenschaft konstruktiv sein kann. Wenn Leidenschaft der Treibstoff auf der

Suche nach Chancen ist, dann ist das Vorurteil eine Mauer. Für Manager ist das Überwinden von Vorurteilen eine ebenso große Verantwortung wie das Zulassen von Leidenschaft.

Vorurteile können sowohl seitens des Unternehmens als auch seitens einzelner Personen vorhanden sein. Ein Unternehmen kann sich einer Idee widersetzen, weil sie einfach noch zu neu ist. Es wird wahrscheinlich jeder Idee gegenüber voreingenommen sein, die das Kerngeschäft zu kannibalisieren droht. Persönliche Vorurteile können einen genauso starken Einfluß haben. Eine Wachstumsstrategie, die auf einer Expansion nach China und Indien basiert, kann nur dann erfolgreich sein, wenn ein Senior Executive bereit ist, einige Jahre in diesen Ländern zu verbringen und die Mitglieder des Führungsteams bereitwillig Besuche abstatten.

Die beste Möglichkeit zur Bekämpfung von Vorurteilen ist häufig auch die einfachste. Das Topmanagement kann Impulse für unbeliebte Chancen schaffen, indem es einfach sein eigenes Engagement dafür deutlich macht. Eine andere Möglichkeit zur Bekämpfung von Vorurteilen sind Tatsachen. Mit wenigen einfachen Maßnahmen können Manager die Informationen erhalten, die sie benötigen, um fundiertere Urteile über die Attraktivität einer Chance zu bilden. Wenn die Schritte nur dazu dienen, die Vorurteile zu bestätigen, dann ist selbst dies sehr wertvoll. Erweisen sich ihre Vorurteile als unbegründet und ist die Chance aussichtsreich, schaffen diese ersten Maßnahmen Impulse.

Weder Leidenschaft noch Vorurteil betreffen das Potential einer Chance. Sie wirken sich jedoch darauf aus, wie diese Chance wahrgenommen wird, und damit auch darauf, ob sie Erfolg haben wird. Leidenschaft vergrößert die Chancen, Vorurteil verdeckt sie. Berücksichtigt ein Unternehmen bei seiner Suche nach einer Wachstumsstrategie beides, wird es eher in der Lage sein, das wahre Potential einer Chance zu erkennen.

Es gibt viele unterschiedliche Möglichkeiten, nach Chancen zu suchen. Einige Unternehmen führen Workshops durch, andere bilden eine Strategie-F&E-Gruppe in der Zentrale. Einige teilen fünf »Führungscracks«

für die Aufgabe ein, andere beschäftigen Tausende dazu. Ob es sich dabei um einen Top-down- oder einen Bottom-up-Prozeß handelt, ist nicht von Bedeutung. Wichtig ist nicht nur die Breite des Engagements, sondern auch die Breite der Suche. Ganz gleich, welche Prozesse und Ressourcen dazu eingesetzt werden, letztendlich ist das Ermitteln attraktiver Chancen gleichermaßen Kunst und Wissenschaft.

Sich das Recht auf Wachstum zu verdienen, den Entschluß zum Wachstum zu fassen und neue Chancen zu ermitteln ist notwendig, um die Trägheit zu überwinden. Eine faszinierende Wachstumsstrategie erfordert jedoch mehr als das Ermitteln und Erkennen von Chancen. Nicht alle Chancen sind vom Aufbau her attraktiv.[15] Und wie die Befürworter der ressourcengestützten Sichtweise des Unternehmens zeigen, können neue Geschäfte nur dort aufgebaut und vor Konkurrenten geschützt werden, wo sich attraktive Marktchancen mit den entsprechenden Fähigkeiten des Unternehmens überschneiden.[16] Die Chancen und die Fähigkeiten miteinander zu verbinden, um neue Geschäfte zu schaffen, ist das Thema, das wir in Teil III behandeln werden.

ANMERKUNGEN

1   Siehe z. B. R. Whitely und D. Hessan, *Customer centered Growth: Five proven strategies for building competitive advantage* (Reading, Mass., 1996); M. Treacy und F. Wiersma, *The Discipline of Market Leaders: Choose your customers, narrow your focus, and dominate your market* (Reading, Mass., 1995); und R. M. Tomasko, *Go for Growth: Five paths to profit and success – Chose the right one for you and your company* (New York 1996).

2   Siehe jeweils J. M. Utterback, *Mastering the Dynamics of Innovations: How companies can seize opportunities in the face of technological change* (Boston, Mass., 1994); A. J. Slywotsky, *Value Migration: How to think several moves ahead of the competition* (Boston, Mass., 1996); W. C. Taylor und A. M. Webber, *Going Global: Four entrepreneurs map the new world marketplace* (New York 1996); und J. Bleeke und D. Ernst (Hrsg.), *Collaborating to Compete: Using strategic alliances and acquisitions in the global marketplace* (New York 1993).

3   Für eine interessante Diskussion über die Einschränkungen von »Managementrahmen« siehe G. Hamel und C. K. Prahalad, *Competing for the Future: Breakthrough strategies for seizing control of your industry and creating the markets of tomorrow* (Boston, Mass., 1994), Kapitel 3, S. 49–71.

4   Die Anwendung eines treuegestützten Marketings zur Ankurbelung der Umsätze durch vorhandene Kunden wird beschrieben in F. Reichheld, *The Loyalty Effect* (Boston, Mass., 1996). Siehe auch M. Treacy und F. Wiersma, *The Discipline of Market Leaders: Choose your customers, narrow your focus, and dominate your market* (Reading, Mass., 1995), Kapitel 8, »The discipline of customer intimacy«.

5   Nokia-Web Site.

6   Siehe z. B. A. J. Slywotsky, *Value Migration: How to think several moves ahead of the competition* (Boston, Mass., 1996), wo erläutert wird, wie sich der Wert von überholten Geschäftsformen auf neue verlagert, die den Prioritäten der Kunden besser entsprechen. Slywotsky ermittelt sieben interessante Muster und bringt eine Reihe von Fallbeispielen. Siehe auch I. Morrison, *The Second Curve: Managing the velocity of change* (New York 1996).

7   G. Bowley, »Silicon Valley's transplanted sapling«, *Financial Times*, 27. März 1998, S. 20.

8   P. L. Anslinger und T. E. Copeland, »Growth through acquisitions: A fresh look«, *Harvard Business Review*, Januar–Februar 1996, S. 126–127. Die Verfasser untersuchten 21 diversifizierte Unternehmenskäufer und 37 Finanzkäufer. Die Unternehmenskäufer tätigten insgesamt 829 Akquisitionen, von denen nach ihren Worten 80 Prozent mehr als ihre Kapitalkosten einbrachten und während eines Zeitraums von zehn Jahren durchschnittlich eine Gesamtaktionärsrendite von 18 Prozent pro Jahr erzielten. Die Finanzkäufer erzielten nach eigenen Schätzungen durchschnittlich 35 Prozent pro Jahr.

9   T. Pare, »GE monkeys with its money machine«, *Fortune*, 21. Februar 1994, S. 81.

10 J. Curran, »GE Capital: Jack Welch's secret weapon«, *Fortune*, 10. November 1997, S. 130.

11 T. Levitt, »Marketing myopia«, *Harvard Business Review*, Juli–August 1960; Nachdruck September–Oktober 1975, S. 44.

12 In »What is strategy?«, *Harvard Business Review*, November–Dezember 1996, S. 61–78, führt Porter als Beispiel Maytag an, einen Hersteller, dessen Erfolg auf zuverlässigen Waschmaschinen, Wäschetrocknern und Geschirrspülmaschinen beruhte. Nachdem das Produktprogramm auf Kühl- und Kochgeräte erweitert wurde und fünf neue Marken mit unterschiedlicher Positionierung hinzugefügt wurden, erzielte man ein beträchtliches Wachstum. Die durchschnittliche Umsatzrendite fiel jedoch von 8 bis 12 Prozent auf unter 1 Prozent. Obwohl die Erweiterung als ein logischer Weg erschien, um das Angebot von Maytag weiterzuentwickeln, beeinträchtigten die Kosten aufgrund eines Verlustes der Markenidentität und Produktivität den Erfolg des Unternehmens.

13 J. C. Collins und J. I. Porras, *Built to last: Successful habits of visionary companies* (London 1994), S. 187.

14 K. Inamori, *A Passion for Success: Practical, inspirational, and spiritual insights from Japan's leading entrepreneur* (New York 1995), S. 146.

15 Es besteht ein Unterschied zwischen einer Chance und einer attraktiven Chance. Ein Faktor für den Einfluß auf die wahrscheinliche Rentabilität ist die Struktur der Branche. Michael Porter stellte das Modell der »fünf Kräfte« zur Beurteilung der strukturellen Attraktivität in seinem wegweisenden Buch *Competitive Strategy: Techniques for analyzing industries and competitors* (New York 1980) verständlich dar. Diese Arbeit beruht auf dem Beispiel von Struktur/Verhalten/Leistung der industriellen Organisationswirtschaft, das von Joe Bain 1956 in seiner Arbeit *Barriers to New Competition* (Cambridge, Mass.) dargelegt wurde. Demnach wird die Rentabilität einer Branche von der Art des Verhaltens eines Unternehmens innerhalb des Wettbewerbs bestimmt (z. B. Entscheidungen bezüglich der Preisstellung), was wiederum von den aktiven strukturellen Kräften gesteuert wird (wie z. B. der Marktmacht von Herstellern). Umgekehrt beeiflußt die durchschnittliche Rentabilität der Branche die Rentabilität einzelner Unternehmensstrategien.

16 Für eine ausgezeichnete Übersicht über die Theorie und die Auswirkungen einer ressourcengestützten Sichtweise siehe D. J. Collis und C. A. Montgomery, »Competing on resources: Strategy in the 1990s«, *Harvard Business Review*, Juli–August 1995, S. 118–128. Die Vorläufer dieser Ansicht finden sich in dem 1959 von E. Penrose verfaßten Buch *The Theory of the Growth of the Firm* (Oxford 1995³) und in K. Andrews' Klassiker von 1971, *The Concept of Corporate Strategy* (Burr Ridge, Ill.). Zu anderen bemerkenswerten Beiträgen über die Entwicklung der Theorie gehören B. Wernerfelt, »A resource-based view of the firm«, *Strategic Management Journal*, September–Oktober 1984, S. 171–180; M. A. Peteraf, »The cornerstones of competitive advantage: A resource based view«, *Strategic Management Journal*, März 1993, S. 179–191, und R. M. Grant, »The resource-based theory of competitive advantage: Implications for strategy formulations«, *California Management Review*, Frühjahr 1991, Band 33, Nr. 3, S. 114–134.

Teil III

Impulse setzen

Die Grundlagen sind geschaffen. Sie sind bereit, Wachstum anzustreben. Aber wie sollen Sie anfangen? Und wenn Ihr Unternehmen bereits wächst, wie können Sie das Wachstum beschleunigen?

Die Kunst, Wachstum anzukurbeln oder zu beschleunigen, liegt darin, Ideen in profitable Geschäfte umzuwandeln. Ein Unternehmen kann von einer auch noch so attraktiven Chance nicht profitieren, wenn es die Fähigkeiten, sie zu ergreifen und zu verteidigen, nicht beherrscht. Dies kann für Unternehmen mit geringem Wachstum ein Problem darstellen. Die meisten verfügen über beschränkte Kenntnisse und Talente, und ohne die notwendigen Fähigkeiten kann das Anstreben eines neuen Geschäftes ein Sprung ins Ungewisse sein, der zum Scheitern verurteilt ist.

Die folgenden drei Kapitel beschreiben, wie man Fähigkeiten ermittelt und für den Aufbau von Geschäften einsetzt. Sie veranschaulichen ein praktisches schrittweises Verfahren, das wir als »schrittweises Wachstum« bezeichnen.

Zudem zeigen wir, wie starke, schwer zu imitierende Wettbewerbspositionen in einem aufstrebenden Geschäft geschaffen werden. Junge Geschäfte müssen nicht nur vor Konkurrenten, sondern auch vor ihrem eigenen Unternehmen geschützt werden. Zum Schluß beschreiben wir die Maßnahmen, die Wachstumsunternehmen ergreifen, um zu gewährleisten, daß ihr eigenes organisationsbezogenes Verhalten neue Geschäftsinitiativen nicht erstickt.

5 Schrittweises Wachstum

Die drei Horizonte bieten eine interessante Kurzaufnahme der derzeitigen Position eines Unternehmens. Aber sie zeigen nur, was in einem bestimmten Moment geschieht. Die Inhalte einer Pipeline der Entwicklung von Geschäften erscheinen als Einzelbild: Der Bestand der vorhandenen Initiativen des Unternehmens, dargestellt auf ihrer jeweiligen Entwicklungsstufe.

Um profitables Wachstum zu erhalten, muß eine Geschäftsentwicklungs-Pipeline nicht nur einen starken Bestand aufweisen, sondern auch einen gesunden Fluß. Ein Film, der aus aufeinanderfolgenden Kurzaufnahmen zusammengesetzt wird, zeigt, wie die Optionen aus Horizont 3 zu Wachstumsmotoren in Horizont 2 und schließlich zu Kerngeschäften in Horizont 1 übergehen.

Es reicht nicht, einen Bestand an Ideen zu sammeln: Die nächste Herausforderung ist, eine aussichtsreiche Idee zu nehmen und daraus ein lebensfähiges Geschäft zu machen. Zu oft gelingt es nicht, aus aussichtsreichen Horizont-3-Optionen Horizont-2-Geschäfte zu machen, und aufstrebende Horizont-2-Wachstumsmotoren fallen übermäßigen Ausgaben zum Opfer, oder die Konkurrenz kommt ihnen zuvor. Modelle für einen erfolgreichen Aufbau von Geschäften finden wir in unserer Beispielsammlung von Wachstumsunternehmen. Nachfolgend untersuchen wir, wie in weniger als einem Jahrzehnt die amerikanischen Erdgasunternehmen Williams bzw. Enron ein Telekommunikationsgeschäft bzw. ein weltweites privates Energieerzeugungsunternehmen von mehreren Milliarden Dollar aufbauten. Wir beschreiben auch, wie die Immobiliengesellschaft Lend Lease der am schnellsten wachsende, zweitgrößte Disponent Australiens wurde.

Stufe für Stufe

Führungskräfte, die Horizont-3-Optionen zu Hauptgewinnmotoren entwickeln wollen, stehen vor zwei großen Problemen: Unsicherheiten des Marktes und unzureichende Fähigkeiten, Aktiva und Beziehungen. Wir haben festgestellt, daß erfolgreiche Wachstumsunternehmen diese Probleme in der Regel angehen, indem sie keine großen Sprünge, sondern mehrere wohlüberlegte Schritte nacheinander machen. Jeder Schritt bringt sie ihrem endgültigen Ziel etwas näher und erzeugt selbst Geld und Fähigkeiten, die sie auf kommende Chancen vorbereiten. Blicken diese Wachstumsunternehmen auf das zurück, was sie erreicht haben, sehen sie keine chaotische Zickzacklinie, sondern eine deutliche Treppe.

Einzelne Stufen führen nur selten zu starken Veränderungen; werden sie zu einer Treppe des allmählichen Wachstums verbunden, schaffen sie dramatische Ergebnisse. Keines der als Beispiel aufgeführten Wachstumsunternehmen würde behaupten, schon von Anfang an gewußt zu haben, wohin die Stufen führen, sie hatten jedoch ein deutliches Bild des Geschäftes, das sie aufbauten, vor Augen. Mit jeder neuen Stufe erlernten sie Fähigkeiten, sicherten sich Optionen und bauten sich eine Wettbewerbsposition auf, die außerhalb ihrer Reichweite lag, als sie sich noch am Fuß der Treppe befanden. Wir untersuchten über hundert Beispiele für erfolgreiches Wachstum, die anhand dieser Treppe veranschaulicht werden können.[1]

Dieses »Stufe für Stufe«-Verfahren gilt selbst für die meisten drastischen Aktionen zur Schaffung eines Geschäfts, wie die Erfahrung von Williams (ehemals Williams Companies) zeigt. 1986 und 1987 zog sich Williams, ein Multimilliarden-Dollar-Mischkonzern mit Sitz in Tulsa, Oklahoma, aus den Geschäften Immobilien, Kohle, Bankwesen, Agrochemikalien und Ölförderung zurück. Ziel war, sich statt dessen auf das Kerngeschäft zu konzentrieren: Bau und Betrieb von Gaspipelines. Nach Abschluß der Desinvestitionen fehlten jedoch immer noch aussichtsreiche Chancen für Wachstum.

Seit einiger Zeit hatten CEO Joe Williams und Senior Executive Roy Wilkens die derzeitigen großen Veränderungen auf dem amerikanischen Telekommunikationsmarkt beobachtet. Die Deregulierung der Ferngesprächsdienste und die Auflösung von AT&T brachten neue Groß- und Einzelhändler im Bereich der Telekommunikation auf den Markt. Sprach- und Datenübertragung erlebten einen Boom, und hochleistungsfähige Faseroptikkabel in digitaler Qualität wurden er-

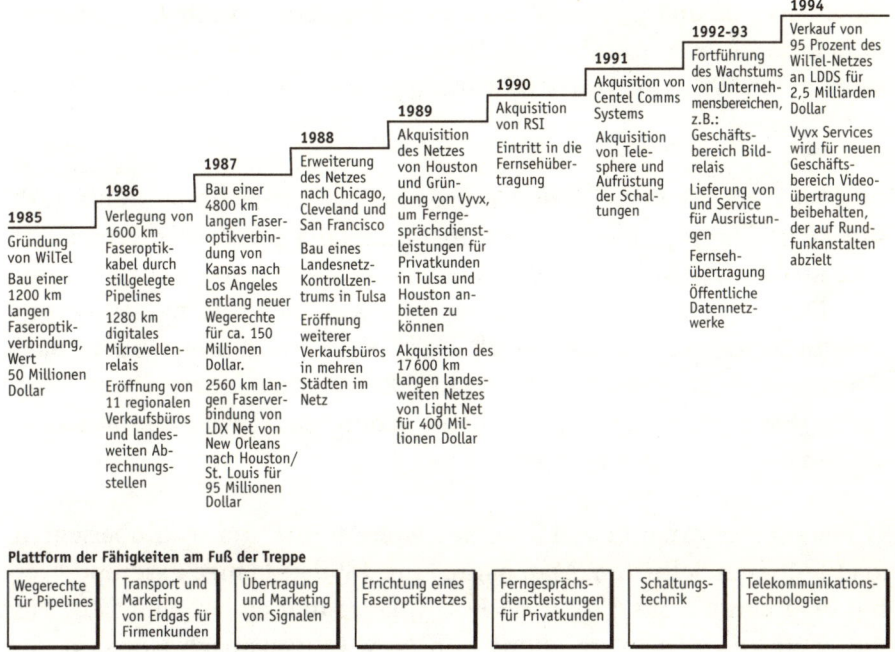

Abbildung 5.1 Die WilTel-Treppe

schwinglich, als die USA in das Informationszeitalter eintraten. Joe Williams entschloß sich, die Telekommunikations-Tochtergesellschaft WilTel zu gründen. Mit Wilkens am Ruder wandte sich das neue Unternehmen den Ferngesprächsdienstleistungen für Firmenkunden zu (Abbildung 5.1).

Williams hatte in der Telekommunikation keine Erfahrung, und die WilTel-Initiative stellte einen großen Schritt weg vom Kerngeschäft der Pipelines dar. Joe Williams glaubte jedoch, mit WilTel habe Williams einen Wachstumsmotor, den man mit dem Pipelinegeschäft verbinden konnte. Er hatte festgestellt, daß die stillgelegten Gaspipelines im mittleren Westen der USA ein möglicher Vorteil gegenüber der Telekommunikationsbranche sein konnten. Die Pipelines boten Wegerechte und eine Schutzhülle, durch die die Faseroptikkabel geführt werden konnten.

Zudem verfügte Williams über besondere Kenntnisse, die bei der Unternehmung Telekommunikation eingesetzt werden konnten: Erfahrungen in der Verhandlung über Wegerechte für Langstreckenpipelines, im

Netzkapazitätsmanagement von Erdgas-Transportbetrieben für Firmenkunden und im Marketing von Rohstoffen für Firmenkunden. So verlagerte sich Williams von der Versorgung mit Erdgas auf die Versorgung
mit Signalen.

Im Mai 1985 stieg WilTel die erste Stufe der Treppe hinauf: Eine 1200
km lange Faseroptikverbindung in Oklahoma für den internen Einsatz im Unternehmen und den Weiterverkauf im Wert von 50 Millionen Dollar. 1986 wurden weitere 1600 km Kabel durch stillgelegte
Pipelines von Kansas City nach Des Moines und von Omaha nach
Chicago verlegt. Börsenanalysten und Branchenfachleute waren skep-
tisch. Was konnte eine Pipelinefirma schon über Telekommunikation
wissen?

Unverzagt unternahm WilTel eine zweite Reihe von wohlüberlegten,
aber größeren Schritten. Man baute eine 4800 km lange Faseroptikverbindung von Kansas City nach Los Angeles und erwarb von LDX Net
die 2560 km lange Verbindung von New Orleans nach Houston und
St. Louis für 95 Millionen Dollar. Nach nur zwei Jahren hatte das
Unternehmen jährliche Einnahmen von 40 Millionen Dollar erzielt, es
beschäftigte über 500 Mitarbeiter und verfügte über ein Vermögen von
300 Millionen Dollar. Die bisherigen Stufen hatten bestätigt, daß eine
Geschäftschance vorhanden war, und es konnten wertvolle Kenntnisse
und Fähigkeiten in der Telekommunikation gesammelt werden. Dies
gab dem oberen Management das Vertrauen, die Erweiterung des
Netzes fortzusetzen.

1988 verlegte WilTel Kabel zur Verbindung von Chicago, Cleveland und
San Francisco, erweiterte die Anzahl der Verkaufsbüros und errichtete
ein Landesnetz-Kontrollzentrum in seiner Heimatstadt Tulsa. Nur drei
Jahre nach seiner Gründung war das Unternehmen profitabel geworden. Es war ihm eindeutig gelungen, den schwierigen Übergang von
einer Horizont-3-Option zu einem Horizont-2-Wachstumsunterneh-
men zu schaffen. 1989 gründete WilTel Vyvx, das Ferngesprächsdienstleistungen an Privatkunden in Tulsa und Houston über die firmeneige-
nen Schaltungseinrichtungen anbot. Zusätzlich zu dieser bescheidenen
Stufe in der Privat-Telekommunikation unternahm WilTel die größte
Stufe jedoch im Firmenkundenbereich durch die Akquisition des
17 600 km langen Netzes von Light Net für 400 Millionen Dollar. Die

Expansion wurde 1990 und 1991 mit der Akquisition von RSI, Centel und Telesphere fortgesetzt.

1991, sechs Jahre nach der Gründung, erzielte WilTel Einnahmen von über 600 Millionen Dollar, einen Gewinn von über 80 Millionen Dollar und beschäftigte 1200 Mitarbeiter. 1993 hatte das stufenweise Wachstum zum Aufbau des viertgrößten digitalen Netzes in den Vereinigten Staaten geführt, das Einnahmen von über einer Milliarde Dollar verzeichnete und 2000 Mitarbeiter beschäftigte. 1994 verkaufte Williams 95 Prozent des WilTel-Netzes für 2,5 Milliarden Dollar an LDDS (heute MCI Worldcom).

Bauweise der Treppe

Versucht ein Unternehmen, eine Treppe für das Wachstum zu errichten, stellen sich einige Fragen. Gibt es eine Formel, nach der man sich beim Bau der Treppe richten kann? Müssen alle Stufen dieselbe Größe haben? Wie erkenne ich, ob ich eine Treppe weiter hinaufsteigen oder aufgeben soll?

Das Urteilsvermögen der Unternehmensleitung kann durch keine Formel ersetzt werden. Dennoch ließ sich bei Analyse von über 100 Wachstumstreppen ein einheitliches Muster erkennen. Nahezu alle erfolgreichen Treppen bestehen aus vier Phasen: Aussäen der ersten Wachstumsoptionen, Testen des Geschäftsmodells, Wiederholen und Erweitern des Geschäftes und Leitung des Geschäftes, um Rentabilität zu erzielen.

Diese Bauweise der Treppe ist eng verknüpft mit den drei Horizonten (Abbildung 5.2). Die erste Phase der Treppe, das Aussäen von Wachstumsoptionen, entspricht im wesentlichen Horizont 3. Die zweite Phase, das Testen der Lebensfähigkeit in der Wirtschaft, stellt den schwierigen Übergang von Horizont 3 zu Horizont 2 dar. Wir sind der Meinung, daß dieser Übergang getrennt betrachtet werden sollte, weil er bestimmte Themen aufwirft, die für Organisationen manchmal Schwierigkeiten darstellen. Die dritte Phase, in der eine rasche Wiederholung und Erweiterung des Geschäftskonzeptes stattfindet, entspricht Horizont 2. Die letzte Phase der Treppe, die Leitung des Geschäfts, um Rentabilität zu erzielen, entspricht der Leitung von Kerngeschäften in Horizont 1.

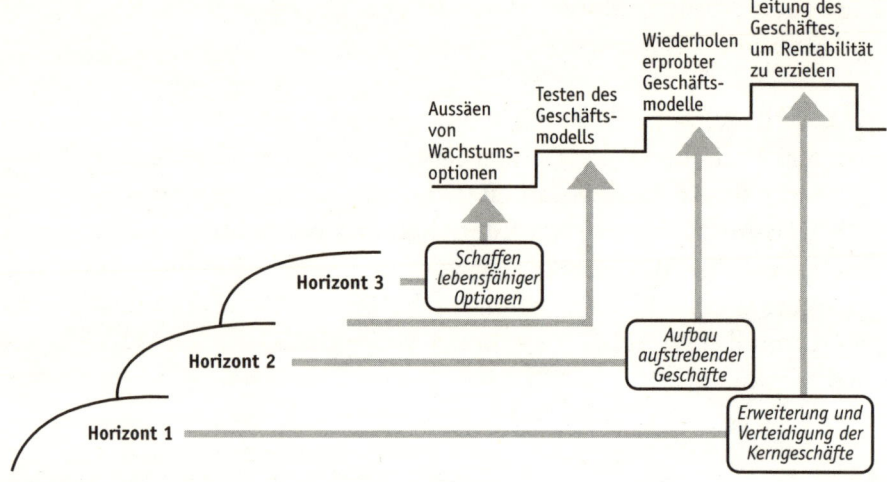

Abbildung 5.2   Treppen und Horizonte

Die Enron Corporation entwickelte sich von einem Erdgas-Transport-
unternehmen mit Sitz in Texas zu einem Marktführer im physischen
und finanziellen Geschäft mit Erdgas und Elektrizität in den Vereinigten Staaten und zu einem unabhängigen weltweiten privaten Energieerzeugungsunternehmen. Schauen wir uns die vier Phasen genauer an.
Dazu verfolgen wir die Entwicklung der Treppe für den letztgenannten
Geschäftsbereich (Abbildung 5.3).

1. Aussäen der ersten Wachstumsoptionen

Um eine Treppe hinaufzusteigen, müssen sich Unternehmen zuerst
Wachstumsoptionen sichern. Es reicht nicht, nur eine Idee für ein Geschäft zu haben. Eine Idee wird erst dann zu einer Option, wenn eine
Stufe erklommen wurde, um eine Position für ein entstehendes Geschäft zu festigen. Hierbei kann es sich um ein Forschungs- und Ent-
wicklungsprojekt, ein Pilotprogramm, einen Testmarkt, eine kleine
Akquisition, eine Minderheitsbeteiligung an einem Jungunternehmen
oder ein potentielles Ziel für eine Akquisition, eine Vertretung in
einem neuen Land oder Verkaufspersonal für den Export handeln.

Falls ein Wort in der Lage ist, diese erste Phase zusammenzufassen, dann
ist dies »Suche«.[2] Eine Treppe beginnt im Unbekannten. Sie stellt einen
Versuch dar, Licht auf ein dunkles Gebiet zu werfen. Dies erfordert Kreativität, Geduld und Beharrlichkeit auch angesichts mehrerer Fehlstarts.

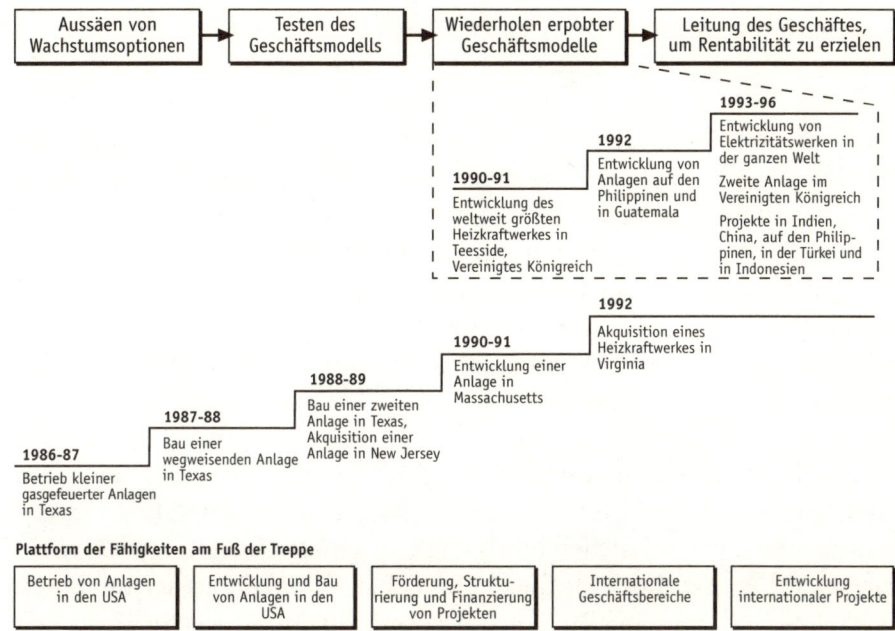

Abbildung 5.3 Enrons Treppe in der Energieerzeugung

Dies ist eine passende Beschreibung der Entwicklung von Enron. 1986 wurde aus der Grundlage von Erdgasförderung und -transport eine Horizont-3-Option geschaffen. Der erste Schritt war sehr bescheiden: Man erwarb das Recht, ein vorhandenes gasgefeuertes Elektrizitätswerk in Texas zu betreiben. Mit dieser frühen Stufe gewann man Kenntnisse und Fähigkeiten in der privaten Energieerzeugung. Dies stellte eine aussichtsreiche Chance dar, die sich dank der Deregulierung der Gas- und Elektrizitätsmärkte in den Vereinigten Staaten ergeben hatte. Enron wußte, daß die Ungewißheit des Marktes ein Vorteil für kleine Betreiber sein konnte, wenn sie den ersten Zug machten. Die erste Stufe bestätigte nicht nur die Bedeutung der Chance, sondern vermittelte auch Einblicke in ein möglicherweise erfolgreiches Geschäftsmodell.

2. Testen des Geschäftsmodells
Unternehmen fördern ihre Treppe, bis sie die zweite Phase erreicht, indem sie ihre Geschäftsmodelle testen. Ziel ist dabei, eine marktorientierte Vorstellung dessen zu entwickeln, was realisierbar sein könnte; zu ermitteln, welche Fähigkeiten unerläßlich sind, um zu verstehen,

wie Optionen weiterentwickelt werden können, und den Umfang des wahrscheinlichen Geschäftspotentials zu beurteilen.

Diese zweite Phase läßt sich am besten mit dem Wort »Richtung« zusammenfassen. Während die erste Phase in eine klarere Vorstellung dessen mündet, wohin eine Treppe wahrscheinlich führt, klärt die zweite Phase, wie dies erreicht werden kann. Wenn man das Wesen der Geschäftschance versteht, ist man in der Lage zu erkennen, wie man sie am besten ergreift. Die zweite Phase beinhaltet auch die Entscheidung, wie das Geschäft im Markt eingeführt und sein Potential überprüft werden kann.

In der Regel dauert es mindestens zwei bis vier Jahre, bis sich ein Geschäft von Phase 1 bis zur Phase 3 weiterentwickelt hat, in der es anfangen kann, wirtschaftlich erfolgreich zu sein. Auf den folgenden Stufen testete Enron die wirtschaftliche Lebensfähigkeit seiner unabhängigen Energieerzeugung. 1987 baute es eine größere Anlage in Texas, auf die drei weitere Energieerzeugungsanlagen in Texas, New Jersey und Massachusetts folgten. Als dies abgeschlossen war, hatte man sein Geschäftsmodell überprüft und verfeinert. Enron war nun bereit, die Expansion zu beschleunigen.

3. Wiederholen des Geschäftsmodells

Erweist sich ein Geschäftsmodell als wirtschaftlich lebensfähig, kann die Treppe wiederholt und zu einer Phase, die Horizont 2 entspricht, erweitert werden. In dieser dritten Phase der Entwicklung einer Treppe beschleunigt sich das Wachstum. Hohe Investitionen werden benötigt, und das Unternehmen beginnt, größere Einnahmen zu erzielen. Zu diesem Zeitpunkt stellt die Börse in der Regel fest, daß das Unternehmen mehr als lediglich Optionswert besitzt.

Diese Phase läßt sich mit dem Wort »Position« zusammenfassen. Phase 3 umfaßt im wesentlichen die Sicherung von Positionsvorteilen auf dem Markt. Das Sammeln und die Steuerung unerläßlicher Fähigkeiten ist ebenso wie das richtige Timing von größter Bedeutung. Bisher nur dem Unternehmen vorbehaltene Einblicke werden für andere deutlicher sichtbar, und so profitieren diejenigen von den Vorteilen, die sich vor der Konkurrenz eine starke Marktposition sichern können.[3]

Aus diesem Grund besteht Phase 3 in der Regel aus großen Schritten: hohen Investitionen und umfangreichen Akquisitionen.

Fünf Jahre nach dem Eintritt ins unabhängige Energieerzeugungsgeschäft stand Enron an der Spitze einer deregulierten Elektrizitätsbranche. 1991 wiederholte man die erste wichtige Stufe und erweiterte das Geschäftskonzept auf die Entwicklung der weltweit größten Heizkraft-Gasturbinenanlage in Teesside im Vereinigten Königreich. Dieses Projekt festigte Enrons internationalen Ruf als Entwickler unabhängiger Energieprojekte. Mit seinem Team erfahrener Fachleute wiederholte Enron das Konzept auf globaler Ebene, indem man Projekte in Indonesien, Deutschland, China, Guatemala, den Philippinen, der Türkei und Indien entwickelte.

4. Leitung des Geschäftes, um Rentabilität zu erzielen

In der Natur wächst kein Baum in den Himmel. In der Wirtschaft erreichen auch die sich am schnellsten entwickelnden Unternehmen Reife. In Phase 4 verlagert sich der Schwerpunkt von Einführung und Erweiterung des Geschäftsmodells auf die Leitung des Geschäftes, um Rentabilität zu erzielen, was dem Management der Kerngeschäfte in Horizont 1 entspricht. Unternehmen mit Geschäften in dieser Phase konzentrieren sich darauf, Nutzen aus allmählicher Erweiterung, Kostenreduktion und Erneuerung zu ziehen.

Diese Phase läßt sich mit dem Wort »Ausführung« zusammenfassen.[4] Schlüssel zum Erfolg im letzten Teil der Treppe sind die herausragenden betrieblichen Leistungen des Unternehmens: Eine zielbewußte Konzentration darauf, bessere Leistungen als alle anderen zu erbringen.

1998 war Enrons unabhängiges Energiegeschäft in die vierte Phase der Treppe eingetreten. Um seine Vision, das weltweit führende Energieunternehmen zu werden, zu erreichen, wird sich das Unternehmen als Meister darin erweisen müssen, durch Leitung des Geschäftes Rentabilität zu erzielen und weiterhin Trends der Branche vorherzusehen. In einer Zeit, in der Regierungen Lieferanten immer gewitzter gegeneinander auszuspielen wissen, Konkurrenten immer cleverer werden und die Gewinnspannen fallen, wird dies keine leichte Aufgabe sein. Um Rentabilität erreichen zu können, arbeiten die Spieler in der Branche daran, Treibstoffversorgung, Verkauf von Elektrizität und Bauverträge neu zu strukturieren; sie arbeiten hart an technischen Durchbrüchen bei der Konstruktion von Anlagen; und sie führen betriebliche Verbesserungen bei Erzeugung und Transport durch.

Der Wert der Treppen

Selbst wenn bei jeder Stufe neue Fähigkeiten gewonnen werden, ist es kompliziert, eine Idee von einer Horizont-3-Option zu einem aufstrebenden Horizont-2-Geschäft und danach zu einem Horizont-1-Kerngeschäft umzuwandeln. Viele kleine Schritte anstatt einige große Sprünge zu machen bringt einen Vorteil mit sich: Unternehmen können leichter mit den Risiken umgehen, die an zwei Fronten entstehen. Zunächst machen es Unsicherheiten des Marktes unmöglich, den Erfolg eines Geschäftes vorherzusagen: Für jede großartige Idee, die überlebt, gibt es viele, die scheitern. Zweitens erfordern neue Geschäfte Fähigkeiten, die ein Unternehmen noch nicht besitzt. Ohne sie können die vielversprechenden Aussichten des neuen Geschäfts jedoch nicht realisiert werden.

Unsicherheit des Marktes

Äußere Kräfte verändern die strategische Landschaft, in der eine Treppe errichtet wird, immerfort, und attraktive Wachstumsaussichten können so rasch wieder verschwinden, wie sie aufgetaucht sind. Häufig fragen Unternehmen: »Warum können wir unsere ideale vollständige Treppe heute noch nicht beschreiben?« Grund dafür ist, daß anhand von detaillierten Fünfjahresbudgets erarbeitete Strategien selbst für erfahrene Spieler selten genau sind. Dies macht es unmöglich, eine Treppe mehr als einige Stufen im voraus zu planen oder genau zu wissen, wohin sie führen wird.

Wenn große Aktiengesellschaften nicht berücksichtigen, daß sich Marktunsicherheiten nicht vermeiden lassen, engagieren sie sich in einem neuen Geschäft manchmal zu stark, indem sie frühzeitig hoch darin investieren. Die Treppenmethode hilft ihnen, flexibel zu bleiben. Erfolgreiche Treppen konzentrieren sich auf unmittelbare Stufen. Es gibt eine Gesamtrichtung oder ein Gesamtziel, die einzelnen Stufen jedoch sind klein. Mit jeder Stufe gewinnt das Unternehmen mehr

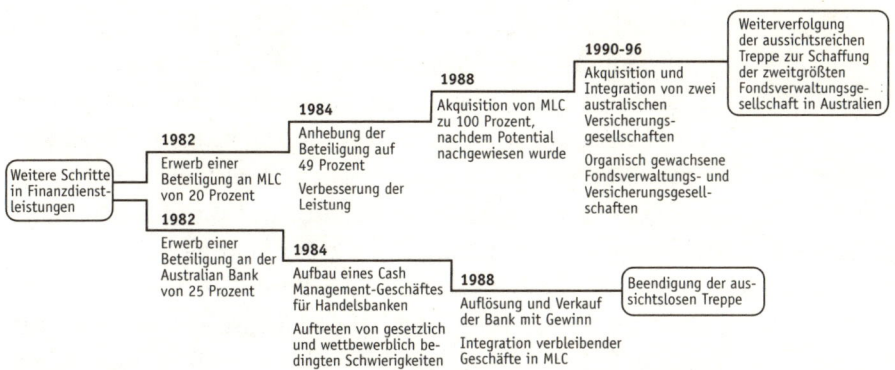

Abbildung 5.4   Lend Leases erfolgreiche und erfolglose Treppen

Kenntnisse und erkennt neue Möglichkeiten. Sein Gesichtskreis erweitert sich, und die möglichen nächsten Schritte werden deutlicher. Aktionen wie »Setz' auf das Unternehmen«, die eine Aktiengesellschaft an ein neues Geschäft binden, gehören der Vergangenheit an. (Zugegeben, in einigen kapitalintensiven Branchen mit großen, jedoch nur wenig effizienten Anlagen, in Netzgeschäften oder dort, wo die Wettbewerbsdynamik einen Präventivschlag erfordert, kann es notwendig sein, große Investitionen mit großen frühen Schritten zu tätigen.)[5]

Die Treppenmethode verringert bei einem Mißlingen die Schäden. Nicht alle neuen Geschäfte gedeihen. Kleine Schritte gewährleisten Flexibilität, vermeiden übermäßige frühe Verpflichtungen und ermöglichen es, Treppen mit unzureichender Leistung abzubrechen. Schauen wir uns die Lend Lease Corporation an, ein australisches Wachstumsunternehmen, das mit Bauwesen und Grundstückserschließung begann. Lend Lease hat seine Auslegung von Immobilien über die Jahre immer mehr erweitert (Abbildung 5.4).

Anfang der 80er Jahre hatte Lend Lease durch seinen 100prozentigen Immobilienfonds, der eine Reihe von Erschließungsprojekten des Unternehmens finanzierte und besaß, Kenntnisse in der Fondsverwaltung erworben. 1982 erkannte man eine Chance in der deregulierten australischen Finanzdienstleistungsbranche. Man schuf zwei Horizont-3-Optionen bei Finanzdienstleistungen, indem man kleinere Beteiligungen an der neu gegründeten Australian Bank, der seit 50 Jahren ersten neuen Privatkundenbank des Landes, und an MLC, einer etablierten Versicherungsgesellschaft, erwarb.

Die Treppe der Privatkundenbank entwickelte sich nicht wie geplant. Lend Lease schloß sich als einer von mehreren Partnern mit der Australian Bank zusammen und übernahm vorsichtige 25 Prozent des Eigenkapitals. Der Erfolg der neuen Unternehmung hing von Veränderungen ab, die man im strengen australischen Bankrecht erwartete. Diese Veränderungen traten jedoch nicht ein, und die geschäftliche Umgebung blieb dem jungen Unternehmen gegenüber weiterhin feindlich eingestellt. Obwohl die Bank innovative Produkte einführte, war ihre Leistung enttäuschend. 1988 brach Lend Lease die Treppe mit geringem Verlust ab, löste die Bank auf und konsolidierte sein Cash Management- und Hypothekendarlehen-Portfolio in MLC.

Lend Leases erste Stufen in Versicherungswesen und Fondsverwaltung waren ebenfalls eher klein. Man hatte mit MLC bereits bei der Grundstückserschließung zusammengearbeitet, bevor man eine Beteiligung von 20 Prozent an der Firma erwarb. Zwei Jahre später erhöhte man die Beteiligung auf 49 Prozent, weil man von MLCs Potential überzeugt war. In den folgenden vier Jahren verringerte Lend Lease die Zahl der Beschäftigten bei MLC um 30 Prozent und verdoppelte die Gewinne. 1988 wurde MLC vollständig akquiriert.

Unter der neuen Eigentümerschaft führte MLC eine Reihe von Investmentprodukten ein, entwickelte seine Verkaufskanäle weiter und tätigte zwei Akquisitionen im Versicherungsbereich, Capita und Australian Eagle. Gegen Ende 1997 war MLC zum zweitgrößten Fondsverwalter für Privatkunden in Australien geworden und erzielte über die Hälfte der Gewinne von Lend Lease. Anfang 1998 versuchte Lend Lease, die Treppe durch die Fusion von MLC mit National Mutual, der australischen Tochtergesellschaft der französischen Versicherungsgesellschaft Axa, weiterzuführen. Der Abschluß wurde jedoch nicht verwirklicht.

Lend Lease behielt seine Flexibilität, indem möglichst viele kleine Stufen genommen wurden, bevor man große Verpflichtungen einging. Irgendwann läßt sich jedoch eine Verpflichtung nicht mehr vermeiden. Selbst in Branchen, in denen starke Wettbewerbspositionen durch schrittweise Investitionen aufgebaut werden können, kommt ein Zeitpunkt, an dem die Flexibilität geopfert und Investitionen gesteigert werden müssen.[6] Die Stärke der Treppenmethode liegt darin, daß die frühen kleinen Stufen die Kenntnisse und Fähigkeiten eines

Unternehmens vermehren. Entscheidet das Unternehmen, daß größere Stufen genommen werden müssen, um dem Geschäft Impulse zu verleihen, kann es die Verpflichtung wesentlich besser informiert eingehen. Die ersten Schritte von Lend Lease boten den Managern die nötigen Mittel, um vernünftige Entscheidungen darüber treffen zu können, ob die Treppen weitergeführt oder abgebrochen werden sollten.

Viele große Wachstumsunternehmen haben auf diese Art und Weise neue Geschäfte aufgebaut und von der Tatsache profitiert, daß sich bei jeder neuen Stufe weitere Chancen eröffneten. Manager waren in der Lage, rasch genug zu handeln, um diese Chancen zu nutzen, bevor Konkurrenten auftauchten oder sich die wirtschaftlichen Bedingungen änderten. Treppen können Manager somit dazu anregen, sich wie Unternehmer und nicht wie Bürokraten zu verhalten, und so zögerliche Überlegungen und Unbeweglichkeit durch Analyse vermeiden.[7]

Unzureichende Fähigkeiten

Die Beispiele von WilTel und Enron sind ermutigend. Eine konventionelle Denkweise hätte die Verlagerung von Gaspipelines auf Telekommunikation und Energieerzeugung als zu riskant abgestempelt. Dies war jedoch nicht der Fall. Beide Treppen umfaßten viele Stufen, aber keinen gefährlichen Sprung. Was noch wichtiger war, Williams und Enron erwarben mit jeder Stufe, die sie erklommen haben, neue Fähigkeiten – Fähigkeiten, die als Grundlage fungierten, von der aus nachfolgende Schritte unternommen werden konnten.

Fähigkeiten zu erwerben ist das Kernstück der Treppenmethode. Definiert man sie breiter, so daß sie sämtliche Ressourcen umfassen, über die ein Unternehmen verfügt, sind sie mehr als nur Kernkompetenzen. Dazu gehören auch privilegierte Aktiva und besondere Beziehungen, die wir in Kapitel 6 erörtern. Als WilTel begann, die Treppe hinaufzusteigen, hatte das Unternehmen den Vorteil eines ruhenden Aktivpostens: Seine stillgelegten Erdgasleitungen. Seine erste Stufe brachte ihm neue Erfahrungen und Kenntnisse der ökonomischen Aspekte und Funktionsweisen der Telekommunikationsnetze im Firmenkundenbereich. Mit jeder weiteren Stufe gewann das Unternehmen an zusätzlichen Fähigkeiten, die es in die Lage versetzten, weitere Stufen in Angriff zu nehmen.

Unternehmen besitzen selten sämtliche Fähigkeiten, die für den Erfolg in neuen Geschäften erforderlich sind. Je neuer die Geschäfte, desto größer ist die Lücke zwischen vorhandenen Fähigkeiten und den für die neue Unternehmung erforderlichen Fähigkeiten.[8] Das Treppenverfahren geht dieses Problem an, indem große Sprünge in kleine, leichter zu bewältigende Schritte aufgeschlüsselt werden, die genügend Zeit lassen, die erforderlichen Kenntnisse aufzubauen. Ein Beispiel hierfür ist der Versuch von Johnson & Johnson, die weltweite Führungsposition bei Einmalkontaktlinsen zu erringen.

1980, bevor Johnson & Johnson in das Geschäft der Optikprodukte für Verbraucher eintrat, wählten Führungskräfte, die an einer strategischen Prüfung arbeiteten, Kontaktlinsen als ein aussichtsreiches Projekt. Grund hierfür waren die Wachstumsaussichten, das Fehlen von etablierten Spielern und die mögliche Übereinstimmung mit der Vertriebsstärke des Unternehmens und sein Ruf bei den Verbrauchern. Um die Idee in eine Horizont-3-Option umzuwandeln, unternahm Johnson & Johnson einen ersten prüfenden Schritt. 1981 wurde Frontier Contact Lenses akquiriert, ein relativ kleines Unternehmen (50 Millionen Dollar) mit einem Marktanteil im Geschäft der harten Kontaktlinsen von weniger als 5 Prozent. Frontier stellte seine Kontaktlinsen nach einem herkömmlichen zweistufigen Guß- und Schleifverfahren her. Diese kleine Akquisition bot Johnson & Johnson einen Ausgangspunkt, von dem aus man das Kontaktlinsengeschäft erlernen konnte (Abbildung 5.5).

Kurz nach dem Erwerb traf ein Manager aus einem anderen Geschäft von Johnson & Johnson einen dänischen Wissenschaftler, der ein Verfahren zum Gießen von weichen Kontaktlinsen entwickelt hatte. Er erkannte, daß dies die Branche revolutionieren könnte, und rief den Präsident von Vistakon an, dem Kontaktlinsengeschäft von Johnson & Johnson, der schon am nächsten Tag nach Dänemark flog. Das Unternehmen sicherte sich sofort die Rechte auf ein neues Polymer, das sich theoretisch in die Spezifikationen einer Kontaktlinse einarbeiten und mit ultraviolettem Licht härten ließ. Da es in einem neuen einstufigen Verfahren hergestellt wurde, konnten die Produktionskosten stark gesenkt werden. Vistakon erkannte, daß erschwingliche Einmallinsen an die Verbraucher verkauft werden konnten, die der Pflege der harten Linsen überdrüssig waren.

Johnson & Johnson mußte noch ausarbeiten, wie die Grenzen der Spritzgußtechnologie bei der Herstellung von Einmallinsen überwunden werden konnten. Vistakon bat NYPRO, eines der wenigen Unternehmen, die in der Lage waren, Spritzgußlinsen nach den Spezifikationen für den Einsatz beim Menschen herzustellen, um Unterstützung.

Drei Jahre nach seinem ersten Schritt hatte Johnson & Johnson genug über die Branche gelernt und kannte nun das Potential seiner Treppe. Zudem hatte man eine besondere Technologie und Kenntnisse der Herstellung erworben, was die Unternehmung den Angriffen der Konkurrenz gegenüber weniger verletzbar machte. Die Stufen waren bis dahin relativ klein, in den nächsten Jahren wurden jedoch ca. 250 Millionen Dollar investiert, um die Surevue-Kontaktlinsen auf den Markt zu bringen, weitere 200 Millionen Dollar wurden für die Entwicklung und Einführung der One Day Acuvue-Einmallinsen investiert. Mitte der 90er Jahre hatte man ein äußerst profitables Geschäft aufgebaut.

Jede Stufe in einer Treppe, ganz gleich, ob Allianz, Akquisition oder neues Marketingprogramm, kann als Initiative zum Aufbau eines Ge-

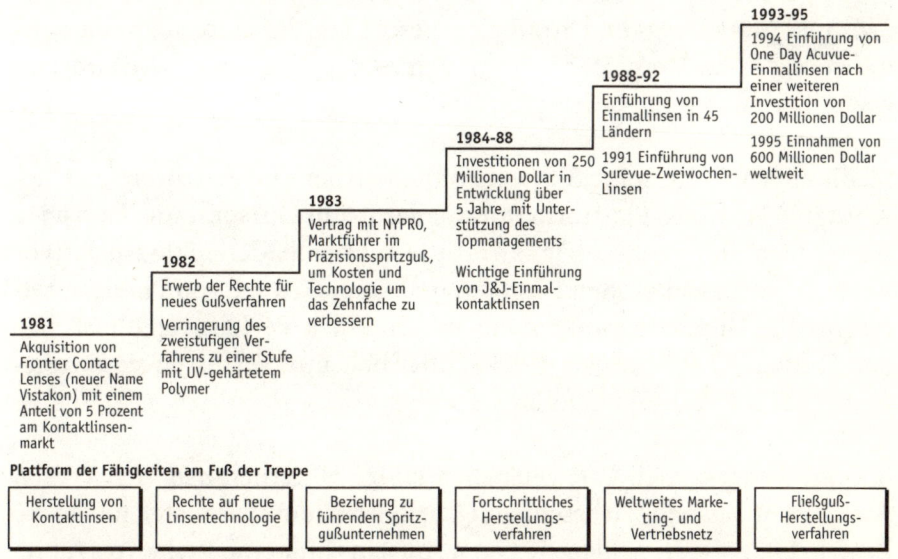

Abbildung 5.5 Johnson & Johnsons Treppe im Kontaktlinsengeschäft

schäftes angesehen werden – eine Investition, die die Fähigkeiten erweitert. Jede Stufe beinhaltet eine Entscheidung, diese Fähigkeit aufzubauen, zu leihen oder zu kaufen. Unternehmen können Fähigkeiten intern durch die Schulung von Mitarbeitern aufbauen. Sie können sie von anderen Unternehmen leihen, indem sie Allianzen, Partnerschaften oder Lizenzverträge eingehen. Sie können sie auch kaufen, indem sie neue Mitarbeiter einstellen, Technologien beschaffen oder ganze Unternehmen akquirieren.

Einige Unternehmen versuchen, die schwere Aufgabe zu vermeiden, eine Treppe zu bauen. Andere machen den Fehler zu versuchen, jede Fähigkeit selbst aufzubauen. Es kann verlockend sein, alles im eigenen Unternehmen selbst zu machen, Fähigkeiten von Grund auf aufzubauen ist jedoch weit zeitaufwendiger, als vorhandene Fähigkeiten zu kaufen oder zu leihen. Es kann sogar teurer sein.

Schauen wir uns die Probleme an, die bei AT&Ts Unternehmung Medis auftraten, die 1984 eingeführt wurde. Ihr Ziel war die Automatisierung von Patientenaufzeichnungen, so daß Ärzte und Klinikpersonal die Informationen in Echtzeit am Bett des Patienten oder im Zimmer des Arztes gleichzeitig verfolgen konnten. AT&T versuchte, Medis aufzubauen, indem alle erforderlichen Fähigkeiten in der Aktiengesellschaft selbst gesammelt wurden. Es wurden technische Fachleute von Bell Labs und Marketing- und Strategieexperten aus der Unternehmenszentrale eingesetzt. Dem Medis-Team war es sogar untersagt, Mitarbeiter von außerhalb einzustellen.

Medis entwickelte seine Software ohne Partner und errichtete eine geschützte Hardware-Plattform mit nur geringem Outsourcing. Es erwies sich jedoch als zu ehrgeizig, alles intern aufzubauen. Trotz positiver Versuche mit zwei großen Kliniken und einer Gruppe von Praxisärzten machte die Unternehmung in einem Jahr einen Verlust von elf Millionen Dollar. AT&T gab sie 1988 schließlich mit Verlusten von insgesamt über 60 Millionen Dollar auf.

Im entgegengesetzten Fall versuchen einige Unternehmen, den Prozeß des Geschäftsaufbaus zu beschleunigen, indem sie eine vorhandene Treppe kaufen. In der Regel zahlen sie einen Aufschlag für eine Reihe von Fähigkeiten, die sich ein anderes Unternehmen bereits erworben hat. Dabei erkennen sie nicht, daß es in der Regel der Erbauer der Treppe ist, der vom Großteil der geschaffenen Werte profitiert. Wenn andererseits Unternehmen mit nachhaltigem Wachstum reife Unternehmen erwerben, dient dies allgemein dazu, eine Stufe in einer größeren Treppe zu bauen, indem eine fehlende Fähigkeit ergänzt wird. Sie versuchen weder, sich vor der Arbeit des Treppenbaus zu drücken, noch machen sie die Aufgabe schwerer als sie sein muß. Sie nutzen jede verfügbare Methode, Fähigkeiten zu erwerben – allerdings in einer ausgeglichenen Zusammenstellung. Dazu bauen sie einige Stufen selbst, leihen Stufen, soweit dies möglich ist, und kaufen wieder andere.

Die Treppenmethode verdeutlicht, wie Unternehmer trotz harter Konkurrenz in der Realität erfolgreich sein können. Die Gegebenheiten der Branchen verändern sich so rasch, daß es unklug ist, Geschäfte um unklare oder statische Aussichten auf die Zukunft aufzubauen. Der Bau einer Treppe berücksichtigt, daß Wachstumsstrategie keine deterministische Aufgabe ist. Das Beste, was ein Unternehmen unter sich verändernden Umständen machen kann, ist, starke Fähigkeiten aufzubauen und strategische Optionen zu sichern, und sich dabei eine möglichst große Flexibilität zu erhalten.

Betrachten wir nochmals Williams und Enron. Als Anbieter in der Erdgasbranche sahen sie sich 1984 denselben Wachstumchancen gegenüber. Da eine Wachstumsstrategie jedoch Fähigkeiten und Chancen gleichermaßen umfaßt, bauten beide sehr unterschiedliche Treppen.

Für Williams war die Chance groß, die sich aufgrund der gesetzlichen und technologischen Veränderungen im Ferngespräch-Telekommunikationsgeschäft für Firmenkunden bot. Seine Fähigkeit bestand in den stillgelegten Pipelines, in den vorhandenen Wegerechten und in der Erfahrung mit der Versorgung von Firmenkunden. Enron andererseits baute ein großes Geschäft in der unabhängigen privaten Energieerzeugung auf, nachdem die Chance erkannt wurde, die die Reform des Elektrizitätsmarktes bot. Durch die Förderung seiner Fähigkeit hinsichtlich langfristiger Gasversicherungsverträge mit Elektrizitätswerken entwickelte es rasch ausgefeiltere Kenntnisse im Abschluß von Geschäften und lernte, komplexe private Energieunternehmen zusammenzubringen.

Im folgenden Kapitel schauen wir uns an, wie ein Unternehmen beginnt, Fähigkeiten zu sammeln und wie es den Erfolg oder den Mißerfolg einer Treppe bestimmen kann. In Kapitel 7 beschreiben wir die Technik, eine Treppe in einem Markt hinaufzusteigen.

ANMERKUNGEN

1 Die Treppenstruktur wurde 1992 entwickelt und danach mit Dutzenden von Kunden angewendet. Die erste öffentliche Diskussion darüber erschien in M. A. Baghai, S. C. Coley und D. White, »Staircases to growth«, *The McKinsey Quarterly*, 1996, Nr. 4, S. 38–61. Das Bild der Treppe wird zudem unabhängig von C. Baden-Fuller und J. Stopford in *Rejuvenating the Mature Business: The competitive challenge* (London 1996²), S. 71, verwendet. Sie erklären, daß »das visuelle Bild einer Treppe die Bedeutung der Schaffung mehrerer Vorteile verstärkt«. In »Strategic staircases«, *Long Range Planning*, 1991, Band 24, Nr. 4, S. 36–43, beschreiben P. Williamson und M. Hay den Wert, die strategische Agenda zum Aufbau von Fähigkeiten in »mundgerechte Stücke« aufzuschlüsseln, die die »Lücke zwischen Strategie und Aktion« und zwischen der Vision des oberen Managements und Leitern auf mittlerer Ebene schließen. Unsere frühen Überlegungen wurden von D. Teece und G. Pisaro, »The dynamic capabilities of firms: An introduction«, *Industrial and Corporate Change*, 1994, Band 3, Nr. 3, S. 537–556, und ihrer früheren Arbeit mit A. Shuler, »Dynamic capabilities and strategic management«, CCC Working Paper Nr. 94–9, University of California, Berkeley, August 1994, beeinflußt.

2 Viele Bücher und Artikel behandeln die Entwicklung strategischer Optionen unter Bedingungen der Unsicherheit; siehe z. B. K. M. Eisenhardt und S. L. Brown, Competing on the Edge: *Strategy as structured chaos* (Boston, Mass., 1998), und G. Hamel und C. K. Prahalad, *Competing for the Future: Breakthrough strategies for seizing control of your industry and creating the markets of tomorrow* (Boston, Mass., 1994), Kapitel 4, »Competing for industry foresight«.

3 Unternehmen, die den ersten Zug machen und sich frühe Vorteile sichern, können manchmal einen hochentwickelten Kreislauf schaffen, der es ihnen ermöglicht, unverhältnismäßig hohe Erträge anzuhäufen. Dies trifft insbesondere auf Branchenumfelder zu, die durch steigende Erträge gekennzeichnet sind. Siehe W. B. Arthur, »Competing technologies, increasing returns, and lock in by historical events«, *The Economic Journal*, März 1989, Nr. 99, S. 116–131, und Z. Achi, A. Doman, O. Sibony, J. Sinha und S. Witt, »The paradox of fast-growth tigers«, *The McKinsey Quarterly*, 1995, Nr. 3, S. 4–17.

4 Für eine praktische Diskussion der Merkmale von Unternehmen mit einer starken Disziplin bezüglich Ausführung und Leistung siehe G. G. Marmol und R. M. Murray Jr., »Leading from the front«, *The McKinsey Quarterly*, 1995, Nr. 3, S. 18–31.

5 In »How entrepreneurs craft strategies that work«, *Harvard Business Review*, März–April 1994, S. 150–161, bemerkt A. Bhide, daß sich der Gründer von Federal Express, Fred Smith, der Notwendigkeit gegenübergestellt sah, bereits früh auf der Treppe des Unternehmens große Einsätze zu wagen: »Seine Kreati-

vität bestand darin zu erkennen, daß Kunden einen beträchtlichen Aufschlag für eine zuverlässige Zustellung über Nacht zahlen würden, und einen Weg zu finden, um ihnen diesen Service bieten zu können. Smith schloß den Einsatz vorhandener kommerzieller Flüge aus, deren Flugpläne auf den Personenverkehr abgestimmt waren. Statt dessen hatte er die kühne Idee, eine eigene Flotte von Flugzeugen zu erwerben und sämtliche Sendungen über einen zentralen Knotenpunkt zu versenden, der sich in Memphis befand ... Die Flugzeuge, der Knotenpunkt, Geschäftsbereiche in 25 Bundesstaaten und mehrere hundert geschulte Mitarbeiter mußten vorhanden sein, bevor das Unternehmen überhaupt eröffnen konnte.«

6 Für eine gründliche Erläuterung des Wesens von strategischen Entscheidungen und des relativen Werts von Flexibilität und Verpflichtung siehe P. Ghemawat, *Commitment: The dynamics of strategy* (New York 1991), insbesondere Kapitel 3, »Choice: Making commitments«, S. 33–51.

7 In Interviews mit den Gründern von 100 Unternehmen auf der »Inc. 500«-Liste 1989 der am schnellsten wachsenden Unternehmen in den Vereinigten Staaten stellte A. Bhide fest, daß »erfolgreiche Unternehmer wenig Zeit für ihren ursprünglichen Geschäftsplan aufwendeten – 41 Prozent hatten gar keinen Geschäftsplan, und 26 Prozent hatten lediglich einen ganz einfachen, rasch dahingeworfenen Plan.« In »How entrepreneurs craft strategies that work«, *Harvard Business Review*, März–April 1994, S. 150–161.

8 G. Hamel und C. K. Prahalad haben umfassend über die Notwendigkeit geschrieben, Fähigkeiten aufzubauen, um die Lücke zwischen wirklichen Ressourcen und den Ressourcen zu schließen, die erforderlich sind, um die strategischen Ziele eines Unternehmens zu erreichen. Siehe »Strategy as stretch and leverage«, *Harvard Business Review*, März–April 1993, S. 75–84, und *Competing for the future: Breakthrough strategies for seizing control of your industry and creating the markets of tomorrow* (Boston, Mass., 1994), Kapitel 7, »Strategy as leverage«.

6 Aufbau unverwechselbarer Fähigkeiten

Wie rechtfertigte Gillette, ein Hersteller von Rasierklingen, die Ausgabe von sieben Milliarden Dollar für den Kauf des Batterieherstellers Duracell? Wie hat der Konsumgütergigant Sara Lee es geschafft, solche hohen Wachstumsraten aufrechtzuerhalten? Und wieso war Unternehmer Li Ka-shing in der Lage, in China Geschäfte abzuschließen, von denen andere nur träumen?

Die Antwort sind Fähigkeiten; nämlich die Kenntnisse, Aktiva und Beziehungen, die Unternehmen ansammeln, um wettbewerbsfähige Geschäfte aufzubauen. Unsere Untersuchung bestätigt, daß Unternehmen mit nachhaltigem Wachstum umfassend über Fähigkeiten nachdenken. Instinktiv verlassen sich einige auf betriebliche Kenntnisse, entsprechend der herkömmlichen Definition von Fähigkeit. Eine überraschend hohe Zahl von Unternehmen aus unserer Sammlung von Fallbeispielen strebte Wachstum jedoch durch den Einsatz von weniger offensichtlichen Fähigkeiten an. Wir werden uns anschauen, wie Gillette einen privilegierten Aktivposten einsetzte, um durch seinen Kauf von Duracell einen großen Wert zu schaffen, wie Sara Lee ausgezeichnete Kenntnisse im Bereich Fusionen und Akquisitionen aufbaute, um mit einer enormen Geschwindigkeit kontinuierlich zu wachsen; und wie Li Ka-shing besondere Beziehungen nutzte, um ein sich immer weiter ausbreitendes Geschäftsimperium in Asien zu schaffen.

Die Treppenmethode läßt darauf schließen, daß es möglich ist, ein neues Geschäft mit Hilfe der Stärke einiger unverwechselbarer Fähigkeiten zu schaffen. Werden jedoch fehlende Fähigkeiten gesammelt, wenn eine Treppe Form annimmt, könnte jedes Unternehmen mit einer bestimmten Fähigkeit eine vorhandene Chance verfolgen. Dann stellt sich die Frage: Wem kommt schließlich der Wert der Chance zugute? Wem wird die Treppe gehören?

Was am Ende zählt, ist die Reihe der Fähigkeiten, die jeder Konkurrent für das erfolgreiche Ergreifen der Chance einbringt. Der Konkurrent mit dem stärksten Bündel von unverwechselbaren Fähigkeiten hat die beste Chance, als Gewinner hervorzugehen. Langfristiger Erfolg wird nur durch ein schwer zu imitierendes Bündel wesentlicher Fähigkeiten garantiert, das man ansammelt, wenn man die Treppe heraufsteigt.

Fähigkeiten statt Kompetenzen

Wenn Geschäftsleute von organisatorischen Fähigkeiten sprechen, meinen sie in der Regel die Kenntnisse, die durch die Mitarbeiter, die Prozesse und das althergebrachte Wissen eines Unternehmens vorhanden sind. Diese sind für das Überleben von so grundlegender Bedeutung, daß sie häufig als Kernkompetenzen bezeichnet werden.[1] In jedem Wettbewerbsumfeld muß ein Unternehmen das, was es tut, gut machen und über Kenntnisse verfügen, die es aus anderen hervorheben. Unverwechselbare Fähigkeiten ermöglichen es Wachstumsunternehmen nicht nur, mehr Gewinne mit vorhandenen Geschäften zu erzielen, sondern auch, einen größeren Wert aus neuen Chancen zu ziehen.

Schauen wir uns die State Street Corporation an. Die beschauliche regionale Privatkundenbank im Nordosten der USA schien Anfang der 70er Jahre in eine düstere Zukunft zu blicken. Sie saß nicht nur auf einem Stapel notleidender Kredite, sondern hatte auch nur wenig aufzuweisen, um sich aus dem Durcheinander der vielen Konkurrenten hervorzuheben. 1975 drängte der neue President William Edgerly darauf, auch über die Kreditgewährung hinauszuschauen, um einen anderen Bereich des Bankwesens ins Auge zu fassen: Finanzverwaltungsdienste. Edgerly erkannte, daß einige der betrieblichen Kenntnisse der Bank dazu eingesetzt werden konnten, den Schnittpunkt von drei sich überschneidenden Trends auszunutzen: ein wachsender Pool von Rentenvermögen, die Kundennachfrage nach schnellerem Zugang zu besseren Investmentinformationen und das Bedürfnis von Fondsverwaltern nach leistungsfähigen Buchhaltungs- und Verarbeitungssystemen zur Abrechnung.

Zusätzlich zu den klassischen Aufgaben einer Depotbank, also dem Geschäft mit Geld und der Verwaltung von Safes, waren nach Auffassung von Edgerly die Verarbeitung von Informationen wesentliche betriebliche Fähigkeiten. Bei der Abrechnungsstelle von State Street handelte es sich um ein Informationsverarbeitungssystem von der Stange, das der Bank die erste Möglichkeit bot, mit den Depotdienstleistungen zu beginnen. Mit der Zeit entwickelte sie sich zu einer Depotbank für offene Investmentfonds und Pensionsfonds. 1982 hatte man das Privatbankgeschäft bereits hinter sich gelassen und war stolze Depotbank für ein Vermögen von 151 Milliarden Dollar. Fünfzehn Jahre später war diese Zahl auf 3,9 Billionen Dollar angestiegen, und die Gesamtaktionärsrendite war um über 32 Prozent pro Jahr angewachsen.

Heute sind State Streets Kenntnisse im IT-Bereich so fortgeschritten, daß Wall Street-Analysten das Unternehmen eher als Datenverarbeiter anstatt als Bank sehen. »Informationstechnologie steht auch weiterhin bei unserem Erfolg im Mittelpunkt«, erklärte Marshall Carter, der 1991 Edgerlys Nachfolge antrat. »Die Art, wie wir Informationen entsprechend den Sicherheiten, Geldtransaktionen und Investmentportfolios unserer Kunden entwickeln, aufstellen und liefern, ist der Mehrwert, den wir schaffen.«[2]

So wichtig betriebliche Kenntnisse für den Erfolg eines Unternehmens auch sind, wird ein zu großer Schwerpunkt darauf gelegt, können sie das Wachstum hemmen. Aus der ressourcengestützten Sicht des Unternehmens stellt man fest, daß Aktiengesellschaften über mehr als nur betriebliche Kompetenz verfügen.[3] Nötig ist eine umfassendere Definition von Fähigkeit, die sämtliche Ressourcen beinhaltet, die beim Erringen von Wettbewerbsvorteilen nützlich sind.[4] Zusätzlich zu betrieblichen Kenntnissen umfaßt unsere Definition von Fähigkeit drei andere Klassen von Ressourcen: privilegierte Aktiva, das Wachstum ermöglichende Kenntnisse und besondere Beziehungen (Abbildung 6.1).

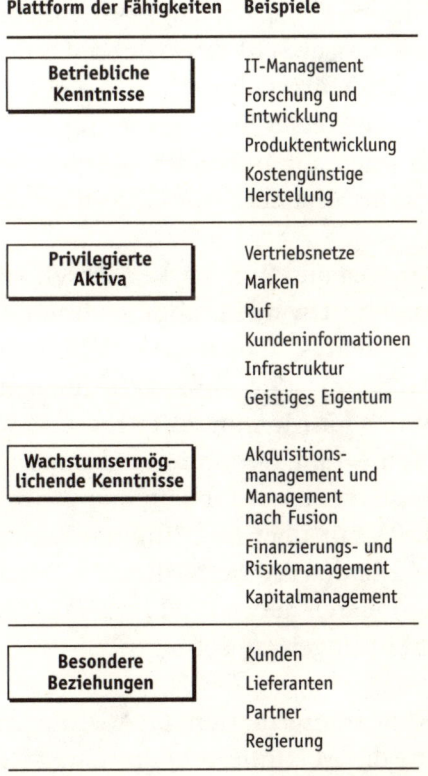

Plattform der Fähigkeiten	Beispiele
Betriebliche Kenntnisse	IT-Management Forschung und Entwicklung Produktentwicklung Kostengünstige Herstellung
Privilegierte Aktiva	Vertriebsnetze Marken Ruf Kundeninformationen Infrastruktur Geistiges Eigentum
Wachstumsermöglichende Kenntnisse	Akquisitionsmanagement und Management nach Fusion Finanzierungs- und Risikomanagement Kapitalmanagement
Besondere Beziehungen	Kunden Lieferanten Partner Regierung

Abbildung 6.1 Bestandteile der Plattform der Fähigkeiten

Privilegierte Aktiva

Privilegierte Aktiva sind physische oder immaterielle Aktiva, die schwer zu vervielfachen sind und dem Eigentümer Wettbewerbsvorteile verschaffen. Sie umfassen Vertriebsnetze, Marken und Ruf, Kundeninformationen, Infrastruktur und geistiges Eigentum.

Vertriebsnetze. Ein Unternehmen kann die Größe seines Vertriebsnetzes ausnutzen, um die Umsätze seiner vorhandenen Produkte und Dienstleistungen zu steigern oder um die Kosten einer neuen Produkteinführung zu senken. Für Gillette war das stärkste Motiv für die Sieben-Milliarden-Dollar-Akquisition des Batterieherstellers Duracell Ende 1996 die Synergie im Vertrieb. Das Vertriebsnetz, über das die Rasierklingen von Gillette in die Supermärkte und Nachbarschaftsgeschäfte gelangen – dieselben Geschäfte, in denen auch Batterien verkauft werden –, war einzigartig. Diese Chance war so groß, daß die Investoren 4,1 Milliarden Dollar zu der kombinierten Kapitalisierung des Unternehmens in den beiden Tagen nach Bekanntgabe des Abschlusses zuschossen. Gillette konnte Duracell dabei helfen zu wachsen, indem es das Unternehmen auf die globale Ebene hob. Der in seiner Heimat starke Spieler dominierte mit 50 Prozent des US-Marktes, war jedoch in solch aufstrebenden Märkten wie China und Indien nur wenig bekannt. Hier aber war Gillettes Netz besonders stark.

Marken und Ruf. Starke Marken können zur Einführung von Produkten erweitert werden, ohne dadurch die Glaubwürdigkeit des derzeitigen Geschäftes zu bedrohen. Gillette hat seine Marke genutzt, um auf den Markt für Pflegeprodukte für den Mann vorzudringen. Die Gillette Series for Men umfaßt Produkte wie zum Beispiel Aftershave, Rasiercreme und Deodorant, aber auch Rasierer und Rasierklingen. Der Rasierer Sensor für den Mann wurde 1990 eingeführt und erzielte allein 1997 mit über 60 Milionen Käufern weltweit einen Umsatz von 2,9 Milliarden Dollar. Gillette versucht, diesen Rekord mit seinem revolutionären neuen Produkt MACH3, einem mehrwinkligen Rasierer mit drei Klingen, zu schlagen.

Kundeninformationen. Ausführliche Informationen aller Art können für die Maximierung der Umsätze unerläßlich sein. Einige der wertvollsten Informationen können über Kaufverhalten und Bedürfnisse der Kunden gesammelt werden. Das Informationssystem von Seven-

Eleven Japans Verkaufsstellen dient dazu zu gewährleisten, daß für jeden Kunden, der eines der Geschäfte betritt, der richtige Produktmix vorhanden ist. Das Unternehmen versucht, von jedem Verkauf eine Reihe von Daten zu gewinnen, wie zum Beispiel Uhrzeit des Kaufs sowie Geschlecht und geschätztes Alter des Kunden. Die Information wird täglich von den Computerterminals in den Geschäften an die Zentrale geleitet, wo die Verkaufstrends analysiert werden. Die Manager haben täglich Zugang zu aktuellen und bisherigen Daten, um den Produktmix für ihre Geschäfte abzuändern und auf die Kunden zuzuschneiden. Über 70 Prozent der 3000 Produkte eines durchschnittlichen Geschäftes werden jedes Jahr bei der endlosen Suche nach dem optimalen Produktmix ausgetauscht.

Wachstumermöglichende Kenntnisse

Unternehmen, die bestimmte allgemeine, das Wachstumermöglichende Kenntnisse über Akquisition, Strukturierung von Abschlüssen, Finanzierung, Risikomanagement und Kapitalmanagement usw. beherrschen, haben einen großen Vorteil beim Schaffen und Erhalten von Wachstum. Während sich betriebliche Kenntnisse entsprechend den Geschäftsbereichen des Unternehmens unterscheiden, lassen sich diese das Wachstumermöglichenden Kenntnisse von einem Markt auf einen anderen bzw. von einem Geschäft auf ein anderes übertragen. Wie wir in Kapitel 9 zeigen werden, befinden sie sich aufgrund ihrer umfassenden Anwendbarkeit in der Regel in der Zentrale des Unternehmens, von wo aus sie den Geschäftsbereichen zur Verfügung gestellt werden. Die meisten Treppen erfordern ein gewisses Maß an diesen Fähigkeiten, und einige sind ohne sie nicht möglich.

Kenntnisse im Management von Akquisitionen und Management nach Fusionen. Schlecht ausgeführte Akquisitionen können teuer und gefährlich sein. Werden sie korrekt ausgeführt, können sie das Erklimmen einer Stufe schneller, leichter und billiger machen. Die Fähigkeit, Akquisitionen rasch und zu attraktiven Konditionen zu tätigen und zu integrieren, verschafft einen eindeutigen Vorteil.[5] Für die Unternehmen in unserer Untersuchung war dies wahrscheinlich von größter Bedeutung.

Die Sara Lee Corporation verließ sich auf Akquisitionen, um ihre Treppen zu erweitern und neue zu bauen. Unter der Leitung von John Bryan tätigte das Unternehmen zwischen 1981 und 1995 über 80 Akquisitionen, wobei eine gleichzeitige Desinvestition von ablenkenden Geschäften mit unterdurchschnittlicher Entwicklung erfolgte. Das Planungs- und Budgetierungssystem des Unternehmens setzt häufig Ziele, die durch organisches Wachstum alleine nicht erreicht werden können. Um sie zu erreichen, bemühen sich die Manager besonders darum, daß die Pipeline der Akquisitionen immer gefüllt ist. Das Unternehmen umwirbt manche potentiellen Zielunternehmen bis zu zehn Jahre, so daß es als erster erfährt, wenn eines von ihnen zum Verkauf ansteht.

Kenntnisse in Finanzierungs- und Risikomanagement. Da nahezu jede Stufe in einer Treppe Geld kostet und Risiken mit sich bringt, können diese Kenntnisse fast jede Treppe verbessern. Hochentwickelte Kenntnisse des Finanzierungs- und Risikomanagements ermöglichen es einigen Organisationen, Stufen zu erklimmen, die für andere unüberwindlich sind. Durch die Erarbeitung ausgefeilter Lösungen für Finanzierungsprobleme können solche Unternehmen Wachstum in aussichtsreiche Richtungen verfolgen, die für ihre Konkurrenten zu teuer oder riskant sind.

Obwohl die Kernkompetenz der Barrick Gold Corporation im Betrieb von Goldminen liegt, bemerkte CEO Robert Wickham 1992: »Größere (Goldgesellschaften) müssen genauso viel über Finanzierung wie über Metallurgie wissen.«[6] Barrick setzte Goldanleihen, die einen Index für den Anteil am Goldpreis darstellen, als Mittel zur Finanzierung neuer Minen ein. Zudem führte das Unternehmen ein äußerst erfolgreiches Hedging-Programm durch. Mittels einer intelligenten Finanzierungstechnik wird das Risiko bei der Erschließung neuer Minen auf betriebliche und geologische Unsicherheiten begrenzt.

Kenntnisse des Kapitalmanagements. Herausragende Kenntnisse in der Kapitalproduktivität ermöglichen es Managern, Projekten zu wirtschaftlichem Erfolg zu verhelfen, die andere Unternehmen ablehnen könnten, weil sie ihrer Meinung nach zu geringe Erträge abwerfen. Die Streckung von Kapital steigert den geplanten Ertrag aus einzelnen Projekten noch weiter und gibt etwas von der finanziellen Kapazität des Unternehmens für Investitionen in andere Projekte frei.

Hindustan Levers Erfolg mit indischen Verbrauchsgütern beruht teilweise auf seinen Kenntnissen der Kapitaleffizienz. Das Unternehmen erzielt enorme Umsätze pro Dollar an Kapital aufgrund seiner Kenntnisse bei der Konstruktion von straff ausgestatteten Produktionsanlagen und des intelligenten Outsourcings ausgewählter Herstellungs- und Vertriebsaktivitäten.

Besondere Beziehungen

Beziehungen sind eine der wichtigsten, jedoch auch eine der am wenigsten erörterten Fähigkeiten. Beziehungen mit vorhandenen Kunden und Lieferanten können Wachstumschancen bieten und müssen gefördert werden. Beziehungen zu mächtigen Personen, Geschäften und Regierungen können Chancen eröffnen, die andernfalls nicht greifbar wären. Beziehungen können insbesondere das Vordringen in neue Branchen und Geographien erleichtern und Abschlüsse ermöglichen.

In Asien haben besondere Beziehungen eine wichtige Rolle für den außerordentlichen Erfolg von Gruppen gespielt, die von Familien von Überseechinesen gegründet wurden.[7] Das Geschäftsimperium von Li Ka-shing, einem der reichsten Männer der Welt, beruht auf besonderen Beziehungen. Lis machtvolles Netz aus Kontakten hat ihm schon früh Zugang zu für andere begrenzten Chancen im rasch wachsenden Infrastrukturgeschäft gewährt. Sein Aushängeschild, das Unternehmen Hutchison Whampoa, hat sich rasch von Containerterminals auf Elektrizitätserzeugung, Einzelhandel und Telekommunikation verlagert und expandierte vom Sitz Hongkong nach China, ins Vereinigte Königreich und nach Kanada. Durch Joint-ventures betreibt es nun drei der größten Containerhäfen Chinas.

Li verdankt seinen Zugang zu Abschlüssen einem Netz von Beziehungen, die er seit Ende der 70er Jahre in Hongkong und China pflegt. Dazu gehören enge Kontakte zu Regierungen, staatlichen Unternehmen, Finanzeinrichtungen, chinesischen Unternehmern in Übersee und Multis im Westen. Li hat diese Beziehungen in vielfältiger Weise gefördert. Er ist Mitglied im Vorstand der Hong Kong Shanghai Bank, die eine ideale Position einnimmt, um in Asien Abschlüsse zu tätigen. Durch den Bau des China Hotels in Guangdong 1980 signalisierte er sein Engagement bereits lange vor der Öffnung Chinas.

Als er den Satelliten für sein Star TV in den Orbit brachte, entschied er sich für die chinesische Rakete Langer Marsch IV anstatt für europäische oder amerikanische Trägerraketen. 1986 traf er Deng Xiaoping, und er hat seitdem den persönlichen Kontakt mit den fünf wichtigsten Personen in der Zentralregierung aufrechterhalten. Er wurde sogar um seinen Rat bezüglich der chinesischen Gesetze für Hongkong nach dessen Übergabe gebeten, und er teilt geschäftliche Interessen mit Regierungsunternehmen wie der China International Trust Investment Corporation und Cosco, einem großen chinesischen Transportunternehmen.

Die Bedeutung besonderer Beziehungen findet sich auch weit über die aufstrebenden Märkte des Fernen Ostens hinaus.[8] Village Roadshow hat sich Beziehungen zunutze gemacht, um von einem kleinen Betreiber von Drive-in-Kinos zu einer internationalen Entertainment-Gesellschaft zu wachsen, die Kinos in Australien, Asien und Europa sowie Themenparks, Rundfunksender, Film- und Musikproduktion und Film- und Videovertrieb betreibt. Village führt aktive Allianzen oder Jointventures mit Dutzenden von Unternehmen durch, die einen integrierten Bestandteil seines Erfolges darstellen (Abbildung 6.2).

Villages Beziehung zu Greater Union, einem anderen einheimischen Kinobetreiber, begann 1964, als die beiden Unternehmen ihre Kräfte zusammentaten, um den Vertrieb ausländischer Filme auf dem australischen Markt zu kontrollieren. Aus dieser Beziehung ergab sich später die Einführung von Kinokomplexen mit mehreren Kinosälen in ganz Australien. Warner Brothers betraten 1971 die Szene mit einem Filmvertriebsvertrag. Village verband seine Fachkenntnisse im Kinobetrieb mit den europäischen Kinos von Warner Bros., was das Wachstum beider Unternehmen in Europa beschleunigte. Gleichzeitig führten Villages Kenntnisse seines Heimatmarktes und Warners Erfahrungen im Bereich Themenparks zur Entwicklung von Themenparks und Resorts in Australien. Dieselbe Beziehung ermöglichte es Village auch, mit einem Franchiseabkommen über die Leitung von Warner Bros-Geschäften in Australien und Neuseeland einen Vorstoß in den Einzelhandel zu tätigen.

Villages Ziele, nämlich Aufbau und Pflege langfristiger besonderer Beziehungen, sind für ein familienbetriebenes Unternehmen nicht über-

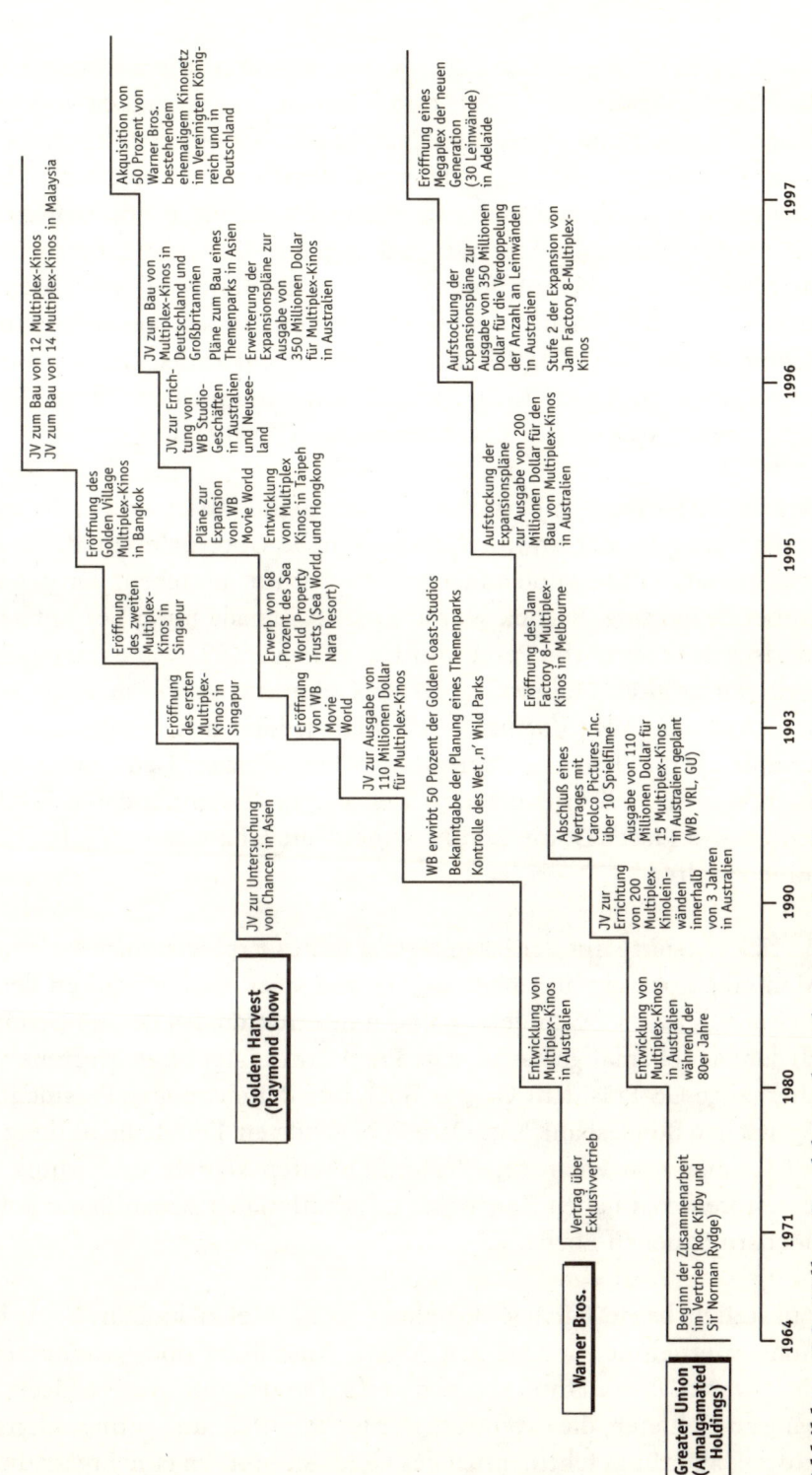

Abbildung 6.2 Village Roadshows beziehungsgestützte Treppen

raschend. In einigen Fällen liegt zwar eine Besitzverflechtung vor, aber die Führungskräfte von Village finden die meisten Allianzen, indem sie die positive Art und Weise der Beziehung zu potentiellen Partnern fördern. Sie pflegen eine lang andauernde Beziehung zu Raymond Chow, Chairman von Golden Harvest, einem Produzenten von chinesischsprachigen Filmen mit Sitz in Hongkong, und die beiden Unternehmen sind bei einer Reihe von Joint-ventures von Kinos in Asien Partner. Engagement den Partnern gegenüber beginnt an der Spitze des Unternehmens. Die drei Mitglieder des Managementteams, Graham Burke, John Kirby und Robert Kirby, pflegen gemeinsam jede wichtige Beziehung soweit, daß sie bei Sitzungen austauschbar sind.

Wie die Situation von Barrick Gold zeigt, sind Beziehungen, die einen bestimmten Zugang eröffnen, für westliche Unternehmen, die in aufstrebenden Märkten und anderswo Wachstum anstreben, von genauso großer Bedeutung. Barrick wurde 1983 in Kanada unter der unternehmerischen Leitung von Peter Munk gegründet. 1997 war es zu einer der weltweit größten und profitabelsten Goldminengesellschaften geworden. Auf dem Weg dorthin hatte man jedoch mit Hindernissen zu kämpfen. Trotz Barricks überragender betrieblicher Kenntnisse waren die Investoren 1993 beunruhigt, weil verglichen mit anderen Konkurrenten wie Placer Dome und Newmont die Chancen bezüglich Goldminen fehlten.

Barrick reagierte mit der Erweiterung seines Explorationsprogrammes. Man ging noch einen Schritt weiter und spielte seine Stärken der Beziehungen aus. 1995 bildete man ein internationales Beratergremium, zu dem der ehemalige kanadische Premierminister Brian Mulroney, der ehemalige US-Präsident George Bush und der ehemalige Präsident der Deutschen Bundesbank Karl Otto Pöhl gehörten. Durch die Bildung dieser Gruppe von wichtigen Persönlichkeiten signalisierte Munk den Investoren: Wir haben Zugang zu internationalen Abschlüssen auf der höchstmöglichen Ebene.

Zusätzlich baute Barrick Beziehungen zu vielen kleineren Explorationsunternehmen auf, die in Asien, Australien und Lateinamerika tätig waren. Diese Unternehmen verfügten über innovative Ideen, Zugang zu Gebieten, die exploriert werden konnten, und geringe Gemeinkosten, allerdings fehlte ihnen das Geld. Sie stellten eine Ergänzung zu

Barrick dar, das über ausreichendes Kapital, beträchtliche Erschließungen von Minen und betriebliche Fachkenntnisse verfügte.

Seit Menschen Geschäfte machen, sind Beziehungen wichtig. In der jüngsten Wirtschaftsgeschichte finden sich jedoch unzählige Fälle, in denen sich die Grenzen zwischen besonderen Beziehungen und Korruption verwischten. Dies ist ein besonders heikles Thema, wenn es sich um spezielle Beziehungen zu Regierungsmitarbeitern handelt. Dadurch wird es schwerer, sich auf besondere Beziehungen als eine Fähigkeit zu verlassen als zum Beispiel auf den Einsatz einer Marke oder eines Vertriebsnetzes. Wir sind jedoch der Auffassung, daß man aus Beziehungen beträchtliche strategische Vorteile ziehen kann, ohne ethische Werte über Bord zu werfen.

Von der Fähigkeit zum Vorteil

Erfolgreiche Wachstumsunternehmen investieren viel in die weltweite Suche nach neuen Ideen. Sie verfolgen wichtige Faktoren wie zum Beispiel demographische Tendenzen, technologische Fortschritte und Gesetzesänderungen. Gelegentlich bringt ein einzigartiger Einblick anhaltende Vorteile, die meisten Chancen sind jedoch für alle Konkurrenten mehr oder weniger zum gleichen Zeitpunkt sichtbar. Selbst eine versteckte Chance wird auf dem Markt durch die frühen Schritte eines Unternehmens, das den ersten Zug macht, offengelegt und rasch wiederholt. Der Wert des ursprünglichen Einblicks läßt rasch nach, und die Spieler versuchen schnell, positionelle Vorteile zu erringen. Gewinner ist der Spieler mit dem optimalen Bündel an Fähigkeiten.

Wird eine Prüfung der Fähigkeiten eines Unternehmens übereifrig durchgeführt, führt das häufig dazu, daß die Manager den Grundlagen für Wachstum zu eingeschränkt und pessimistisch gegenüberstehen. Wenn die Aktivitäten von morgen davon abhängig gemacht werden, was heute gut gemacht wird, findet ein Unternehmen in der Regel nur einige wenige Chancen für Wachstum. Wie es Ghoshal und Bartlett ausdrücken, »werden aus Kernkompetenzen Kernstarrheiten«.[9] Das Wesentliche der Treppenmethode und auch eines Großteils der Literatur über Kernkompetenzen ist, daß Fähigkeiten aufgebaut werden müssen. Hamel und Prahalad schrieben dazu, »die Ausgangspositionen der

Ressourcen sind ein sehr schlechtes Mittel zur Vorhersage der zukünftigen Führung in der Branche«.[10]

Ob ein Unternehmen positionelle Vorteile erringt und halten kann, hängt davon ab, inwieweit es die Fähigkeiten ansammeln kann, die für ein neues Geschäft erforderlich sind. Einige Fähigkeiten sind wichtiger als andere, und Kombinationen lassen sich häufig schwerer imitieren als einzelne Fähigkeiten. Die Herausforderung eines Unternehmens, das ein Geschäft aufbauen möchte, beginnt mit dem erforderlichen Ansammeln der Fähigkeiten, die für die Erzielung von Gewinnen im Geschäft am wichtigsten sind. Ein anhaltender Wettbewerbsvorteil wird nur errungen, wenn Unternehmen Kombinationen von Fähigkeiten, die sich schwer imitieren lassen, zu Bündeln zusammenfassen.

Frühe Kontrolle wichtiger Fähigkeiten

Auf den ersten Stufen einer Treppe sind für den Wettbewerbsvorteil überragende Fähigkeiten in jedem Bereich eines Geschäftes nicht unbedingt erforderlich. Von der Kontrolle der wichtigsten Fähigkeiten kann jedoch abhängen, wieviel des Wertes der Treppe dem Erbauer zugute kommt. Bei jeder Chance ist es wichtig, zwischen den Fähigkeiten, die den Erfolg im Wettbewerb beeinflussen, und den Fähigkeiten, die für eine bloße Beteiligung am Wettbewerb erforderlich sind, zu unterscheiden.[11] Fähigkeiten, die weniger wichtig sind, können durch Outsourcing erworben oder von anderen kontrolliert werden.

Enrons Erfolg bei der Energieerzeugung verdeutlicht diese Überzeugung. Als das Unternehmen zwischen 1988 und 1990 Elektrizitätswerke erwarb oder baute, betrachtete es das Geschäft aus einer anderen Sichtweise als die Konkurrenz im Versorgungssektor. Es erkannte, daß der wirtschaftliche Wert unverhältnismäßig stark denen zukam, die die Abschlüsse strukturierten, und nicht denen, die die Anlagen bauten und betrieben (Abbildung 6.3). In den ersten Jahren unterschied sich Enron beim Bau und Betrieb von Elektrizitätswerken nicht von den anderen Unternehmen, das war jedoch auch nicht wichtig; diese Fähigkeiten konnten an externe Unternehmen vergeben werden. Statt dessen war man im Aushandeln langfristiger Verträge über die Brennstofflieferung, Vereinbarungen über den Elektrizitätsverkauf, Bauverträge, Finanzierung und Garantien seitens der Regierung erfolgreich – in

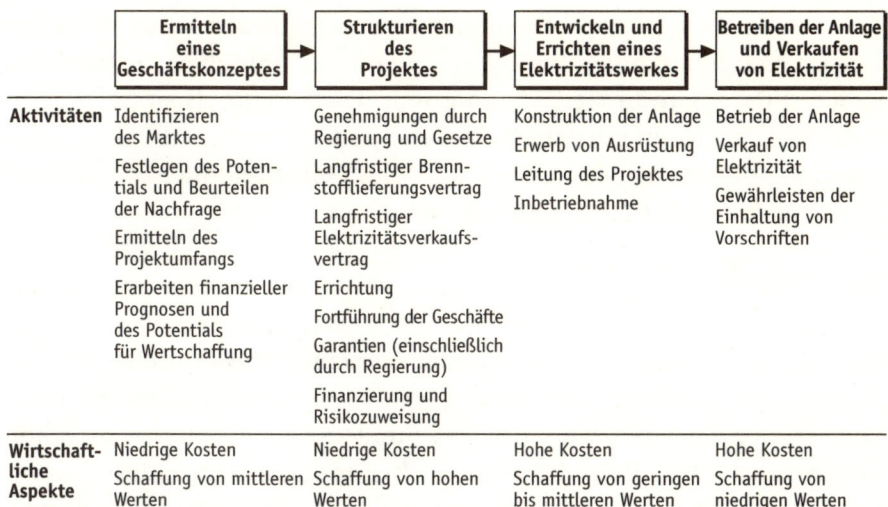

	Ermitteln eines Geschäftskonzeptes	Strukturieren des Projektes	Entwickeln und Errichten eines Elektrizitätswerkes	Betreiben der Anlage und Verkaufen von Elektrizität
Aktivitäten	Identifizieren des Marktes	Genehmigungen durch Regierung und Gesetze	Konstruktion der Anlage	Betrieb der Anlage
	Festlegen des Potentials und Beurteilen der Nachfrage	Langfristiger Brennstofflieferungsvertrag	Erwerb von Ausrüstung	Verkauf von Elektrizität
	Ermitteln des Projektumfangs	Langfristiger Elektrizitätsverkaufsvertrag	Leitung des Projektes	Gewährleisten der Einhaltung von Vorschriften
	Erarbeiten finanzieller Prognosen und des Potentials für Wertschaffung	Errichtung	Inbetriebnahme	
		Fortführung der Geschäfte		
		Garantien (einschließlich durch Regierung)		
		Finanzierung und Risikozuweisung		
Wirtschaftliche Aspekte	Niedrige Kosten	Niedrige Kosten	Hohe Kosten	Hohe Kosten
	Schaffung von mittleren Werten	Schaffung von hohen Werten	Schaffung von geringen bis mittleren Werten	Schaffung von niedrigen Werten

Abbildung 6.3   Wichtige Fähigkeiten in der unabhängigen Energieerzeugung, ca.1990

genau den Kenntnissen, die erfolgreiche Spieler von den »Ferner-liefen-Unternehmen« unterscheiden. Dadurch, daß sich Enron auf diese Kenntnisse konzentrierte, baute es in weniger als einem Jahrzehnt eine starke globale Position auf.

Dies ist kein Argument für unbeherrschtes Outsourcing. Von der frühen Ermittlung der wichtigen Fähigkeiten kann der Erfolg oder Mißerfolg einer ganzen Treppe abhängen. Weil man seinen Personal Computer möglichst schnell auf den Markt bringen wollte, gab IBM den Mikroprozessor an Intel und das Betriebssystem an Microsoft ab. So gab das Unternehmen zwei privilegierte Aktiva aus der Hand, die in der Entwicklung der Computerindustrie von größter Bedeutung waren. Die Marktkapitalisierung ist sowohl bei Intel als auch bei Microsoft weit größer als die von IBM.

Aufbau von Fähigkeiten für anhaltende Vorteile

Die Professoren der Harvard Business School David Collis und Cynthia Montgomery argumentieren, daß eine Fähigkeit oder Ressource nur dann zu einer Quelle nachhaltiger Wettbewerbsvorteile wird, wenn sie mehrere Prüfungen bestanden hat.[12] Erstens muß sie der Konkurrenz gegenüber überlegen sein und für den Produktmarkt wertvoll sein.

Zweitens darf sie sich nicht so ohne weiteres imitieren lassen. Drittens darf sie sich nur schwer durch eine alternative Fähigkeit austauschen lassen. Viertens muß sie beständig sein. Fünftens muß sie schwer zu handeln sein. Wenn ein Mitarbeiter das Unternehmen verläßt und die Fähigkeit mitnimmt, dann ist es der Mitarbeiter und nicht das Unternehmen, dem der Wert zugute kommt.

Einige einzelne Fähigkeiten können die Prüfungen bestehen. Eine Marke von Weltklasse zum Beispiel wird ihrem Eigentümer auch weiterhin Vorteile verschaffen. Aber nur wenige einzelne Fähigkeiten sind unangreifbar. Der Schlüssel zum Erhalt von Wettbewerbsvorteilen auf einer Wachstumstreppe besteht darin, ein Bündel unverwechselbarer Fähigkeiten zu schaffen, die gemeinsam die Kriterien erfüllen. Selbst das Unternehmen, das den ersten Zug macht, kann seinen Vorteil verlieren, wenn ein Bündel an unverwechselbaren Fähigkeiten nicht rechtzeitig verfügbar ist. Mit jeder neuen Fähigkeit, um die das Bündel ergänzt wird, steigen auch die Wettbewerbsvorteile, denn die Kombination läßt sich für Konkurrenten immer schwerer imitieren oder austauschen, und es wird für die Mitarbeiter des Unternehmens immer schwerer, sie sich anzueignen.

Schauen wir uns den Erfolg von SAP auf dem Software-Markt an. Das führende europäische Software-Unternehmen hat durch das Ansammeln eines Bündels von unverwechselbaren Fähigkeiten ein bemerkenswertes Wachstum erzielt: Hervorragende betriebliche Kenntnisse, eine Reihe privilegierter Aktiva und ein Netz von Beziehungen von unschätzbarem Wert (Abbildung 6.4). SAP machte sich einen Namen mit seinem Aushängeschild, der Software zur Planung von Unternehmensressourcen R/3, einer beeindruckenden Lösung, die Unternehmen bei der Verwaltung der unendlichen Informationsflüsse hilft, die täglich

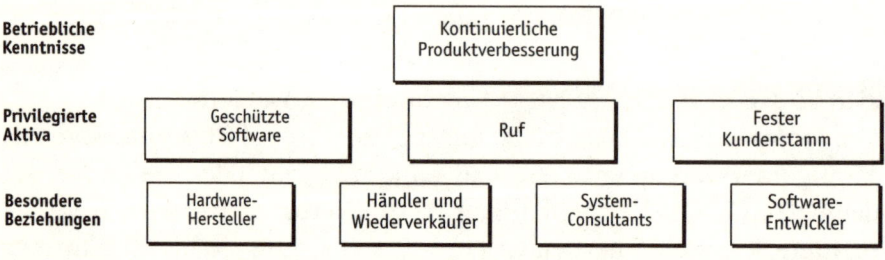

Abbildung 6.4 SAPs Bündel unverwechselbarer Fähigkeiten

einströmen. SAPs betriebliche Kenntnisse liegen jedoch nicht in der Entwicklung völlig neuer Technologien, sondern in der kontinuierlichen Verbesserung und Verfeinerung seiner Produkte.

Viele Unternehmen sprechen mit ihren Kunden und lernen von ihnen. SAP gelingt die kontinuierliche Produktverbesserung, indem die Reaktionen auf Vorschläge und Anforderungen der Kunden bei jeder Veröffentlichung eines Produktes einbezogen werden. Eingehende Gespräche mit Kunden und formelle Sitzungen mit Anwendergruppen haben es SAP ermöglicht, die speziellen Kenntnisse seiner Kunden in branchenspezifische Lösungen umzuwandeln.

Zur charakteristischen Eigenart von SAPs Bündel an Fähigkeiten tragen zwei Arten von privilegierten Aktiva bei: Erstens das geistige Eigentum, das durch den Programmiercode in der R/3-Software ausgedrückt wird, und zweitens die Stärke des Rufes von SAP oder der Marke beim Stamm der 6000 Kunden. Das Engagement vieler Branchenführer für SAP hat dabei geholfen, Impulse für weiteres Wachstum zu schaffen.

Ein weiteres Kernstück der von SAP angewendeten Wachstumsformel ist ein Netz aus sich ergänzenden Beziehungen. Die Komplexität seiner Produkte erfordert auf jeder Stufe der Ausführung technisches Fachwissen. Anstatt dieses selbst aufzuwenden, nutzt SAP Partnerschaften, zum Beispiel mit den Hardware-Herstellern, die SAP-Software anwenden, mit den Händlern, die das Produkt verkaufen und technische Unterstützung bieten, mit den System-Consultants, die das Produkt installieren, und mit den Software-Entwicklern, die ergänzende geschäfts- oder branchenspezifische Funktionen anbieten. Es liegt im Interesse all dieser Partner, die Umsätze von SAP zu steigern.

Während die Konkurrenten SAP hinterherhinken, ist das Unternehmen dank seines schwer zu imitierenden Bündels an Kenntnissen, Aktiva und Beziehungen in der Lage, seine Position als weltweit führender Anbieter integrierter Unternehmenssoftware aufzubauen und zu erhalten.

In den letzten zwei Kapiteln haben wir die Idee vorgestellt, wie ein Geschäft gleich einer Treppe in Stufen aufgebaut werden kann. In einzelnen Stufen zu denken, macht Wachstum vielleicht zu einer weniger beängstigenden Aufgabe, neue Geschäfte aufzubauen ist allerdings auch für große Organisationen schwer. Ganz gleich, wieviel an strategischer Planung sie in die Formulierung eines Geschäftskonzeptes einbeziehen – und große Unternehmen machen gerne viele Pläne –, sie neigen dazu, bei der Ausführung Fehler zu machen. Liegt dies daran, daß große Unternehmen die Ausführung als starres Festhalten an einem Plan erachten? Oder liegt es daran, daß das Management einer kleinen, rasch wachsenden Unternehmung nicht mit ihrer Größe vereinbar ist? Im nächsten Kapitel untersuchen wir, welche Maßnahmen ein großes Unternehmen ergreifen kann, um einer neuen Treppe eine möglichst große Erfolgschance zu bieten.

ANMERKUNGEN

1 In »Core competence of the corporation«, *Harvard Business Review*, Mai–Juni 1990, S. 79–91, definieren G. Hamel und C. K. Prahalad eine Kernkompetenz als »das kollektive Lernen im Unternehmen, insbesondere wie unterschiedliche Produktionskenntnisse koordiniert und mehrere Technologieströme integriert werden«. In *Competing for the Future: Breakthrough strategies for seizing control of your industry and creating the markets of tomorrow* (Boston, Mass., 1994), S. 199–211, definieren sie sie als »ein Bündel von Fähigkeiten und Technologien, die es einem Unternehmen ermöglichen, den Kunden einen Vorteil zu bieten«. Eine Kernkompetenz wird ausdrücklich *nicht* als einzelne Technologie oder Kenntnis, einzelnes physisches Aktivum (wie eine Fabrik) oder einzelne Infrastruktur (wie ein Vertriebssystem) definiert. Für Hamel und Prahalad sind nicht alle Wettbewerbsvorteile Kernkompetenzen. Wir stimmen mit ihrer Absicht überein, die Aufmerksamkeit von Managern auf Bündel von Kenntnissen zu konzentrieren, die dauerhaft sind und die von Konkurrenten nur schwer kopiert werden können. In der Praxis beobachten wir jedoch, wie viele Manager aus einer einschränkenden und pessimistischen Sicht heraus handeln, wenn es um die Ressourcen geht, die ihnen beim Anstreben von Wachstum zur Verfügung stehen.

2 M. Carter und D. Spina, State Street, Jahresbericht 1992.

3 D. J. Collis und C. A. Montgomery, »Competing on resources: Strategy in the 1990s«, *Harvard Business Review*, Juli–August 1995, S. 118–128.

4 Um zu verdeutlichen, daß Aktiva und Beziehungen eine wirksame Plattform für Wachstum darstellen können, auch wenn eine Kernkompetenz im Sinne von Hamel und Prahalad fehlt, möchten wir das folgende Beispiel aus einer Untersuchung von McKinsey über Wachstum anbringen:
Viele Lebensmittelhersteller erkennen aufgrund der wachsenden Kaufkraft der Verbraucher in China in den kommenden Jahrzehnten die Chance für Speiseöle. Jedoch werden nur wenige in der Lage sein, erfolgreich mit dem Geschäft zu konkurrieren, das vom Zuckerbaron Robert Kuok mit Sitz in Malaysia aufgebaut wurde. Die Kuok-Familie besitzt zwei Geschäfte in China: Northseas, mit Sitz in einer Anlage in Tianjin, und Southseas, mit Sitz in einer Anlage in Guangdong. Das Bündel der Fähigkeiten von Southseas begann mit einer besonderen Beziehung. Kuoks Partner bei der Unternehmung ist das zentrale Grain and Oil Board, die chinesische Behörde, die Importlizenzen und -quoten für Speiseöl vergibt. Während Konkurrenten von teuren oder qualitativ niedrigen einheimischen Ölsaaten abhängig sind, ist Southseas in der Lage, einen Großteil seines Bedarfs zu niedrigeren Kosten und mit besserer Qualität einzuführen. Zusätzlich ermöglicht die umfangreiche Fähigkeit im asiatischen Rohstoffhandel dem Unternehmen, importierte Rohstoffe billiger als andere einzukaufen und zu transportieren.

Weiterhin erringt Kuok Vorteile durch privilegierte Aktiva. Seine integrierte Anlage in Guangdong ist beträchtlich billiger im Betrieb als andere in China. Sie umfaßt die größte Speiseölraffinerie und die größte Margarinebackfett-Anlage in China sowie eine eigene Sojabohnenmahlanlage für die Verarbeitung importierter Rohstoffe. Das Werk befindet sich in einem Tiefwasserhafen in einer Freihandelszone mit Zugang zu Wiederausführern mit Sitz in Hongkong. Weitere privilegierte Aktiva sind u. a. die in China führende Marke an abgefülltem Öl, Verkaufslizenzen für viele Provinzen sowie Verkaufspersonal und Vertriebslager im ganzen Land.

Diese Plattform hindert zwar andere Unternehmen im Wettbewerb nicht daran, ebenfalls bedeutende Positionen in China aufzubauen. Es ist jedoch klar, daß Southseas' Bündel an Fähigkeiten einen Vorteil darstellt, wenn es um die Ausnutzung des Wachstumspotentials im einheimischen Speiseölmarkt geht. Entgegen der eingeschränkten Sichtweise von Kernkompetenzen beruht ein Großteil der Plattform von Southseas' Fähigkeiten auf Beziehungen und Aktiva, und nicht auf Kenntnissen.

5 Siehe P. L. Anslinger und T. E. Copeland, »Growth through acquisitions: A fresh look«, *Harvard Business Review*, Januar–Februar 1996, S. 126–135.

6 R. Wickham, »Hedging important at American Barrick«, Auszug aus einer Rede, abgedruckt in *American Metal Market*, 6. April 1992, Fairchild Publications, S. 18.

7 Eine faszinierende Analyse des Geschäftsnetzes der Überseechinesen findet sich in M. Weidenbaum und S. Hughes, *The Bamboo Network* (New York 1996). Für eine ausgezeichnete Übersicht über die Strategie von Beziehungen in Asien siehe Tsun-yan Hsieh, »Prospering through relationships in Asia«, *The McKinsey Quarterly*, 1996, Nr. 4, S. 4–13.

8 Für eine Diskussion über die Bedeutung von Beziehungen im Westen siehe G. Hamel und C. K. Prahalad, *Competing for the Future: Breakthrough strategies for seizing control of your industry and creating the markets of tomorrow* (Boston, Mass., 1994), S. 187–193.

9 S. Ghoshal und C. A. Bartlett, *The Individualized Corporation: A fundamentally new approach to management* (New York 1997), S. 284.

10 G. Hamel und C. K. Prahalad, *Competing for the Future: Breakthrough strategies for seizing control of your industry and creating the markets of tomorrow* (Boston, Mass., 1994), Kapitel 7, »Strategy as leverage«.

11 A. J. Slywotsky und D. J. Morrison, *The Profit Zone: How strategic business design will lead you to tomorrow's profits*, (Boston, Mass., 1997).

12 D. J. Collis und C. A. Montgomery, »Competing on resources: Strategy in the 1990s«, *Harvard Business Review*, Juli–August 1995, S. 118–128. Siehe auch K. Coyne, S. Hall und P. Clifford, »Is your core competence a mirage?«, *The McKinsey Quarterly*, 1997, Nr. 1, S. 40–54, und M. A. Peteraf, »The cornerstones of competitive advantage: A resource-based view«, *Strategic Management Journal*, März 1993, Nr. 14, S. 179–191.

7 Erfolgreiche Realisierung von Möglichkeiten

Nur wenige Unternehmen sind Meister darin, Treppen zu bauen. Vielen fehlen gute Ideen. Aber es wäre naiv zu denken, eine gute Idee sei alles, was zur Schaffung eines wertvollen Geschäftes nötig ist. Wäre dies wahr, wäre Visicalc, der ursprüngliche Entwickler von Tabellenkalkulationsprogrammen, heute eine wichtige Kraft im Software-Bereich, und Xerox würde an der Spitze der PC-Branche stehen, die es erfunden hat. Gute Ideen sind ein Anfang, die Mehrheit neuer Geschäfte mißlingt jedoch aufgrund unzureichender Ausführung, nicht aufgrund eines schlecht durchdachten Konzeptes.[1]

Auch den besten Ideen für ein neues Geschäft ist das Schicksal nicht immer wohl gesonnen. Wie wir in Kapitel 5 erläutert haben, müssen zwei strategische Risiken bewältigt werden: Unsicherheit des Marktes und Lücken bei den Fähigkeiten. Zusätzlich schaffen neue Treppen organisatorische Herausforderungen. Ihr exponentielles Wachstum wirkt sich verheerend auf Managementprozesse und -systeme aus.

In großen Unternehmen kann die herrschende Kultur eine eingeschränkte Definition des Unternehmens selbst entwerfen, in der das neue Geschäft nicht enthalten ist.[2] Prozesse und Systeme werden in der Regel für Horizont-1-Geschäfte erarbeitet, sie können den besonderen Anforderungen von geschäftsschaffenden Initiativen in den Horizonten 2 und 3 gegenüber feindlich eingestellt sein. Andererseits integrieren große Unternehmen schrittweise Ideen – wie zum Beispiel mehr Produkte an vorhandene Kunden zu verkaufen oder Erweiterungen erfolgreicher Produkte einzuführen – häufig recht einfach in ihre Kerngeschäfte, weil der Umgang mit ihnen relativ direkt ist. Horizont-1-Ideen sind in der Regel vertrautes Gebiet und werfen weniger Fragen bezüglich Kenntnissen, Markt und betrieblichen Faktoren auf.

Der Bau einer Treppe bringt es mit sich, sowohl die Unsicherheit des Marktes als auch den Widerstand, beabsichtigt oder nicht, seitens des restlichen Unternehmens überwinden zu müssen. Die erste Herausforderung wird durch aktive Adaptation des Geschäftsmodells – der Entwurf, der festlegt, wie Geld gemacht wird – nach der Einführung angegangen. Die zweite beinhaltet den Schutz des neuen Geschäftes vor der großen Organisation.

Aktive Adaptation des Geschäftsmodells

Von 1981 bis 1985 versuchte General Electric aufzubauen, was es als »Fabrik der Zukunft« bezeichnete. Jack Welch, ein leidenschaftlicher Vertreter von High-Tech-Chancen, gab die Unternehmung einen Tag nach seiner Ernennung zum Chairman bekannt und erklärte, sie würde eine Milliarde Dollar an jährlichen Einnahmen erzielen.

Die Idee faszinierte das obere Management von General Electric. Es stellte sich eine Art Supermarkt vor, in der Industrielle sämtliche gewünschten Automatisationsausrüstungen erhielten, die für eine moderne Fabrik erforderlich waren. Voll der Zuversicht sagte GEs Management voraus, in weniger als einem Jahrzehnt würde das Geschäft 20 Prozent des prognostizierten Marktes von 25 Milliarden Dollar erzielen. Man war erpicht darauf, schnell zu handeln, um potentielle Konkurrenten zu schlagen.

Die Fabrik der Zukunft konnte die Erwartungen jedoch nicht erfüllen. Manager, die von zu optimistischen finanziellen Prognosen ausgingen, testeten das Konzept nicht sorgfältig genug, weil sie annahmen, die Kunden empfänden es als ebenso faszinierend wie sie. Nach zwei Jahren verfügte das neue Geschäft über lediglich neun Projekte, von denen die eine Hälfte von GE selbst, die andere von externen Unternehmen kam. Manager versuchten, durch intensive Werbung und Leistungsgarantien das Vertrauen wiederherzustellen, mußten letztere jedoch wieder rückgängig machen, als deutlich wurde, daß GE seine Pläne nicht erfüllen konnte. Panik löste starke Rückgänge aus und besiegelte das Schicksal der Unternehmung. Trotz des Engagements des oberen Managements und Kapitalinvestitionen von Hunderten von Millionen Dollar schloß GE 1985 seine Fabrik der Zukunft.

GEs Geschäftsmodell erwies sich auf dem Markt als weit weniger faszinierend, als es für die Führungskräfte war. Dies kommt nicht selten vor. Im Idealfall sollte ein Geschäftsmodell eine klare Vorstellung vom Markt für ein Produkt besitzen, einen überzeugenden Grund nennen können, weshalb es die Verbraucher kaufen, und einen Entwurf für das System vorlegen können, mit dem es geliefert wird. Zudem sollte es zeitliche Vorhersagen für die Vermarktung und Erzielung von Gewinnen, finanzielle Analysen, eine vernünftige Beurteilung der Risiken und einen Plan für die Einführung auf dem Markt vorweisen können.

Zweifellos sprach GE all diese Punkte in seinem Geschäftsmodell an. Ein Modell kann jedoch nie mehr als eine möglichst gute Einschätzung, eine unvollendete Aufgabe sein. Ganz gleich, wie gut es ist, es wird immer eine Lücke bestehen zwischen der vom Unternehmen erwarteten Funktionsweise und der Funktionsweise, die erforderlich ist, um auf dem Markt Erfolg zu erzielen. Es ist die Bereitwilligkeit, einige zusätzliche Maßnahmen zu ergreifen und das Modell entsprechend dem Feedback des Marktes anzupassen, die ein gutes Modell in ein erfolgreiches Geschäft verwandelt.

Erfolgreiche Unternehmer tun genau dies, die meisten großen Unternehmen jedoch nicht. Anders als viele Manager in großen Aktiengesellschaften »können Unternehmer Aktion und Analyse nicht so einfach trennen«.[3] Sie werden nicht durch formelle Entscheidungsprozesse gehemmt. Sie verstehen, daß das Modell nicht festzementiert werden kann, selbst wenn ein ausführliches Konzept vorliegt. Sie sind bereit, das Geschäft rasch, aber wohlüberlegt zu starten, und konzentrieren sich weniger auf Planung und mehr auf Lernen. Was geht? Was nicht? Sie lernen, korrigieren, lernen mehr, korrigieren erneut usw.

Daß gute Erbauer von Geschäften bereit sind, schnell zu handeln und dabei zu korrigieren, bedeutet nicht, daß sie mit falschen oder unvollständigen Geschäftsmodellen zufrieden sind. Ganz im Gegenteil: Sie wollen die mit den verfügbaren Informationen realisierbaren bestmöglichen Pläne. Sie erkennen jedoch, daß Unsicherheiten nicht gelöst werden können, ohne aus der Realität zu lernen. Dies erscheint selbstverständlich, aber es gibt genug Beispiele, in denen derartiges Lernen aufgrund eines fast fanatischen Festhaltens am ursprünglichen Modell vernachlässigt wird.

Wir nennen den Prozeß, mit dem Unternehmen ihre Geschäftsmodelle verbessern, »aktive Adaptation«. Erbauer von erfolgreichen Geschäften verfügen nicht über den Luxus der Zeit; sie streben Adaptation durch mehr, schnellere und besser abgestimmte Überarbeitungen an. Sie unterziehen ihr Geschäftsmodell Markttests, selbst wenn es dadurch so verändert wird, daß es kaum noch erkennbar ist. Anstatt passiv darauf zu warten, daß ein Lernen erfolgt, beschleunigen sie die Geschwindigkeit des Lernens und der Adaptation. Diese Fähigkeit hebt den erfolgreichen Erbauer von Geschäften aus der Menge heraus.

Der problematischste Aspekt der aktiven Adaptation ist womöglich, daß sie von den Managern Flexibilität verlangt. Es fällt nicht leicht, eine Idee, die man für intelligent hält, völlig abzuändern. Champions neuer Treppen stehen vor einem Paradoxon: Sie müssen einem Konzept leidenschaftlich gegenüberstehen, wenn sie den mühseligen Prozeß des Aufbaus eines Geschäftes bewältigen wollen, und trotzdem verlangt eine erfolgreiche aktive Adaptation, daß Emotionen beiseite geschoben werden und Teile des Modells entsprechend den Erfahrungen aufgegeben werden. Viele neue Geschäfte mißlingen, weil das Management zu lange an einem Modell festhält und dabei Anzeichen von Mängeln oder Belanglosigkeit mißachtet. Leidenschaft darf keinen Vorrang vor der Objektivität haben.

Aktive Adaptation ist mehr als die wiederholte Verfeinerung eines ursprünglichen Geschäftsmodells. Sie umfaßt häufig grundlegende Änderungen der Reaktion auf Feedback des Marktes. Wir nennen sie »aktiv«, weil sie proaktiv gehandhabt werden muß. Der Leiter eines neuen Geschäftes muß Marksteine setzen, um Antworten auf drei kritische Fragen zu forcieren: Wie erreicht man am besten, daß das Modell auf dem Markt funktioniert? Wie weit läßt sich sein Wachstumspotential strecken? Wie springt man auf neue Treppen?[4]

Funktionieren des Modells auf dem Markt

Disneys Erfahrung beim Aufbau einer Kette von Einzelhandelsgeschäften bietet ein ausgezeichnetes Beispiel für aktive Adaptation (Abbildung 7.1). Am Anfang besaß das Unternehmen mit Ausnahme seiner Themenparks nur geringe Erfahrung im Einzelhandel. Der Disney Store, von Beginn an ein unternehmerisches Wagnis, wurde rasch und mit niedrigen Kosten eingeführt und im Lauf der Zeit verändert. Das erste Geschäft wurde 1987 in Glendale, Kalifornien, eröffnet. Es über-

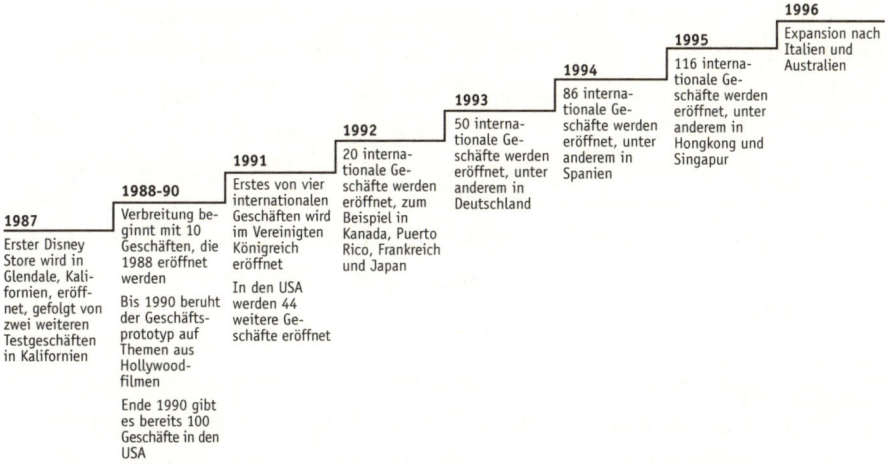

Abbildung 7.1 Die Treppe der Disney Stores

stieg alle Erwartungen, denn es erzielte Umsätze pro Quadratmeter, die um das Drei- oder Vierfache über dem Durchschnitt von Fachgeschäften lagen.

Im vergangenen Jahrzehnt hat Disney über 600 Geschäfte in den Vereinigten Staaten und im Ausland eröffnet, um eine Auswahl seiner 8000 lizenzierten Produkte zu verkaufen. 1996 trugen die Geschäfte 7 Prozent zu den Gesamteinnahmen des Unternehmens bei.

Diese Geschichte eines phänomenalen Wachstums begann 1986, als Steve Burke, Disneys Leiter für Geschäftsentwicklung, einen Wettbewerb unter den Mitarbeitern veranstaltete, um Geschäftschancen zu ermitteln. Die am häufigsten vorgeschlagene Idee war eine Kette von Geschäften ähnlich den Geschäften in Disneys Themenparks. Burke erarbeitete ein vorläufiges Geschäftsmodell, das einen Plan für die Integration von Geschäften, die Disney-Produkte verkauften, in regionale Einkaufszentren vorsah. Disneys Führungskräfte genehmigten den Plan rasch, u. a. weil er nur 400 000 Dollar für die Entwicklung erforderte. Nun lag es an Burke zu beweisen, daß das Konzept erfolgreich sein konnte. Michael Eisner erinnert sich: »Wie lange hat es gedauert, bis wir den ersten eröffnet hatten? Ungefähr zehn Minuten.«

Für den Standort Glendale entschied man sich nicht nur wegen seines hohen Verkehrsaufkommens und der attraktiven Umgebung, sondern auch weil er in der Nähe der Zentrale lag. Eisner sagte dazu: »Wir alle können hingehen, ihn riechen, fühlen, schmecken, berühren.« Bei der Gestaltung des Geschäftes begaben sich die Designer auf alle viere, um sich zu vergewissern, daß die Sichthöhe der eines dreijährigen Kindes entsprach. Die Kunden nahmen das Geschäft dementsprechend auf. Sie boten zudem ausführliches Feedback zu den Produkten, die Disney führen sollte. Die Tatsache, daß Disney ihnen zuhörte und bereit war, den Produktmix anzupassen, stellt in diesem Fall das erste Beispiel für aktive Adaptation dar.

Das Endergebnis der ersten Disney Stores war beeindruckend. Sie erzielten etwa zwei Millionen Dollar an jährlichen Einnahmen mit Gewinnspannen vor Steuer von 15 Prozent. Disney war jedoch nicht zufrieden. »Erst nach der Eröffnung von drei oder vier Geschäften kam uns die Idee, eine große Filmleinwand an der hinteren Wand anzubringen, um Leute anzuziehen,« erinnerte sich Burke. Durch sein Aufzeichnen der Umsatzzahlen war Disney in der Lage, niedrige Mieten auszuhandeln, denn Einkaufszentren verlangen ihre Miete in der Regel auf der Grundlage eines Anteils an den Umsätzen eines Geschäftes. Dank kontinuierlicher aktiver Adaptation des Modells an den Markt und gleichzeitiger Tests der wirtschaftlichen Lebensfähigkeit beobachteten die Manager, wie die Gewinne 1989, noch nicht einmal zwei Jahre nach der Einführung, um 30 Prozent stiegen.

Das Geschäft in Glendale diente Disney als Pilotprojekt. Pilotprojekte können die aktive Adaptation erleichtern, es wäre jedoch zu teuer und zeitaufwendig, sie für jeden Aspekt eines Geschäftsmodells durchzuführen. Der Zweck eines Pilotprojektes sollte daher so genau wie möglich angesetzt werden. Für »meßbare« Geschäfte mit kleinen Einheiten, die leicht wiederholt werden können, wie die Disney Stores, kann ein Pilotprojekt auf ein einziges Geschäft beschränkt werden. Dies erlaubt es, die Ideen in einer kontrollierten Umgebung zu testen, in der Veränderungen rasch durchgeführt werden können.

Für kapitalintensive Branchen und Geschäfte, die wie Telekommunikation und Fluggesellschaften auf Netzen beruhen, würde der Test eines Geschäftsmodells auf eine sofortige Einführung hinauslaufen; es wäre zum Beispiel unrealistisch, ein Pilotprojekt mit einer Idee für einen Themenpark durchzuführen. In diesen Fällen könnten ausgewählte Merkmale des Geschäftsmodells zum Beispiel durch Marktforschung getestet werden.

Strecken des Wachstumspotentials des Geschäftes

Wurde ein Geschäftsmodell mit Hilfe von Marktfeedback aktiv adaptiert, dann ist die nächste Herausforderung zu überlegen, wo es außerdem geeignet und erfolgreich sein könnte. Wie wir in Kapitel 5 gesehen haben, umfaßt die dritte Stufe in einer typischen Treppe die Wiederholung eines Geschäftsmodells, dessen wirtschaftliche Lebensfähigkeit nachgewiesen wurde. Das ökonomische Potential der Treppe steigt, je mehr Chancen für Expansion erkannt und verfolgt werden.

In den meisten Fällen wird die Produktivität der Investitionsausgaben die wichtigste Antriebskraft für die Schaffung von Werten sein. Einfach gesagt, das Ziel sollte sein, den Bedarf an Kapital so weit wie möglich zu verringern.[5] Die Effizienz des Kapitals verbessert nicht nur den finanziellen Ertrag, sie spart auch Kapital, das später zur Beschleunigung der Expansion eingesetzt werden kann – ein wichtiger Faktor, wenn sich die Konkurrenz rasch annähert. Ein kapitaleffizientes Geschäftsmodell wird einen wichtigen Beitrag zu Geschwindigkeit und zum Erfolg einer Geschäftseinführung liefern.

Die Neugründungs- und Fixkosten für jeden Disney Store waren relativ hoch. Das Unternehmen überdachte andere Modelle zur Einführung wie Franchising, lehnte sie jedoch ab, weil man einen engen Kontakt zum Kunden pflegen wollte. Die Suche nach Alternativen brachte andere Entwürfe wie das kleinere Disney Corner-Format für Kaufhäuser und große Supermärkte in bestimmten städtischen Märkten hervor. Beides hielt die Immobilienkosten gering, indem man die teuren Einkaufszentren umging.

Bis 1991 hatten einige von Disneys Rivalen aus der Entertainment-Branche – Warner Bros, Children's Television Workshop, Ringling Brothers, Barnum & Bailey Circus und Hanna-Barbera – damit begonnen, mit Einzelhandelsformaten zu experimentieren. Das Rennen hatte begonnen. Da sich Disney bereits einige der besten Standorte gesichert hatte, war man im Vorteil.

Es kommt jedoch der Zeitpunkt, an dem radikale Veränderungen des Grundmodells eingestellt werden müssen. Es ist schwer, solche Veränderungen weiterhin durchzuführen, während das Modell mit immer höherer Geschwindigkeit verbreitet wird. Adaptation erfordert Flexibilität und Offenheit der Veränderung gegenüber; schnelle Verbreitung erfordert Vereinheitlichung und Vorhersagbarkeit. Obwohl das Management mehrere Möglichkeiten für Wiederholung überprüfen sollte, muß es sich irgendwann für eine entscheiden. Weitere Änderungen können noch durchgeführt werden, die Aufmerksamkeit muß sich jedoch auf die Ausführung des Verbreitungsplans konzentrieren.

Die geographische Verbreitung der Disney Stores erfolgte äußerst schnell, wobei gleichzeitig einige vernünftige Veränderungen durchgeführt wurden. Aufgrund des Drucks durch schnelle Verfolger schnitt Disney seine Geschäftsmodelle für neue Märkte auf die Vorlieben der Kunden zu. Britische Kinder lieben Puh, den Bär, die Franzosen mögen Bambi und Klopfer, die Japaner lieben Micky Maus. Dementsprechend ist der in den Geschäften geführte Produktmix von Land zu Land unterschiedlich.

Sprung auf neue Treppen

Die Wiederholung des Geschäftsmodells bringt in der Regel reichhaltige Einblicke in mögliche Treppen; Horizont-2-Aktivitäten ziehen häufig die Schaffung von Horizont-3-Optionen nach sich. Jede dieser Optionen kann wiederum zu anderen Chancen führen. Die Herausforderung an die Führung ist, sie zu ergreifen und auszunutzen, ohne bei der Verbreitung von ihrem zielgerichteten Schwerpunkt Ausführung abzuweichen.

Der Erfolg der Disney Stores diente als Sprungbrett für Ideen für neue Einzelhandelskonzepte. 1990 führte Disney ein erfolgloses Experiment mit Mickey's Kitchen durch, eine Art Hard Rock Café für die ganze Familie. 1993 bis 1994 wurde die Walt Disney Classic Collection als erstes Produktprogramm mit Zeichentrickkunst (gerahmte Ausschnitte aus Original-Zeichentrickfilmen von Disney) und das Einzelhandelsformat Walt Disney Gallery eingeführt. Darauf folgten drei andere Einzelhandelsideen: Club Disney, ein »Edutainment«-Geschäft für die ganze Familie; Disney Quest, ein Mini-Themenpark; und

ein Konzept, das auf Erlebnisgastronomie beruht und an ESPN angeschlossen ist, einen Sport-Kabelfernsehsender, der dem Unternehmen
gehört.

Bei Disney ist der Sprung auf neue Treppen jedoch nicht auf den Einzelhandel beschränkt. Er ist für die gesamte Aktiengesellschaft eine
Lebensart und erklärt Disneys bemerkenswerte Entwicklung zu einem
dynamischen und mächtigen Unternehmen im Medienbereich. Wenn
wir uns Disneys Wachstum anschauen, sehen wir ein eindeutiges
Muster eines sich entwickelnden Portfolios von Treppen, die wieder
Treppen erzeugen (Abbildung 7.2).[6]

Die meisten Menschen würden das Film-Entertainment als Disneys
wichtigste Treppe ansehen. Im Lauf der Jahre hat es sich von seinem
Ausgangspunkt Zeichentrick zu Filmstudios, Fernsehprogrammen und
vor kurzem auch zum Rundfunkwesen entwickelt. Über den Zeichentrick gelangte Disney auch zum Geschäft mit Fanartikeln. Beginnend

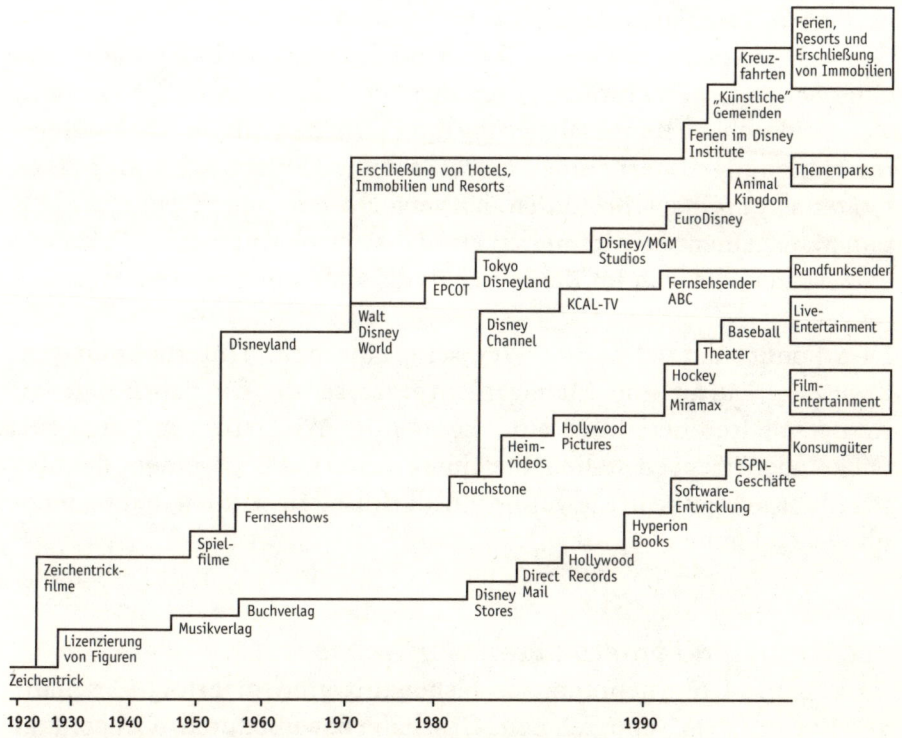

Abbildung 7.2 Die Treppen der Disney-Portfolios

mit der Lizenzierung von Figuren, drang man in das Musik- und Buch-verlagswesen vor, danach eröffnete man eigene Einzelhandelsgeschäfte.

Die frühen Trickfilme boten dem Unternehmen zudem die Chance, in den 50er Jahren den ersten Themenpark, Disneyland, zu errichten. Sein Erfolg ließ ein internationales Geschäft aufblühen, das immer noch wächst. Die Themenpark-Treppe selbst diente als Grundlage für einen erfolgreichen Vorstoß in Hotels, Resorts und Ferienimmobilien. Von hier aus drang Disney in die Entwicklung »künstlicher« Gemeinden vor – makellos saubere und sichere Nachbarschaften mit allen Ein-kaufsmöglichkeiten und sonstigen Einrichtungen, wie zum Beispiel Celebration, Florida, nahe Orlando. 1998 ging man sogar in die Kreuz-fahrt-Branche.

Schutz einer neuen Treppe

Die einzige wirtschaftliche Herausforderung, die noch größer ist als die Schaffung eines neuen Geschäftes, ist möglicherweise die Schaffung ei-nes neuen Geschäftes innerhalb einer großen etablierten Organisation. Große Unternehmen fressen ihre Kinder. Horizont-1-Geschäfte sind einer neuen Unternehmung gegenüber besonders feindlich eingestellt, wenn dadurch die Kannibalisierung ihrer Grundlage droht. Disziplinier-ten Horizont-1-Unternehmen erscheinen die Horizont-2- und -3-Akti-vitäten als ein Chaos. Sie fühlen sich versucht, eine neue Treppe mit »gu-tem Management« zu definieren und dabei die Normen und Werkzeuge einzusetzen, die sich im Kerngeschäft als wirksam erwiesen haben.[7]

Dies könnte der schnellste Weg sein, eine neue Unternehmung zu zerstören. Kultur und Managementprozesse, die für den Erhalt der Kerngeschäfte unerläßlich sind, können im Widerstreit mit sich ent-wickelnden Treppen stehen, die ohne ein starkes Engagement des obe-ren Managements, ihre jeweiligen Bedürfnisse zu erfüllen, häufig nicht überleben können.

Schützen und Fördern der neuen Treppe

Viele große Unternehmen, die bisher mit großem Erfolg Geschäfte geschaffen haben, schützen neue Geschäfte bewußt durch »Cocooning« oder schirmen sie von der Körperschaft ab. Dies erzeugt eine Umgebung ähnlich wie in einem Kleinunternehmen, die Dringlichkeit, Schwerpunkt und Einfühlungsvermögen unter den Mitarbeitern schafft.

Dies war der Hintergrund des Software-Produktes Notes, dem zu verdanken ist, daß der Lotus Development Corporation ein neues Leben geschenkt wurde. Daß das Produkt überhaupt existiert, ist zum großen Teil auf die Förderung zurückzuführen, die der damalige CEO Jim Manzi Iris Associates zukommen ließ, der von Lotus gegründeten Entwicklungsgruppe, die das Produkt geschaffen hat. Iris war in einem Vorstadt-Lagerhaus als selbständiges Unternehmen unter der Leitung von Raymond Ozzie tätig, der Notes 1981 erfand. Iris schuf mit Erfolg eine eigene Unternehmenskultur. Jeff Papows, President von Lotus, beschrieb dies so: »Das große auffällige Neonschild über dem Empfang des Gebäudes mit der Aufschrift ›Iris‹ sagt alles. Es ging nur darum, vier, dann sechs, dann acht und schließlich 20 äußerst clevere Personen zusammenzubekommen, die wirklich glaubten, sie könnten die Welt verändern ... Das einzige Ziel jedes einzelnen Mitglieds der Gruppe war es, Notes zu einem Erfolg zu machen.«[8]

Einigen Führungskräften zufolge wurde Notes von Lotus nicht sofort freudig begrüßt, denn hier widmete man sich damals der Förderung des erfolgreichen Tabellenkalkulationsprogramms 1-2-3.

Manzi mußte bei mehreren Gelegenheiten einschreiten, um Iris vor anderen Lotus-Führungskräften und dem Board of Directors zu schützen. Hätte man Iris nicht abgeschirmt und geschützt, hätte es auch Notes nicht gegeben, das die Einnahmen steigerte, als 1-2-3 die Luft ausging. Diese Vorgehensweise war so erfolgreich, daß IBM, nun Eigentümer von Lotus, versucht, dies zu wiederholen. 1997 halfen IBM und Lotus Ozzie dabei, eine neue Unternehmung ähnlich Iris zu gründen, die Rhythmix Corporation.

Ziel des Cocoonings ist, die Vorteile eines unabhängigen Jungunternehmens mit der Möglichkeit zu verbinden, sich die Fähigkeiten des Kerngeschäftes zunutze zu machen. Hält man eine Verbindung zum größeren Unternehmen aufrecht, anstatt durch ein Spin-off als unabhängiges Unternehmen abgespalten zu werden, bieten sich mehrere Vorteile: leichter Zugang zu günstigerem Kapital, die Fähigkeit, gute Mitarbeiter anzuziehen, ein umfangreicher Wissensschatz, verwaltungstechnische Größenvorteile, Marktglaubwürdigkeit und Anerkennung der Marke.

Letztendlich ist die Frage nicht, *ob* Cocooning erforderlich ist, sondern wo, wann, wie und wie stark. Die Beziehung einer neuen Treppe zum größeren Unternehmen zu definieren ist eine der schwierigsten frühen Entscheidungen für die Unternehmensführung.[9] Hierbei müssen viele Faktoren berücksichtigt werden:

- Erfordert die neue Unternehmung schnellere Veränderungen als im Unternehmen üblich?
- Inwieweit stellt die neue Treppe eine direkte Konkurrenz zum vorhandenen Geschäft dar (oder eine Kannibalisierung)?
- Inwieweit sind die betrieblichen Kenntnisse des Unternehmens auf die neue Treppe anwendbar?
- Wie wichtig ist es, eine Umgebung zu schaffen, die eine neue Denkweise unterstützt und anregt und die der üblichen Voreingenommenheit des Unternehmens widersteht?
- Wie sieht der Prozeß der Entscheidung über die Zukunft der Treppe aus?

Diese und andere Überlegungen werden letztendlich den Umfang festlegen, in dem die Treppe vom größeren Unternehmen getrennt oder an dieses angebunden werden soll. Wenn das neue Geschäft ähnliche Bedürfnisse wie das bereits bestehende hat und die Gefahr der Kannibalisierung gering ist, kann ein leichteres Cocooning, wie zum Beispiel veränderte Rechenschaftspflichten, ausreichend sein.

Strukturelles Cocooning wurde bewußt eingeschränkt, als die Disney Stores gegründet wurden. Das Management errichtete sie als Unternehmensbereich innerhalb der größeren Konsumgütergruppe, um sich ergänzende Fähigkeiten zunutze machen zu können: Die Gruppe konzentrierte sich bereits auf das Fanartikelgeschäft und hatte ein gutes Gefühl für den Zielmarkt. Die Disney Stores würden ihr Geschäft nicht kannibalisieren; statt dessen stellten sie einen weiteren Kanal neben dem vorhandenen Vertriebsnetz und Kataloggeschäft dar. Selbst Lieferanten wie Spielzeughersteller Mattel waren nicht sonderlich beunruhigt, weil die Geschäfte den Fanartikelkuchen nur noch größer machten. Eine Priorität für Disney war es zu gewährleisten, daß Kultur und Werte seines Kundendienstes fortgeführt wurden. Um dies zu erreichen, blieb das neue Geschäft weiterhin mit dem Unternehmen verbunden.

In anderen Fällen kann es für eine neue Unternehmung wichtig sein, eine größere Autonomie zu besitzen. Wie wir in Kapitel 9 zeigen werden, begann Bombardiers Kapitalgruppe als Händlerfinanzierungsgeschäft der Gruppe für motorisierte Konsumgüter. Als man ihr Potential erkannte, wurde die Einheit aus dieser Gruppe herausgenommen und als unabhängiges Geschäft mit eigenem Präsidenten errichtet, der direkt dem Chief Executive unterstellt ist. Diese Maßnahme half, dem neuen Finanzdienstleistungsgeschäft neue Chancen zu eröffnen.

Befreiung der neuen Treppe von den Managementsystemen von Horizont 1

Die Entscheidung, ein neues Geschäft durch Cocooning zu schützen, betrifft nicht nur die Organisationsstruktur. Die Managementsysteme eines Kerngeschäftes können eine tiefgreifende Auswirkung auf ein flügge gewordenes Unternehmen haben. Systeme, die entwickelt wurden, um ein reifes Unternehmen zu leiten, sind für eine neue Unternehmung mit unterschiedlichen Bedürfnissen nicht unbedingt geeignet. Mißlingen neue Unternehmen innerhalb großer Aktiengesellschaften, ist womöglich ein Teil der Schuld den Managern zuzuschreiben, die zu stark an der Art festhalten, wie sie das Management des Kerngeschäftes handhaben.

In Kapitel 8 diskutieren wir darüber, wie gefährlich die Behauptung ist, neue Treppen könnten in der gleichen Weise wie vorhandene Geschäfte gemanagt werden. Mechanismen für den Betrieb eines größtenteils vorhersagbaren Horizont-1-Geschäftes eignen sich weder für die Bedürfnisse eines dynamischen, schnell wachsenden Horizonts 2 noch für Horizont 3, bei dem man nicht weiß, wie er aussehen wird und wohin er führt. Was das neue Geschäft braucht, ist ein Verfahren des Managements, das auf weniger Risikofreudige beunruhigend wirken kann. Die Antwort ist nicht, die Managementsysteme der gesamten Aktiengesellschaft zu überprüfen, sondern die neuen Treppen von möglicherweise schädigenden Bestandteilen der Unternehmenspolitik zu befreien; mit anderen Worten, Ausnahmen von einigen der wachstumshemmenden Regeln des Unternehmens zu machen.

Die primären Leistungsmessungen eines etablierten Unternehmens können sich um herausragende betriebliche Leistung drehen: Produzieren immer größerer Mengen sowie besserer Qualität und Dienstleistung zu sinkenden Kosten oder dergleichen. Neue Treppen müssen dagegen Einnahmen erzielen, wo noch gar keine existieren. Die Rentabilität kann noch Jahre entfernt sein. Eine sichere Methode, das Geschäft zu zerstören, ist, die Leiter einer neuen Treppe für Ziele zur Verantwortung zu ziehen, die sie nicht erreicht haben. Dies ist auch nicht der springende Punkt: Entwickelt sich eine neue Treppe gut, sollte sie ein Nettogewinnverbraucher sein. Ihr Ziel ist es nicht, Gewinne zu erzielen, sondern Marksteine des Projektes zu erreichen und letztlich einen hohen Einnahmenzuwachs zu erzielen. Wird eine solche Treppe von den üblichen Leistungsmessungen befreit und mit einem anderen Ziel ausgestattet, können Manager das Wachstum fördern.[10]

Manchmal muß neuen Treppen die Befreiung von konservativen Planungs- und Budgetierungsnormen garantiert werden. Entlastung durch zum Beispiel getrennte Rechenschaftspflichten können in Verfahren integriert werden, und eine Finanzierung für einen raschen Aufstieg kann erreicht werden, wenn Unternehmungen schnellen und direkten Zugang zur Unternehmenszentrale erhalten. Einschränkungen bezüglich des Zurückgreifens auf externe Finanzierungsquellen können gelockert werden. Führungskräfte können das Engagement für das neue Geschäft soweit führen, daß sie Managern erlauben, all ihre Entscheidungen hinsichtlich Outsourcing und Untervergabe eigenmächtig zu treffen, selbst wenn sie dazu Konkurrenten nutzen.

Auch im Personalbereich kann Spielraum erforderlich sein. Versucht ein großes Unternehmen, eine Treppe mit denselben Personen und Anreizsystemen wie in seinen etablierten Geschäften aufzubauen, ist Enttäuschung gewiß. Für Leute, die über den Unternehmergeist und die Energie verfügen, ein Geschäft aufzubauen, ist ein Unternehmen mit einem bisher geringen Wachstum nicht unbedingt attraktiv. Werden sie von herkömmlichen Anwerbe- und Anreizverfahren und Leistungsmaßnahmen nicht angezogen, müssen Ausnahmen gemacht werden. Es können Gehalts- und Anreizangebote erforderlich sein, die es im Kerngeschäft bisher nie gab, mit Belohnungen für Erfolg, wie sie für eine unternehmerische Neugründung kennzeichnend sind.

Schlüsselfaktor ist die richtige Führung. Der CEO muß eventuell bei der Anwerbung und Einstellung der richtigen Art von Managern für das neue Geschäft persönlich tätig werden. Ebenso wie Cocooning und physische Trennung vom Kerngeschäft eine unterschiedliche Kultur fördern können, kann die Befreiung von herkömmlichen Managementverfahren die speziellen Ziele und Bedürfnisse des neuen Geschäftes verstärken. Zusammen betonen diese Maßnahmen das Engagement eines Unternehmens für den Erfolg eines neuen Geschäftes, und sie motivieren seine Mitarbeiter, denn es wird hervorgehoben, daß sie an etwas Besonderem arbeiten.

Der Bau einer Treppe innerhalb einer großen Organisation ist kein kleines Ziel. Unternehmen mit nachhaltigem Wachstum beeindrucken, weil es ihnen gelingt, dies wieder und wieder zu tun. Sie bauen mehrere Treppen gleichzeitig. Das Cocooning und die Befreiung, die wir beschreiben, funktionieren gut, wenn ein Unternehmen nur eine oder zwei neue Treppen baut. Wird das Aufbauen von Unternehmen jedoch zur Lebensart, ist eine andere Lösung erforderlich: Eine systematischere Herangehensweise, die eine Umwandlung der Art und Weise, wie das Unternehmen gemanagt wird, erfordert. Dies ist das Thema von Teil IV.

ANMERKUNGEN

1   A. Bhide, »The questions every entrepreneur must answer«, *Harvard Business Review*, November–Dezember 1996, S. 126; »How entrepreneurs craft strategies that work«, *Harvard Business Review*, März–April 1994, S. 159.

2   Eine Diskussion, die zum Nachdenken anregt, findet sich in M. L. Tushman und C. A. O'Rilley III, »Ambidextrous organizations: Managing evolutionary and revolutionary change«, *California Management Review*, Sommer 1996, Band 38, Nr. 4, S. 8–30.

3   Mit Worten von A. Bhide: »Viele Aktiengesellschaften, die eine umfassende Analyse befürworten, entwickeln eine ausgeprägte Unfähigkeit, Chancen zu ergreifen. Analyse kann den Eintritt verzögern, bis es zu spät ist, oder Ideen zerstören, weil man zu viele Probleme entdeckt.« In »How entrepreneurs craft strategies that work«, *Harvard Business Review*, März–April 1994, S. 150.

4   Für eine wohlüberlegte Perspektive über den Antrieb des Rhythmus', in dem Geschäfte aufgebaut werden, siehe K. M. Eisenhardt und S. L. Brown, »Time pacing: Competing in markets that won't stand still«, *Harvard Business Review*, März 1998, S. 59–71.

5   Eine hilfreiche Diskussion der Prozesse, die das Nachdenken über Kapitalausgabe anregen, ist in J. Carter, M. van Dijk und K. Gibson, »Capital investment: How not to build the Titanic«, *The McKinsey Quarterly*, 1996, Nr. 4, S. 146–159, enthalten.

6   Die Vorstellung eines sich kontinuierlich entwickelnden Portfolios an Treppen, die Treppen erzeugen, ähnelt der Ansicht von J. C. Collins und J. I. Porras der »sinnvollen Entwicklung« durch »Verästelung und Beschneiden«. Sie erklären: »Die Idee ist einfach: Wenn Sie einem Baum genug Zweige hinzufügen ... und die abgestorbenen Äste korrekt beschneiden, ... dann entwickelt er wahrscheinlich viele gesunde Zweige, die in der richtigen Position sind, um in einer sich ständig verändernden Umgebung zu gedeihen.« *Built to last: Successful habits of visionary companies* (London 1994), S. 146.

7   Eine faszinierende Diskussion darüber, wie gutes Management große Unternehmen dazu gebracht hat, angesichts nicht fortgeführter Technologien zu versagen, findet sich in C. M. Christensen, *The Innovator's Dilemma: When new technologies cause great firms to fail* (Boston, Mass., 1997).

8   Interviews von R. Anandan und J. Sinha mit Steve Sayre, Senior Vice-president, Notes-Marketing, und Jeff Papows, Präsident von Lotus, Mai 1995; »Shaping new markets«, O. Sibony und J. Sinha, Mai 1995, unveröffentlicht.

9   Eine ausführliche Erörterung der geeigneten unternehmerischen Positionierung für neue Geschäfte findet sich in Z. Block und I. C. MacMillan, *Corporate Venturing: Creating new businesses within the firm* (Boston, Mass., 1993), Kapitel 6 »Locating the venture in the organisation« und 8 »Organizing the

venture«, und H. W. Chesbrough und D. J. Teece, »When is virtual virtuous? Organizing for innovation«, *Harvard Business Review*, Januar–Februar 1996, S. 65–73.

10 Z. Block und I. C. MacMillan, *Corporate Venturing: Creating new businesses within the firm* (Boston, Mass., 1993), Kapitel 5 »Selecting, evaluating, and compensating venture management«, 7 und 9 »Controlling the venture«.

Teil IV

Kontinuierliches Wachstum sichern

Um Wachstum zu erhalten, müssen Unternehmen den Prozeß des Geschäftsaufbaus institutionalisieren. Im letzten Teil dieses Buches liefern wir Vorschläge, wie dieser Prozeß gestaltet werden kann.

Zunächst behandeln wir die möglicherweise wichtigste Herausforderung, vor der die Führung von Wachstumsunternehmen steht: Das erfolgreiche Management von Wachstumsinitiativen in unterschiedlichen Phasen der Reife. Während sich die Anforderungen, die sich im Rahmen der Initiativen ergeben, im Verlauf ihres Wachstums verändern, gestalten nur wenige Unternehmen ihre Managementsysteme so, daß sie mit dieser Entwicklung umgehen können. Wir schlagen ein Verfahren vor, das die Unterschiede berücksichtigt, anstatt sie zu verwischen.

In Kapitel 9 beschreiben wir, welche Rolle die Unternehmenszentrale bei der Motivierung von Wachstum durch den Aufbau von Geschäften spielen kann. Intelligente Führungskräfte in Unternehmen wenden zwei Verfahren an: sie delegieren die Leitung, und sie bieten Fachwissen an, das nur die Unternehmenszentrale wirtschaftlich liefern kann.

8 Differenziertes Management der Horizonte

Verläßt sich ein Unternehmen in seiner gesamten Organisation auf ein Managementsystem, geht es stillschweigend davon aus, daß alle Teile der Organisation ähnliche Managementanforderungen haben. Dies ist jedoch eine gefährliche Annahme. Sie hilft zu verstehen, weshalb nachhaltiges Wachstum in großen Aktiengesellschaften so schwer – und auch so selten – ist.

Ziel von Horizont 3 ist es, eine neue Chance zu untersuchen und strategische Einblicke zu bekommen, was nur erfolgt, wenn ein Unternehmen bewußt Schritte unternimmt, um Optionen für die Zukunft zu sichern. Es gibt nur wenige Regeln, lediglich Gespräche, Forschung, Nachdenken, Vernetzung, Allianzen, kleine Investitionen und, mit etwas Glück, die wachsende Überzeugung hinsichtlich eines Einblicks. Daher ähnelt das Management von Horizont 3 etwas dem Tauchen nach einem versunkenen Schatz.

Herausforderung von Horizont 2 ist es, den Vorteil eines Einblicks zu nutzen, bevor dies die Konkurrenz tut. Zeit ist hier das Wesentliche. Der Schwerpunkt verlagert sich auf den raschen Bau der Treppe und die Festlegung von positionellen Vorteilen. Die Geschwindigkeit wird ungeheuer, während gesteigerte Risikobereitschaft, Einsatz von raschem Urteilsvermögen und höhere Investitionen nötig werden. In vieler Hinsicht ähnelt dieser Prozeß des Geschäftsaufbaus einer Wildwasser-Floßfahrt.

Die Handhabung von Horizont 1 unterscheidet sich deutlich von der Handhabung der geschäftsaufbauenden Aktivitäten der anderen Horizonte. In dem Moment, in dem eine Treppe zu Horizont 1 reift, haben die Konkurrenten den ursprünglichen strategischen Einblick längst erkannt, und die frühen positionellen Vorteile werden untergraben. Das Überleben hängt von überlegener Ausführung ab. In den betrieblichen Prozessen, bei Planung und Budgetierung ist große Disziplin erforderlich, um Vorhersagbarkeit und Rechenschaftspflicht zu steigern. Daher ähnelt das Management eines Horizont-1-Geschäftes eher der Aufgabe eines Steuermanns einer Rudermannschaft.

Aktiengesellschaften können die Grenzen des Wachstums, die viele Systeme unabsichtlich kontinuierlich erhalten, nur durch Differenzierung ihrer Managementsysteme zwischen den drei Horizonten überwinden. Würden sämtliche Manager ausschließlich anhand der Rentabilität ihrer Geschäfte beurteilt – eine gute Messung der Horizont-1-Leistung –, so hätten sie nur wenig Verlangen, Horizont-2-Geschäfte aufzubauen. Wird nicht eine gewisse Zeit der Führungskräfte systematisch für den Aufbau flügge gewordener Geschäfte vorbehalten, so werden die Bedürfnisse des Kerngeschäfts die Manager Tag und Nacht in Anspruch nehmen, und es wird ihnen keine freie Sekunde für den Aufbau der Horizonte 2 und 3 bleiben.

Die Idee differenzierter Managementsysteme steht im Widerspruch zu dem instinktiven Bedürfnis der Manager nach Einheitlichkeit und Konsistenz und ihrem Wunsch, Maßstäbe für die gesamte Organisation zu setzen und daran festzuhalten. Dies ist eine schwer verdauliche Nachricht in einer Welt, in der sich viele Geschäfte durch ihre Managementsysteme definieren: »Wir sind gewinnorientiert«, oder »Wir fördern Innovation«.

Die Herausforderung in Kapitel 7 war die Bewältigung der Entwicklung einer einzigen neuen Treppe. Wir empfahlen Unternehmen, Ausnahmen bei ihren Kernmanagementprozessen zu machen, um ein neues Geschäft zu schützen. Wenn jedoch der Aufbau von Geschäften aufblüht und zur Lebensart wird, wenn immer mehr Treppen entwickelt werden, kann Management durch Befreiung eventuell nicht länger getragen werden. Statt dessen wird es notwendig, systematischer vorzugehen, um den sich widersprechenden Charakteristika der drei Horizonte gerecht zu werden. Das Problem ist, kurz gesagt, Managementsysteme innerhalb eines einzigen zusammenhängenden Organisationsverfahrens zu differenzieren.[1]

Wir sind der Auffassung, daß drei bestimmte Bereiche innerhalb von Managementsystemen die größte Auswirkung auf das Verhalten einer Organisation haben. Zuallererst ist das Talentmanagement unerläßlich, um zu gewährleisten, daß der richtige Ausgleich von Kenntnissen herrscht, um Geschäfte und Initiativen in jedem der drei Horizonte zu leiten. Zweitens müssen Planungs- und Budgetierungssysteme Unternehmen in die Lage versetzen, alle drei Horizonte gleichzeitig zu verfolgen, indem für jeden der geeignete Grad der Investitionen von Ressourcen geklärt wird. Schließlich müssen Leistungsmanagementsysteme eindeutige Anreize schaffen, die zum richtigen Verhalten in jedem Horizont motivieren.

Talentmanagement

Leiter von Wachstumsunternehmen kennen den Wert von Talent. Alfred Zeien, CEO von Gillette, erkannte, »daß der steuernde Faktor in der Wachstumsrate des Unternehmens die Rate ist, mit der wir unser Managementteam um talentierte, global orientierte Individuen erweitern können«.[2] Ohne talentierte Leute versagen selbst die auf brillanteste Art ausgearbeiteten Strategien, und die inspirierendsten Visionen verlieren ihren Glanz. Die Art von Errungenschaften, die große Wachs-

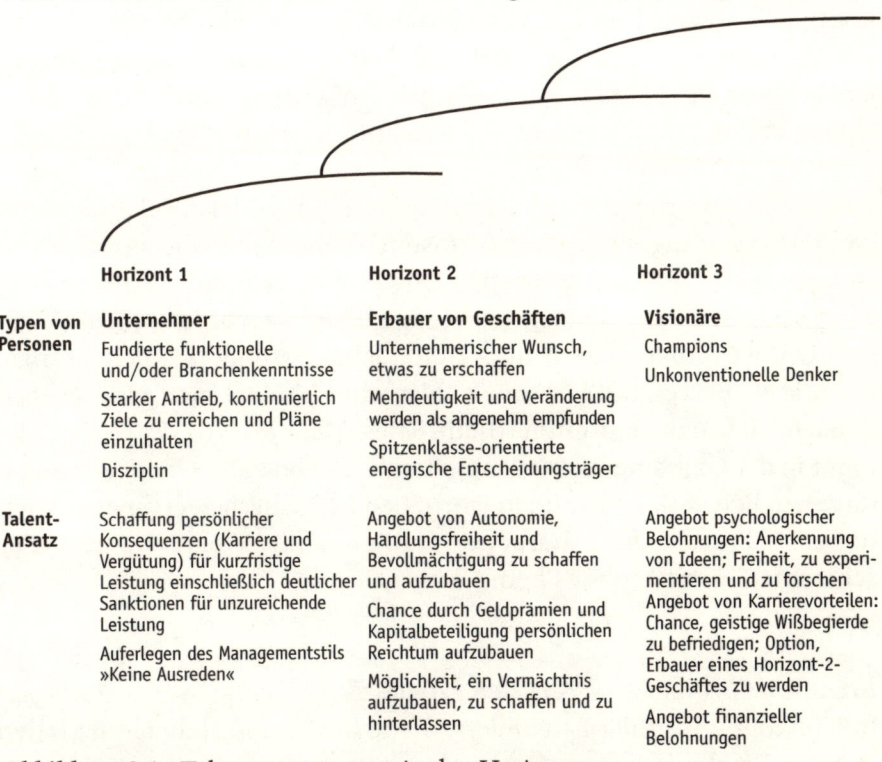

	Horizont 1	Horizont 2	Horizont 3
Typen von Personen	Unternehmer	Erbauer von Geschäften	Visionäre
	Fundierte funktionelle und/oder Branchenkenntnisse	Unternehmerischer Wunsch, etwas zu erschaffen	Champions
	Starker Antrieb, kontinuierlich Ziele zu erreichen und Pläne einzuhalten	Mehrdeutigkeit und Veränderung werden als angenehm empfunden	Unkonventionelle Denker
	Disziplin	Spitzenklasse-orientierte energische Entscheidungsträger	
Talent-Ansatz	Schaffung persönlicher Konsequenzen (Karriere und Vergütung) für kurzfristige Leistung einschließlich deutlicher Sanktionen für unzureichende Leistung	Angebot von Autonomie, Handlungsfreiheit und Bevollmächtigung zu schaffen und aufzubauen	Angebot psychologischer Belohnungen: Anerkennung von Ideen; Freiheit, zu experimentieren und zu forschen
	Auferlegen des Managementstils »Keine Ausreden«	Chance durch Geldprämien und Kapitalbeteiligung persönlichen Reichtum aufzubauen	Angebot von Karrierevorteilen: Chance, geistige Wißbegierde zu befriedigen; Option, Erbauer eines Horizont-2-Geschäftes zu werden
		Möglichkeit, ein Vermächtnis aufzubauen, zu schaffen und zu hinterlassen	Angebot finanzieller Belohnungen

Abbildung 8.1 Talentmanagement in den Horizonten

tumsunternehmen anstreben, erfordern talentierte, motivierte und tatkräftige Personen.[3] In einer globalen Wirtschaft, in der der Wettbewerbsvorteil davon abhängt, sich die richtigen Personen zu sichern, herrscht ein ständiger Mangel an den fähigsten von ihnen.

Die Auffassung, es gäbe ein Idealprofil für talentierte Führungskräfte, ist jedoch so irrig wie die Vorstellung, man könnte auf sämtliche Aktivitäten ein einziges Meßsystem anwenden. Der Trick hierbei ist, Individuen mit den richtigen Fähigkeiten, Vorlieben, Erfahrungen und Kenntnissen für die Aktivitäten in jedem Horizont zu finden (Abbildung 8.1).

Unternehmer des Horizont 1

In Horizont 1 müssen reife Geschäfte bis an ihre Grenzen angetrieben werden. Dies erfordert fundierte Kenntnisse des Geschäftes sowie eine starke grundlegende Disziplin und die Fähigkeit, Menschen in ihrem Bemühen um Leistungsfähigkeit und kontinuierliches (in der Regel allmähliches) Wachstum zu motivieren. Häufig sind die besten Führungskräfte in Horizont 1 die starken Betriebsleiter, die alles Nötige tun, um ihre Ziele zu erreichen. Sie müssen unbedingt Spitzenleistungen erfüllen. Sie sind für Rentabilität und Cash Flow verantwortlich, die dabei helfen, den Aktienkurs eines Unternehmens festzulegen.

Um diese Unternehmer zu motivieren, sind deutliche Anreize von größter Bedeutung. Viele Wachstumsunternehmen setzen beträchtliche Geldprämien ein, um kurzfristige Leistung zu belohnen. Frito-Lay bezahlt seine 100 Bereichsmanager in den USA, als würden sie ihre eigenen Unternehmen leiten, und greift dabei besonders auf leistungsorientierte Barvergütung zurück. Negative Maßnahmen sind ebenso einfach, deutlich und einheitlich. Sales Manager von Frito-Lay, die nicht in der Lage sind, zufriedenstellende Ergebnisse zu liefern, werden unverzüglich entlassen, und in jährlichen Leistungsbewertungen erhalten ca. 5 Prozent der Mitarbeiter die Bewertung »inakzeptabel«. Für schlechte Leistung gibt es keine Ausreden.

Erbauer von Geschäften des Horizont 2

In Horizont 2 liegt der Fall anders. Seine Initiativen stehen oder fallen mit der Geschwindigkeit und Effektivität, mit der eine Idee in ein gewinnbringendes und letztlich rentables Geschäft umgewandelt werden kann. Da der Anfang einer Horizont-2-Treppe oft nicht greifbarer ist als ein gut formuliertes Geschäftskonzept, müssen Manager energische Entscheidungsträger sein, die sich in ungewissen und rasch wachsenden Umgebungen auszeichnen. Sie müssen schnell handeln, ein Team bilden und sich an den Markt anpassen.

Interviews mit marktführenden Stellenvermittlungen für Führungskräfte, Risikokapitalgebern, Führungskräften und Kollegen halfen uns, die wichtigsten Eigenschaften von Geschäftserbauern in Horizont 2 zu ermitteln. Sie konzentrieren sich auf die Spitzenklasse, verfügen häufig über Hintergrund in Marketing oder Verkauf, und sie fühlen sich inmitten von Mehrdeutigkeit und ständiger Veränderung wohl. Sie nehmen Risiken auf sich, denken wie Eigentümer und Investoren und sind bereit, heute finanzielle und persönliche Opfer für die Gewinne von morgen zu bringen. Sie sind eigenständig und können sich selbst motivieren, und sie haben das Verlangen, etwas zu schaffen. Kurz gesagt, Erbauer von Horizont-2-Geschäften ähneln klassischen Unternehmern in der Welt der kleinen bis mittleren Geschäfte.

Wie können demnach die Anreize aussehen, die sie als Antrieb für ihre Leistung benötigen? Erstens ist, angesichts des Risikoprofils von Unternehmern, ein hohes Verhältnis zwischen variablen und Fixkosten im gesamten Barvergütungspaket ein Muß. Ein Festgehalt alleine, selbst wenn es hoch ist, ist nicht ausreichend. Zweitens sollte die Chance bestehen, persönlichen Reichtum zu schaffen: Unbegrenzte Sonderzahlungen und Kapitalbeteiligung sind häufig. Obwohl Kapitalbeteiligungen für das Erzielen guter Leistungen in Horizont 1 geeignet sind, fordern Horizont-2-Erbauer häufig ein Stück vom Kuchen als Teil ihrer Vergütung. Dies vermittelt ihnen das Gefühl der Eigentümerschaft und bringt sie dazu, so zu handeln, als ginge es um ihr eigenes Geld – was ja in gewissem Maße auch der Fall ist.

Ein weiterer deutlicher Unterschied zwischen den Horizonten 1 und 2 besteht im Umgang mit Versagen. Der »Keine Ausreden«-Managementstil, der die Ergebnisse in Horizont 1 so erfolgreich antreibt, eignet sich für Horizont 2 nur selten. Der Aufbau neuer Geschäfte ist riskanter als die Verteidigung eines bestehenden Geschäftes, und mit einem Versagen muß gerechnet werden. Nicht jedes Versagen verdient die persönlichen Sanktionen aus Horizont 1. Viele Wachstumsunternehmen machen im Falle eines »guten Versagens« eine Ausnahme – d. h. bei gut ausgeführten Initiativen, die jedoch aufgrund externer Faktoren oder der Marktdynamik versagten.

Das Sanktionieren von Versagen aufgrund mangelhafter Ausführung ist notwendig, um eine exakte Rechenschaftspflicht für Leistung aufrechtzuerhalten. Wollen Topmanager jedoch die richtigen Personen für eine Unternehmung ansprechen, brauchen diejenigen, die Risiken auf sich nehmen, die Zusicherung, daß ihre mutigen Bemühungen belohnt werden, falls ihre Unternehmungen aufgrund von Umständen, die außerhalb ihrer Kontrolle liegen, versagen. Einige Unternehmen bieten Mitarbeitern, die riskante Unternehmungen leiten, sogar ein bedingtes berufliches Fortkommen. Bricht ihre Unternehmung zusammen, wissen sie, daß bereits eine andere Herausforderung zum Aufbau eines Geschäftes auf sie wartet.

Visionäre des Horizont 3

Horizont 3 braucht Visionäre. Es muß ein Bild der Zukunft geschaffen werden, sie muß untersucht und ausgearbeitet werden. Horizont 3 braucht die Art Person, die über das herkömmliche Wissen hinausschaut, um neue Ideen und Chancen zu erforschen, und der es nichts ausmacht, ein Einzelgänger zu sein. Es wäre jedoch zu einfach zu behaupten, die Visionäre in Horizont 3 könnten durch Geld und die Schaffung von Reichtum nicht motiviert werden. Dennoch ist oft einer der besten Anreize für sie die Anerkennung ihrer Ideen.

Erfolgreiche Visionäre sehen die Freiheit, ihrer geistigen Wißbegierde nachzugehen, als wichtigen Bestandteil ihres Anreizpakets. Sie genießen häufig ihre privilegierte Position im Elfenbeinturm, weg von üblicher Hektik und Leistungsdruck. Einige der legendären Erzeuger von Innovation wie zum Beispiel Bell Labs und Xerox PARC nutzten Anreizverfahren, die denen in der akademischen Welt ähneln, und wurden eher wie Forschungsabteilungen von Universitäten geführt anstatt wie Unternehmen. In seiner Blütezeit bot Apple Computer seinen klügsten Köpfen Urlaubsjahre. Da die geistige Freiheit für die Visionäre so wertvoll ist, kann die Bedrohung, sie zu verlieren, als sanktionierende Maßnahme für schlechte Leistung ausreichen.

Einige Horizont-3-Visionäre wünschen sich möglicherweise mehr als nur geistige Freiheit; sie möchten die Chance haben, ihren Horizont 3 in ein Horizont-2-Geschäft umzuwandeln. Die Chance, ein Unternehmer zu werden, stellt einen wirksamen Anreiz dar. Bei Thermo Electron erhalten die Personen, die ein neues Geschäft mit dem Potential zur Selbständigkeit entwickeln, die Chance, dieses zu leiten. Diese Methode ist ein Grundpfeiler von Thermos Erfolg.

CEO George Hatsopoulos erläuterte: »In dieser Umgebung ist das einzige, was zählt, der Aufbau neuer Geschäfte. Für die Veröffentlichung von Aufsätzen gibt es kein Lob – das ist die Aufgabe vom MIT. Hier zählt, ein neues Geschäft zu schaffen und reich zu werden.« Er bemerkt weiter: »Die meisten Technologen, die wir einstellen, haben von Thermo gehört ... sie wollen Millionäre werden ... (und) wir haben 140 Millionäre gemacht.«[4] Theo Melas-Kyriazi, CEO von Thermo-Spectra, eines von Thermo Electrons Spin-offs der zweiten Generation, bestätigt Hatsopoulos: »Die Spin-out-Strategie ist Thermo Electrons Formel für Gewinn. Stellen Sie sich vor, was Sie alles mit 15 CEOs erreichen können, von denen jeder die klare Anordnung hat, sein eigenes Unternehmen aufzubauen.«

Große Wachstumsunternehmen erarbeiten sich ihren Ruf dadurch, daß sie guten Leuten ermöglichen aufzublühen, und infolgedessen rennen ihnen die guten Leute die Türen ein, um dabeisein zu können.

Für den richtigen Talentmix sorgen

Aufgrund ihrer Persönlichkeit und ihrer Fähigkeiten neigen die meisten Leute zu einem der Horizonte, ein großer Wachstumsleiter muß jedoch ein Meister darin sein, alle drei Horizonte bewältigen zu können. Gary Wendt von GE Capital stimmt darin überein: »Einige Menschen auf dieser Welt haben große Ideen, und wir beschäftigen solche Leute hier bei GE. Sie brauchen jemanden, der sich Gedanken über neue, verrückte Dinge macht. Diese Menschen sind aber möglicherweise nicht in der Lage, eine Gruppe dazu zu motivieren, eine Aufgabe zu erledigen ... Gleichzeitig haben wir hier Leute, die großartige Unternehmer sind ... Diesen Leute fehlt jedoch manchmal – nicht immer, aber manchmal – die Fähigkeit zu Träumen, zu Visionen ... Wenn beide Fähigkeiten vorhanden sind, dann haben wir unsere Manager.«[5]

Leiter zu finden, die für die unterschiedlichen Bedürfnisse der jeweiligen Horizonte geeignet sind und die sich dabei wohlfühlen, ist schwer. Daher sind Unternehmen gezwungen, sich mit einem geeigneten Ausgleich an Unternehmern, Erbauern und Visionären zu begnügen. Dieser Ausgleich ist insbesondere für das Team an der Spitze wichtig. Bei Disney war die Zusammensetzung der Talente im neuen Managementteam von wesentlicher Bedeutung für den Turnaround des Unternehmens Mitte der 80er Jahre. Chief Operating Officer Frank Wells verfügte über die betriebliche und für Abschlüsse wichtige Disziplin für den Turnaround des Kerngeschäftes; Gary Wilson, damals der höchstbezahlte Chief Financial Officer in den Vereinigten Staaten, entwickelte innovative Finanzierungsprogramme, um kapitaleffizientes Wachstum in Horizont 2 anzutreiben; und CEO Michael Eisner lieferte die kreative Strategie und die Vision für Wachstum.

Außerhalb des Teams an der Spitze hängt die Fähigkeit eines Unternehmens, Wachstum zu erhalten, davon ab, wie gut es den Ausgleich zwischen den drei unterschiedlichen Profilen innerhalb der gesamten Organisation bewältigen kann. Einem Unternehmen, in dem es nur Unternehmer gibt, gelingt es wahrscheinlich nicht, neue Geschäfte zu schaffen. Ein Unternehmen, in dem die Leute mit Ideen überwiegen, die Unternehmer jedoch fehlen, wird wahrscheinlich brillante Einfälle haben, aber kein nachhaltiges Wachstum erleben. Wenn hervorragende Unternehmer verfügbar sind, die die vorhandenen Unternehmungen erhalten und zum Wachstum bringen, können Erbauer neue Geschäfte in Angriff nehmen.

Unternehmen, die bereits erfolgreich wachsen, bietet ihr Talentpool einen Vorteil. Es sind fähige und tatkräftige Personen erforderlich, um Wachstum zu schaffen, und Wachstum selbst übt wiederum die stärkste Anziehungskraft auf Talent aus. Auf der anderen Seite finden sich Unternehmen, die nicht wachsen, in doppelten Schwierigkeiten: Sie benötigen dringendst Leute mit Wachstumsfähigkeiten, es ist aber ungeheuer schwierig, sie anzuziehen. Wie können sie ihren Talentpool aufbauen?

Mittel- und langfristig können Management-Entwicklungsprogramme die Mitarbeiter stärken, um aber Wachstum anzukurbeln, ist in der Regel eine unmittelbare Zufuhr von externen Talenten erforderlich.

Besonders benötigt werden Horizont-2-Geschäftserbauer: Personen, die von der Herausforderung angezogen werden, etwas erschaffen zu können, und die bald andere Gleichgesinnte anziehen.

Planung des Wachstums

Führungskräfte widmen der Planung und Budgetierung von Leistung viel Zeit. Diese Prozesse stellen die Sprache des Unternehmens dar, mit der Ziele und Erwartungen vermittelt werden. Obwohl ein einziges Budget alle Aktivitäten innerhalb der drei Horizonte abdecken muß, sind wir der Auffassung, daß es unterschiedliche Kategorien umfassen kann, die jeweils Vereinbarungen über Investitionen und Leistung in den drei Horizonten ausdrücken.

Über die herkömmliche strategische Planung gibt es weitverbreitete Unzufriedenheit.[6] Wir glauben, dies ist teilweise auf die automatische Anwendung von Prozessen in »Einheitsgröße« auf Geschäfte zurückzuführen, die sich in verschiedenen Situationen befinden. Planer von Horizont-1-Geschäften stehen vor strategischen Entscheidungen über Positionierung und Richtung, ausgehend von einer Grundlage aus starken Fähigkeiten und fundierten Kenntnissen der dynamischen Kräfte der Branche. Die Planung in Horizont 3 dagegen erfordert, daß Entscheidungen über Experimente und die Schaffung von Optionen von einer eingeschränkten Basis an Fähigkeiten getroffen werden, wobei über die dynamischen Kräfte der Branche große Ungewißheit herrscht.[7] Die Planung für die drei Horizonte sollte getrennt werden, um zu vermeiden, daß die entfernteren Horizonte 2 und 3 verdeckt werden, weil Horizont 1 natürlich näher und unmittelbarer ist (Abbildung 8.2).

Planung in Horizont 1

Bei der Planung von Horizont 1 oder der strategischen Planung geht es um Ausführung. Sie konzentriert sich darauf, wie bestehende Geschäfte verteidigt, erweitert und profitabler gemacht werden können. Die Planungsdiskussionen beschäftigen sich mit der Verbesserung von Qualität, Leistungsfähigkeit des Verkaufspersonals, Produktivität, Kapitalumschlag und Zufriedenheit der Kunden. Schwerpunkt ist, die betrieblichen Prozesse effizienter zu gestalten und die Kunden besser zu versorgen.

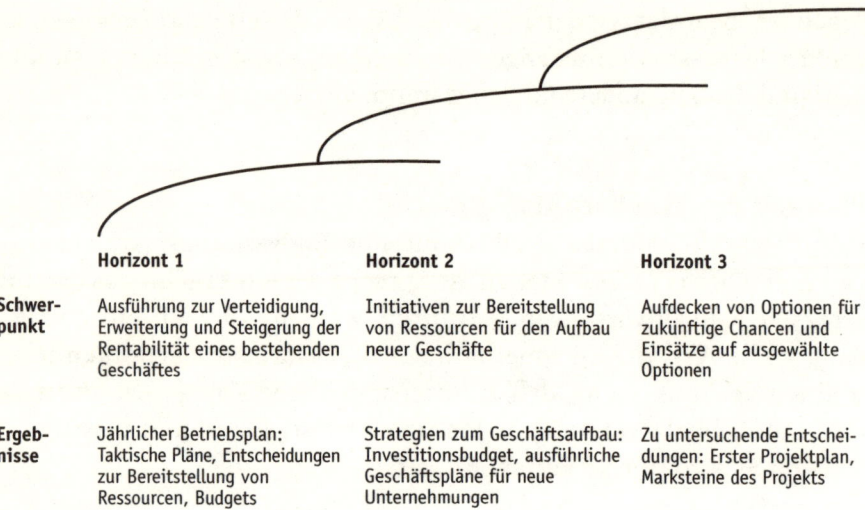

Schwerpunkt	Horizont 1	Horizont 2	Horizont 3
Schwer-punkt	Ausführung zur Verteidigung, Erweiterung und Steigerung der Rentabilität eines bestehenden Geschäftes	Initiativen zur Bereitstellung von Ressourcen für den Aufbau neuer Geschäfte	Aufdecken von Optionen für zukünftige Chancen und Einsätze auf ausgewählte Optionen
Ergeb-nisse	Jährlicher Betriebsplan: Taktische Pläne, Entscheidungen zur Bereitstellung von Ressourcen, Budgets	Strategien zum Geschäftsaufbau: Investitionsbudget, ausführliche Geschäftspläne für neue Unternehmungen	Zu untersuchende Entscheidungen: Erster Projektplan, Marksteine des Projekts

Abbildung 8.2 Planung des Wachstums

Horizont-1-Planung denkt auch an Wachstum. In der Regel wird erwartet, daß Wachstum allmählich erfolgt, was jedoch nicht immer so ist. Umfaßt die Planung in Horizont 1 die Akquisition eines großen Konkurrenten, kann dies die Branchenstruktur radikal verändern und unglaubliche Wachstumschancen schaffen. Horizont-1-Planung führt zum Jahresbudget- bzw. Gewinnplan, wie ihn einige Unternehmen nennen: Hierin legen sie die einzuhaltenden Ziele der direkten Erträge vergangener und neuer Investitionen fest. Das Gesamtbudget ist jedoch noch nicht vollständig. Es muß zudem Aktivitäten umfassen, die in der Planung der Horizonte 2 und 3 vereinbart wurden.

Planung des Horizont 2

Die Planung in Horizont 2 konzentriert sich auf den Aufbau von Geschäften und die dazu erforderlichen Ressourcen. Horizont-2-Planung muß versuchen, aus neuen Chancen Kapital zu schlagen; ihre Ergebnisse sind die Investitions- und Aktionspläne für die Schaffung neuer Treppen. Daher wird sie Initiativen mit gesteigertem Risiko umfassen – anders als die Horizont-1-Planung, bei der es in der Regel um die Verringerung von Risiken geht. Die beiden Prozesse sind nicht miteinander vereinbar, und trotzdem führen die meisten Unternehmen die Planung für Horizont 1 und 2 gleichzeitig durch. Dies kann gefährlich sein, weil die Überlegungen hinsichtlich Horizont 1 häufig beherrschend sind.

Eine gute Horizont-2-Planung zwingt Manager dazu zu formulieren, was sie nicht wissen, und auszuarbeiten, welche Voraussetzungen für den Erfolg unerläßlich sind. Die Diskussionen ähneln im Ton einer Geschäftsmodell-Prüfung, die auf ca. drei Jahre verlängert wird. Horizont-2-Planung erfordert von den Managern, Programme zum Aufbau von Fähigkeiten zu schaffen, das Projektmanagement wichtiger Investitions- und Einstellungsprogramme zu dirigieren und Alternativpläne zu erarbeiten. Dies darf nicht zu einer Übung im Aufstellen einer starren Liste von Aktionen werden, bei der jede Abweichung als Versagen in der Ausführung des Plans angesehen wird. Die in Kapitel 7 beschriebene aktive Adaptation wird mit Sicherheit zu Veränderungen im Geschäftsmodell führen.

Dennoch kann die Horizont-2-Planung zu einer Art »Reservebudget« führen, in dem ein Konto für eine besondere Aktivität anstatt für einen anderen Zweck verwendet wird. Der Chief Executive eines Wachstumsunternehmens erklärte dies so: »Die Entwicklung neuer Geschäfte läuft meist gerade dann immer langsamer, wenn sie es nicht soll. Wenn sich die Idee wirklich auszahlt, hat sie die schwerwiegendste negative Auswirkung auf die Gewinn- und Verlustrechnung des Muttergeschäftes. Genau dann lassen (Leiter von Geschäftseinheiten) sie häufig verkümmern – so daß sie ihre Zahlen erreichen.« Eine Reserve kann sicherstellen, daß Horizont 2 nicht verkümmert.

Planung des Horizont 3

Sind die Investitionen in längerfristige Wachstumsinitiativen festgelegt und die Ressourcen geplant, ist das Jahresbudget fast vollständig. Horizont-3-Untersuchungen müssen nun finanziert werden. Die Manager müssen jetzt die laufenden Projekte ebenso wie die weiter entfernte Zukunft, die Entwicklung ihrer Branche und die möglicherweise entstehenden Chancen erörtern.

Diese Gespräche in Horizont 3 benötigen ein eigenes getrenntes Forum. Daran können Außenstehende wie Hochschulprofessoren, Futuristen und andere Fachleute teilnehmen. Sie können bei der Suche nach Analogien, Perspektiven und neuen Sichtweisen der Welt behilflich sein, so daß Ideen gefördert und aussichtsreiche Richtungen ermittelt werden. Diese Diskussionen werden chaotisch sein; sie führen nicht immer zu

Übereinstimmung oder gar zu Entschlüssen. Aber sie sind unerläßlich. Nicht alle Branchen ändern sich so rasch wie das Internet, aber die meisten ändern sich schneller und tiefgreifender als bisher.

Es wird viel Unbekanntes eintreten, das ohne konkrete Schritte auf dem Markt nicht gelöst werden kann. Das Ergebnis der Horizont-3-Planung ist daher mehr eine Verpflichtung, in aussichtsreiche Optionen zu investieren: Langfristige Forschung, Beteiligung in ausgewählten Branchengruppen oder Technologieforen und Investition in Neugründungen oder Wagniskapitalfonds. Diese Verpflichtung muß bindend sein und in Budgetkategorien festgelegt werden, die nicht angegriffen werden dürfen, um kurzfristige Gewinne in Horizont 1 zu stützen.

Planung für Wachstum innerhalb aller Horizonte

Bisher führt kaum ein Unternehmen eine nach Horizonten getrennte Budgetierung und Planung durch, einige bewegen sich jedoch in diese Richtung. Emerson Electric, dessen Wachstumsstrategie wir bereits in Kapitel 3 beschrieben haben, hat bedeutende Schritte hin zur Differenzierung seiner Geschäftsplanungsprozesse unternommen, indem getrennte Foren zur Diskussion der Kerngeschäfte und der neuen Geschäfte geschaffen wurden. CEO Chuck Knight verbrachte ungefähr die Hälfte seiner Zeit in Geschäftsplanungssitzungen, sie waren jedoch so unnachgiebig auf Produktivitätsverbesserung ausgerichtet, daß Wachstumsinitiativen selten berücksichtigt wurden. Daher entschied Knight, die Planungssitzungen in zwei getrennte Sitzungen aufzuteilen. Die erste hat den Jahresgewinnplan zum Schwerpunkt. Er entspricht im Stil und Inhalt den früheren Planungssitzungen und konzentriert sich hauptsächlich auf Horizont-1-Geschäfte. Geleitet wird er von Emersons Chief Operating und Chief Financial Officers; Knight selbst nimmt nicht daran teil.

Die zweite Sitzung, die von Knight geleitet wird, behandelt ausschließlich Wachstum. Ihr erklärter Zweck ist die Schaffung einer fruchtbareren Atmosphäre für Wachstumsinitiativen. Wurden diese ermittelt, ausgewertet und genehmigt, werden sie in das Jahresbudget integriert. Strategische Investitionsprogramme für Horizont 2 sowie gezielte Forschungs- und Entwicklungsprogramme für Horizont 3 finanzieren einige der Wachstumsinitiativen, die außerhalb des Kerngeschäftes liegen.

Leistungsmanagement

Nur wenige zweifeln an, daß herausfordernde Ziele für die Motivation von Leistung wichtig sind. Stretch-Ziele werden beachtet, und sie schaffen die Anstrengungen und die Impulse, die für profitables Wachstum erforderlich sind. Herkömmlichem Wissen zufolge ist die Ausrichtung von Zielvorgaben quer und von oben nach unten durch das Unternehmen die Methode, um organisatorische Energie und Fähigkeit auf die richtigen Ziele zu konzentrieren. Dies ist zwar korrekt, um Wachstum zu erhalten, ist es jedoch noch wichtiger, die Meßsysteme für Leistung zwischen den Horizonten zu differenzieren.

Der Einfachheit halber beschränken wir die Diskussion auf finanziell ausgerichtete Leistungsmessungen, wir merken jedoch an, daß dieselbe Vorgehensweise auch für eine umfassendere Reihe von Leistungsmeßsystemen gelten kann.[8] Da die finanziellen Ziele der Aktivitäten in jedem Horizont unterschiedlich sind, muß auch die Art und Weise der Messung der Leistung unterschiedlich sein (Abbildung 8.3).

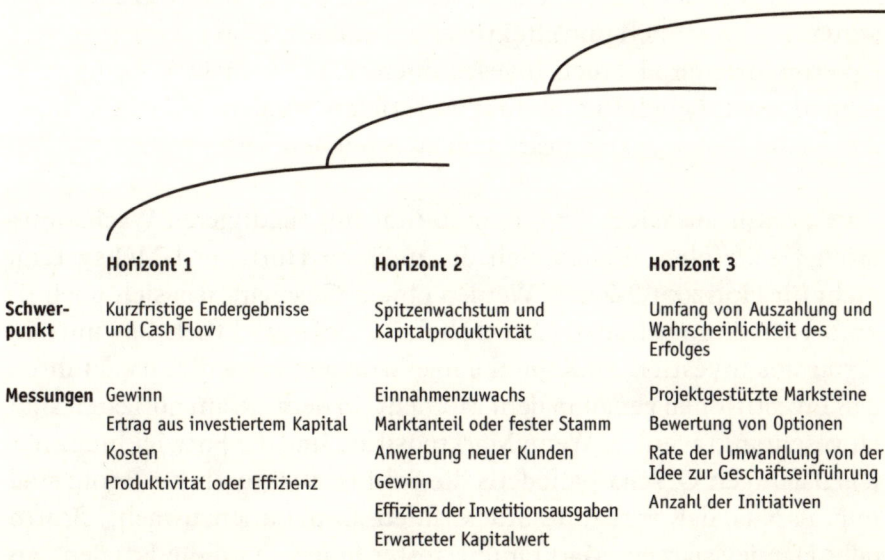

	Horizont 1	Horizont 2	Horizont 3
Schwerpunkt	Kurzfristige Endergebnisse und Cash Flow	Spitzenwachstum und Kapitalproduktivität	Umfang von Auszahlung und Wahrscheinlichkeit des Erfolges
Messungen	Gewinn	Einnahmenzuwachs	Projektgestützte Marksteine
	Ertrag aus investiertem Kapital	Marktanteil oder fester Stamm	Bewertung von Optionen
	Kosten	Anwerbung neuer Kunden	Rate der Umwandlung von der Idee zur Geschäftseinführung
	Produktivität oder Effizienz	Gewinn	Anzahl der Initiativen
		Effizienz der Invetitionsausgaben	
		Erwarteter Kapitalwert	

Abbildung 8.3 Messung der Leistung

Meßsysteme in Horizont 1

Erfolgreichen Unternehmen fällt es nicht schwer zu verstehen, was erforderlich ist, um eine Ethik der Leistung einzubringen und die Rentabilität eines Horizont-1-Geschäftes anzutreiben. Die erste Frage ist, ob sich ein Unternehmen das Recht auf Wachstum verdient hat, wie wir in Kapitel 3 gesehen haben. Es macht kaum Sinn, unrentable Geschäfte wachsen zu lassen. Geschäfte mit Leistungsproblemen dürfen sich nicht auf ein Spitzenwachstum konzentrieren, sondern müssen Grundlagen festlegen. Für die meisten hochleistungsfähigen Organisationen ist dies lediglich gutes Management, und die Verfahren, mit denen die Betriebsleistung verbessert wird, sind gut dokumentiert. Die finanzielle Komponente der Bewertung kann Produktivitätsverbesserungsraten, Senkungen der Stückkosten, Bewertungen der Anlageneffizienz, monatlichen Gewinn verglichen mit Budget, Zuwachs der Nettoeinnahmen und Ertrag aus investiertem Kapital umfassen.

Meßsysteme des Horizont 2

Nichts kann eine Initiative in Horizont 2 schneller zerstören, als wenn ihr Management sich an die Leistungsmeßsysteme von Horizont 1 hält. Der Erfolg eines aufstrebenden Geschäftes hängt davon ab, wie rasch sein Produkt oder seine Dienstleistung von den Kunden angenommen wird und wie schnell und effektiv es expandiert. Dies erfordert sowohl Experimentieren als auch Investitionen. Ziel ist nicht unbedingt, so schnell wie möglich Rentabilität zu erzielen, sondern vor den Konkurrenten die besten Marktpositionen zu erreichen.

Da sie dafür ausgelegt sind, Rentabilität mit niedrigeren Wachstumsraten zu erzielen, eignen sich die meisten Horizont-1-Meßsysteme nicht für Horizont-2-Ziele. Werden einem Geschäft, das sich noch im Embryostadium befindet, unnötig hohe Ziele hinsichtlich Gewinn oder Ertrag aus investiertem Kapital aufgezwungen, kann dies dazu führen, daß Investitionen genau in dem Moment, in dem sie am nötigsten sind, eingeschränkt werden. Wenn Marktposition und die Entwicklung eines lebensfähigen Geschäftsmodells die Schlüsselfaktoren für Erfolg sind, folgt daraus, daß verkaufte Stückzahlen, Einnahmenzuwachs, Brutto- oder Handelsspanne, Marktanteil, fester Stamm und die Effizienz ansteigender Investitionsausgaben für Horizont-2-Aktivitäten wichtigere

Leistungsmeßsysteme sind. Dies sind die Indikatoren, anhand der Manager das Potential eines Geschäftes beurteilen können.

Damit soll nicht behauptet werden, daß Horizont 2 hinsichtlich der Gewinne nicht rechenschaftspflichtig sein muß. Jedoch müssen die Gewinnerwartungen realistisch sein, und als erste Prüfungen der Leistung müssen andere Messungen angewendet werden. Selbst dann kann in der häufig chaotischen Umgebung eines rasch wachsenden Horizont-2-Geschäftes die Auswahl der besten Meßsysteme eine Kunst ebenso wie eine Wissenschaft sein.

Meßsysteme des Horizont 3

Horizont-3-Initiativen haben das Potential, lebensfähige Geschäfte zu werden. Sie können nicht mit Hilfe herkömmlicher finanzieller Messungen wie Einnahmen und Gewinn beurteilt werden. Aufgabe des Managers in Horizont 3 ist es, Saaten zu finden und einzupflanzen, die zu Horizont-2-Geschäften heranwachsen. Die Leistung eines solchen Managers anhand der heutigen Gewinne zu messen, würde die Aktivitäten verhindern, die für Horizont 3 am wertvollsten sind: Experimentieren und Entwicklung.

Im Idealfall umfaßt Horizont 3 ein Portfolio an Optionen, deren Wert während ihrer Entwicklung und Ausarbeitung steigt. Der Gesamtwert des Portfolios hängt von der Zahl der Optionen, der Höhe der Kosten, die erforderlich sind, um sie zu schaffen und zu erhalten, der Wahrscheinlichkeit ihres Erfolges und der Höhe ihrer möglichen Auszahlung ab. Die schwere Aufgabe der Messung in Horizont 3 besteht darin zu ermitteln, wie die mögliche Auszahlung und die Wahrscheinlichkeit des Erfolges gesteigert werden können.

Die Höhe der Auszahlung kann von vielen Faktoren beeinflußt werden. Rohstoffpreise bestimmen den Wert der Wachstumsoptionen bei natürlichen Ressourcen. Gesetzliche Entscheidungen wirken sich auf den Wert der Optionen bei Erdgas, Elektrizität und Ferngesprächen aus. Standardisierung steigert den Wert einer eigenen Technologieplattform.

Die Wahrscheinlichkeit von Erfolg hängt ebenfalls von einer Vielzahl von Faktoren ab. Der erfolgreiche Abschluß eines klinischen Versuches oder die Erteilung einer gesetzlichen Zulassung für ein Medikament steigert die Wahrscheinlichkeit, daß es den Markt erreicht, beträchtlich. Werden projektgestützte Marksteine erreicht, wie zum Beispiel die Sicherung von Partnerschaften oder Verträgen, der erfolgreiche Abschluß von Beta-Tests oder Pilotversuchen, die Einführung einer neuen Infrastruktur oder die Beseitigung wichtiger technologischer Hindernisse, steigert dies ebenfalls die Wahrscheinlichkeit für den Erfolg einer Option.[9] Diese Marksteine können zu Messungen der Leistung der Unternehmensführung werden und die Verpflichtung gegenüber nachfolgenden Stufen von Investitionen zur Folge haben.

Differenzierung der Meßsysteme zwischen den Horizonten
Softbank, ein japanisches IT-Unternehmen, ist ein Beispiel dafür, wie Leistungsmeßsysteme zwischen den drei Horizonten differenziert werden können. Softbank wurde 1981 vom Unternehmer Masayoshi Son als Software-Händler gegründet und erlebte über ein Jahrzehnt ein erfolgreiches Wachstum. Dabei wurde 1997 eine Marktkapitalisierung von neun Milliarden Dollar erzielt, mit einem jährlichen Gesamtwachstum von 28 Prozent an Umsätzen und 87 Prozent an Nettoeinnahmen zwischen 1986 und 1996.

In seinen Horizont-1-Geschäften, dem Software-Vertrieb und der Veröffentlichung von PC-Magazinen in Japan, hat Softbank eine tägliche Gewinn- und Verlustmeldung eingebracht, um einen leistungsgesteuerten Schwerpunkt auf das Endergebnis zu gewährleisten. Als man erkannte, daß das Internet sein Vertriebsgeschäft überflüssig zu machen drohte, konzentrierte sich das Unternehmen auf den Aufbau eines eindrucksvollen Portfolios von Horizont-2- und -3-Unternehmen.

Softbanks größte Horizont-2-Geschäfte, die Mitte der 90er Jahre akquiriert wurden, sind der Computermagazin-Verlag Ziff-Davis und die Comdex-Computerfachmessen. Das Unternehmen hat Meßsysteme und Ziele eingeführt, um Globalisierung und Spitzenwachstum in beiden Geschäften anzutreiben. Im Verlag liegt das Ziel darin, die Anzahl an Titeln von 150 im Jahr 1996 auf 1000 bis zum Jahr 2005 zu steigern sowie einen zehnfachen Einnahmenzuwachs in zehn Jahren zu erreichen. Bei den Fachmessen ist das Ziel, die Anzahl der jährlichen Veranstaltungen von 55 auf 300 zu steigern.

In Horizont 3 hat sich Softbank die Sicherung von Optionen an strategischen Punkten des Internets zum Schwerpunkt gemacht. Es hat über 70 Millionen Dollar in etwa 30 Unternehmen wie Yahoo!, Cisco Systems, CyberCash, United States Web, On Live! und Palace investiert, und es liegen Pläne vor, die Beteiligung auf über 600 Millionen Dollar in über 100 Unternehmen zu steigern. Mit Optionen an nahezu jeder wichtigen Schnittstelle der Aktivität im Internet, zum Beispiel Hardware, Software, Bereitstellung von Inhalten, Finanztransfer und virtuelle Gemeinschaften, strebt Softbank an, seine Einsätze abzudecken, unabhängig davon, wie sich das Internet entwickelt. Ein direkter Gewinn ist nicht zu erwarten, statt dessen ist der Anteil an zukünftigen Gewinnen das Leistungsmeßsystem. Insbesondere will Softbank innerhalb von fünf Jahren 30 Prozent seiner Gewinne über das Internet erzeugen, in zehn Jahren sollen es 50 Prozent sein.

Softbank kann stolz auf seine reichhaltige Schaffung von Geschäften in allen drei Horizonten sein. Die Ziele für jeden Horizont sind klar, ebenso wie die jeweils angestrebten Ergebnisse. Würde eines der Geschäfte vernachlässigt, hätte man die Auswirkungen bereits lange vor dem Versagen der Pipeline bemerkt.

Bei unserer Untersuchung waren wir erstaunt über die Anzahl von Unternehmen, die nicht wollten, daß Informationen über ihre Managementsysteme veröffentlicht werden. In einigen Fällen machten sie aus ihren Systemen sogar ein größeres Geheimnis als aus ihren Strategien. Eine derartige Empfindlichkeit läßt darauf schließen, wieviel Wert sie diesen Systemen beimessen.

Soweit wir wissen, nutzt kein Unternehmen, selbst die, die wir als Unternehmen mit nachhaltigem Wachstum aufführen, unterschiedliche Managementsysteme für jeden Horizont. Es gibt keine Fälle von Best-Practice. Unserer Meinung nach ist dies der Hauptgrund, weshalb nachhaltiges Wachstum so selten ist und warum einige der Unternehmen, die wir in diesem Buch nennen, ungeachtet ihres bisherigen erfolgreichen Wachstums langsam ins Taumeln geraten.

Unternehmen, die Managementsysteme nach Horizont differenzieren, können einen anhaltenden Wettbewerbsvorteil erringen. Die drei von uns in diesem Kapitel erörterten Managementsysteme sind nicht die einzigen, die in den drei Horizonten wirksam eingesetzt werden können. Sie haben unserer Meinung nach jedoch eine unverhältnismäßig starke Auswirkung auf das persönliche und betriebliche Verhalten.

In Kapitel 1 erklärten wir, daß der Aufbau und Erhalt einer kontinuierlichen Pipeline der Schaffung von Geschäften die zentrale Herausforderung sind, wenn man Wachstum erhalten will. Letztlich ist dies nur möglich, wenn Unternehmen getrennte Managementsysteme für jeden der drei Horizonte anwenden.

ANMERKUNGEN

1 Einige Wissenschaftler haben die Notwendigkeit einer Unternehmenskultur erörtert, die in der Lage ist, mehrere Herausforderungen zu bewältigen. M. L. Tushman und C. A. O'Reilly III bieten ihr Konzept des »beidhändigen Unternehmens – das in der Lage ist, gleichzeitig sowohl allmähliche als auch unterbrochene Innovation anzustreben« – an, und zwar in »Ambidextrous organizations: Managing evolutionary and revolutionary change«, *California Management Review*, Sommer 1996, Band 38, Nr. 4, S. 8–30.

   J. C. Collins und J. I. Porras identifizieren eine grundlegende Eigenschaft visionärer Unternehmen als deren Fähigkeit, »Fortschritt zu stimulieren und dabei das Kerngeschäft zu bewahren«, und lehnen die »Tyrannei des ›Oder‹ zugunsten der Genialität des ›Und‹ ab«. *Built to Last: Successful habits of visionary companies* (London, 1994).

   S. Ghoshal und C. A. Bartlett beschreiben die Notwendigkeit, »das Süße und das Bittere« gleichzeitig zu bewältigen: »Kontinuierliche Selbsterneuerung baut auf der Spannung auf, die sich zwischen zwei symbiotischen Kräften entwickelt – der Notwendigkeit für kontinuierliche Verbesserung der Betriebsleistung, wie sie durch ständige Rationalisierung ermöglicht wird, und der Notwendigkeit für Wachstum und Expansion, wie sie durch ständige Neubelebung geschaffen wird.« *The Individualized Corporation: A fundamentally new approach to management* (New York 1997), S. 134–137.

2 Gillette-Jahresbericht 1995, S. 17

3 Für eine interessante Diskussion über die Entwicklung von Führung siehe N. M. Tichy mit E. Cohen, *The Leadership Engine: How winning companies build leaders at every level* (New York 1997)

4 Interviews von S. Coley, R. Anandan und R. Foster mit George N. Hatsopoulos und Theo Melas-Kyriazi, August 1995.

5 C. B. Wendel, *The New Financiers* (Chicago 1996), S. 320–325.

6 Siehe z. B. H. Mintzberg, *The Rise and Fall of Strategic Planning: Reconceiving roles for planning, plans, planners* (New York 1994), und A. Campbell und M. Alexander, »What's wrong with strategy?«, *Harvard Business Review*, November–Dezember 1997, S. 42–51.

7 A. Campbell und M. Alexander, »What's wrong with strategy?«, *Harvard Business Review*, November–Dezember 1997, S. 44.

8 Die Systeme zur Messung der Gesundheit einer Organisation reichen weit über das Finanzielle hinaus und umfassen Messungen wie Zufriedenheit der Kunden, betriebliches Lernen und Zufriedenheit der Mitarbeiter. Die zukunftsweisende Arbeit in diesem Bereich kommt von R. S. Kaplan und D. P. Norton, *The Balanced Scorecard* (Boston, Mass., 1996).

9 Siehe die Diskussion über Leistungsbewertung und Risikokontrolle in Z. Block und I. C. MacMillan, *Corporate Venturing: Creating new businesses within the firm* (Boston, Mass., 1993), Kapitel 9.

9 Verankerung des Wachstumsgedankens in der Organisation

»Unser Traum und unser Plan waren vor gut über einem Jahrzehnt noch einfach«, erinnerte sich Jack Welch, als er beschrieb, wie es General Electric gelang, Wachstum zu erhalten. »Wir begannen mit dem Entwurf eines globalen Unternehmens, das die klassischen Vorteile eines großen Unternehmens beibehielt und dabei die klassischen Rückschläge großer Unternehmen beseitigte. Wir wollten einen Mischling erzeugen, ein Unternehmen mit der Reichweite und den Ressourcen eines großen Unternehmens – dem Körper eines großen Unternehmens – und dem Verlangen zu lernen, dem unwiderstehlichen Drang, dies zu vermitteln und der Vorliebe für Aktion – der Seele – eines kleinen Unternehmens.«[1]

Wie man die Vorteile der Größe gegenüber den Vorteilen des Kleinseins abwägt, ist ein altes Dilemma für Unternehmen, für Wachstumsunternehmen ist es jedoch von besonderer Bedeutung. Mehr und mehr Führungskräfte und Betriebstheoretiker verkünden die Aufspaltung als Kennzeichen der Aktiengesellschaft der Zukunft.[2] Anstatt das Führungsteam einfach zu erweitern, leiten Unternehmen mit nachhaltigem Wachstum die Führung nach unten ins Unternehmen, indem sie viele kleine Wachstumsgemeinschaften bilden. Die Vorteile sind offensichtlich. Wenn eine große Zahl an Mitarbeitern für das Wachstum verantwortlich ist, befreit dies das obere Management vom Druck, und je mehr Einheiten geschaffen werden, desto mehr steigt der Kontakt der Gesellschaft mit der Außenwelt und neuen Ideen.

Kleine Einheiten verschaffen zudem strategische Vorteile wie Schwerpunkt und Beweglichkeit. Durch Nachahmung der Geschwindigkeit und des Verantwortungsbewußtseins von Jungunternehmen können kleine Einheiten einige der Nachteile überwinden, die sich durch das Verbundensein mit einem riesigen Unternehmen ergeben. Die Arbeit in kleinen Einheiten vermittelt den Mitarbeitern zudem einen stärkeren Sinn für den Zweck, für Eigentum und Kontrolle. Daher bezeichnen wir sie häufig als Gemeinschaften. Sie helfen zu vermeiden, daß die Organisation immer starrer wird, was häufig vorkommt, wenn eine Person als einer unter Tausenden von anderen Namenlosen arbeitet.

»Wir bezahlen zwar einen Preis für die Dezentralisierung«, erklärte Ralph Larsen, CEO von Johnson & Johnson, »ich glaube jedoch, es ist die magische Kraft, die es uns erlaubt, kontinuierlich zu wachsen und zu gedeihen, weil die Menschen ein tiefes Gefühl der Verantwortung und des Eigentums für das Unternehmen empfinden, das sie leiten.«[3]

Die Vorteile des Kleinseins müssen dennoch gegenüber denen eines großen Unternehmens aufgewogen werden. Es gibt einige Bereiche, in denen die Größenvorteile genutzt werden müssen. Die Unternehmenszentrale ist am besten in der Lage, Dienste wie Kenntnisse im Bereich der Fusionen und Akquisitionen allen Gemeinschaften gemeinsam anzubieten. Sie muß zudem gewährleisten, daß die kleinen Gemeinschaften angeschlossen werden und daß die Vermittlung von Ideen und die Ausnutzung von Synergien angeregt wird. Um die Realisierung dieser Größenvorteile zu ermöglichen, entwickeln die besten Chief Executives inspirierende Visionen, um ihre Unternehmen zu motivieren und zu vereinen.

Bilden von kleinen Gemeinschaften

Unsere Beispiele erfolgreicher Wachstumsunternehmen weisen eine auffällige Gemeinsamkeit bezüglich der Bedeutung auf, die der Übertragung der Führung an andere durch die Bildung kleiner Gemeinschaften zugemessen wird. Wie diese Übertragung jedoch bewerkstelligt wird, darüber besteht weniger Übereinstimmung.

Einige Unternehmen schaffen unabhängig arbeitende Unternehmen oder Geschäftseinheiten, die an die hierarchische Unternehmensstruktur angebunden sind. Eine zweite Möglichkeit ist die Aufteilung der Geschäftseinheiten oder Betriebsgesellschaften in unternehmerische Gemeinschaften von Projektteams. Die dritte, radikalere Methode umfaßt den Spin-out zu Tochtergesellschaften, um ein Netz von Betriebsgesellschaften zu bilden, die direkt den Anreizen und Sanktionen der Finanzmärkte unterliegen.

Unabhängige Betriebsgesellschaften

Eine einfache Möglichkeit, kleine Gemeinschaften zu bilden, ist die Aufteilung eines Unternehmens in unabhängige Betriebsgesellschaften. Illinois Tool Works, ein Hersteller von spezialisierten industriellen Produkten im Wert von vier Milliarden Dollar, engagiert sich so für das Konzept der kleinen Gemeinschaften, daß er sich in 250 unabhängige Betriebseinheiten aufgeteilt hat. »Das Geheimnis ist die richtige Größe«, erklärte der ehemalige CEO John Nichols. »Größe löst eine ganze Reihe von Problemen. Sie hängt vom Geschäft ab, wir beginnen jedoch, eine Einheit ins Auge zu fassen, wenn sie 100 bis 150 Personen umfaßt. Wir messen nach Leuten, nicht nach Umsätzen.«[4] Eine solche Aufspaltung schafft zahlreiche Ansatzpunkte für Wachstum.

Auch GE Capital teilt sich in kleine Einheiten auf; es existieren 27 Betriebseinheiten, die vom Flugzeug-Leasing bis hin zu Verbraucher-Kreditkarten reichen. CEO der Gruppe, Gary Wendt, erklärte die Stärke der verteilten Führung: »Leute nehmen auch kleine Happen, wenn man sie ihnen gibt. Es ist etwas ganz anderes, dieses Unternehmen als eine Reihe kleiner Firmen anstatt ein einziges großes Unternehmen zu leiten. Ein Punkt, in dem wir uns von den anderen in der Finanzdienstleistungsbranche unterscheiden, ist, daß dieses Unternehmen eigentlich aus einer Reihe kleiner Unternehmen besteht ... wir sind eine altmodische Finanzgesellschaft. Ich möchte, daß sich die Mitarbeiter in meinem Unternehmen, die Todesfall-Kreditlebensversicherungen in Europa verkaufen, als ein kleines, flexibles und rasch handelndes Geschäft sehen.«[5]

Umgebungen mit kleinen, aus Teams bestehenden Gruppen

Nicht alle Geschäfte können vernünftig in getrennte Betriebsgesellschaften oder Geschäftseinheiten aufgespalten werden. Dies trifft insbesondere auf netzwerkgestützte Geschäfte oder auf Geschäfte mit großen Produktionsanlagen zu. Aber selbst in diesen Umgebungen kann die Wachstumsleitung auf Teams und Projektgruppen übertragen werden, um das Gefühl einer kleinen Gemeinschaft nachzuahmen und ein Gefühl des persönlichen Eigentums zu vermitteln. Hochentwickelte Unternehmen erkennen die Stärke der Teams an und nutzen sie, um Vorteile in der Geschäftsleistung zu erzielen. Tatsächlich ist es der Umfang, in dem sie Teams einsetzen, was viele der von uns untersuchten Unternehmen mit nachhaltigem Wachstum von anderen unterscheidet.

Kyocera ist eine japanische Aktiengesellschaft, die ca. 5000 Produkte von Keramik über elektronische Ausrüstungen bis hin zu optischen Instrumenten herstellt. In allen ihren Aktivitäten bestehen abgestimmte Bemühungen, die Wachstumsleitung durch eine flexible Betriebsstruktur zu delegieren. Das Unternehmen spaltet sich in die kleinstmöglichen Einheiten auf und macht jede für ihren eigenen Gewinn und Verlust verantwortlich. Diese »Amöben«-Einheiten, die drei bis 50 Personen umfassen, handeln wie unabhängige Unternehmen und verfügen über eigene interne und externe Kunden, Lieferanten und Märkte. Jede Amöbe – in der Regel eine Verkaufs- oder Produktionseinheit – ist für strategische Planung, Personalmanagement und -schulung, Preisstellung, Betriebs- und Kapitalbudgetierung sowie Prozeß- und Produktinnovation verantwortlich.

Dahinter steht die Idee, Miniaturgeschäfte mit Leitern zu schaffen, die die Befugnis und Autonomie im Finanzmanagement besitzen. 1994 gab es allein in Kyoceras Unternehmensbereichen in Japan über 1000 Amöben. Diese dezentralisierte Struktur hat das Unternehmen dabei unterstützt, rasch auf Veränderungen zu reagieren und sich anzupassen.

»Das Management von Amöben hat es Kyocera ermöglicht, die Vitalität eines kleinen Geschäftes zu erhalten, obwohl es zu einem weit größeren Geschäft angewachsen ist«, erklärte Hideki Ishida, General Manager der Finanz- und Buchhaltungsabteilung. »Um eine interne Flexibilität zu fördern, erlaubt eine Amöbe ihren Mitgliedern, innerhalb der Organisation mit einem hohen Grad an Freiheit zu handeln. Sämtliche Mitglieder erhalten die Chance, ihre Fähigkeit zu beweisen, indem sie für die Erledigung ihrer eigenen Aufgabe zuständig sind, anstatt von der Beaufsichtigung durch eine andere Person abhängig zu sein. Sie haben die Möglichkeit, ihr Potential auszuschöpfen, um selber etwas zu schaffen und zu bewältigen. So gesehen richtet sich das Amöbenunternehmen nach dem Individuum anstatt nach einem Kollektiv oder einem hierarchischen System.«[6]

Spin-outs
Spin-outs können ein weit größeres Potential aufweisen, wenn es um die Freisetzung der Stärke einer delegierten Leitung des Wachstums geht. Mit einem Spin-out schafft eine Aktiengesellschaft nicht nur eine unab-

hängige Einheit, sondern etabliert sie als ein getrenntes Unternehmen mit einer gewissen öffentlichen Beteiligung. (Solche Spin-outs oder Ausnutzungen von Eigenkapital, in denen die Muttergesellschaft eine Mehrheitsbeteiligung behält, unterscheiden sich von Spin-offs, die zu 100 Prozent an den Markt verkauft werden.) Das obere Management genießt die Faszination und, mit etwas Glück, die finanziellen und emotionellen Belohnungen, die es durch die Leitung einer unabhängigen Publikumsgesellschaft erhält. Gleichzeitig kann die Aktiengesellschaft als Mehrheitsbeteiligte die Vorteile genießen, die sich durch die aufrechterhaltene Verbindung der Einheit mit dem größeren Unternehmen ergeben. Viele Organisationen haben diese Methode mit Erfolg angewendet.[7]

Die Thermo Electron Corporation war wegbereitend im Einsatz von Spin-outs zur Schaffung von neuen Geschäften. Häufig als »kontinuierliche Ideenmaschine« bezeichnet, konkurriert das Unternehmen in einem breiten Spektrum von technologiegestützten Branchen von Analyseinstrumenten und biomedizinischen Produkten bis zu Papierrecyclingausrüstung und umweltfreundlichen Elektrizitätswerken.

Gründer George Hatsopoulos beschrieb das Grundprinzip der Spin-outs folgendermaßen: »Durch die Kombination der unternehmerischen Atmosphäre einer Neugründung mit den Stärken eines gut eingeführten Unternehmens auf finanzieller und Managementebene haben wir eine neue Art von Unternehmensgeschäft geschaffen – eines, daß auf einzigartige Weise in der Lage ist, nachhaltiges Wachstum in der sich rasch verändernden Welt von heute zu erzielen.«[8]

Spin-outs folgen in der Regel demselben Muster. Zunächst wird eine neue Technologie erworben oder intern entwickelt. Sie wird innerhalb von einigen Jahren verbessert, und verwandte Geschäfte werden entweder durch Akquisition oder durch Transfer innerhalb von Thermo Electron hinzugefügt. Danach kann das Spin-out des Geschäftes mit einer Minderheitsbeteiligung von Stammaktien erfolgen, die von privaten Investoren gekauft werden. Mit der Zeit gibt das Spin-out 10 bis 25 Prozent seiner Beteiligung in einem ersten öffentlichen Zeichnungsangebot aus.

Bevor ein Spin-out erfolgen kann, muß das Geschäft drei Kriterien erfüllen. Erstens muß es einen glaubwürdigen Geschäftsplan für rasches

Wachstum vorlegen können. Thermo Electrons oberes Management unterzieht Spin-out-Pläne genauen Prüfungen und vergewissert sich, daß Wachstumschancen vorhanden sind und durch die geplanten Strategien genutzt werden können. Zweitens muß das Geschäft über ein stabiles Managementteam verfügen, das in der Lage ist, den Druck des Marktes auf ein öffentlich gehandeltes Unternehmen zu bewältigen. Drittens muß der Finanzmarkt empfänglich dafür sein. Wenn die Investoren zu Blue-Chip-Unternehmen strömen und vor riskanteren High-Tech-Unternehmungen zurückschrecken, muß das Spin-out möglicherweise noch warten.

In jedem Fall behält Thermo Electron den Mehrheitsbesitz von 51 bis 95 Prozent. Ende 1996 gab es sieben Spin-outs der ersten Generation bzw. Kinder, die jeweils in einer anderen Branche tätig waren. Das erste Spin-out aus dem Jahr 1983, Thermedics, stellt Luftpartikel-Detektorsysteme und biomedizinische Produkte her. Die zweite Generation von

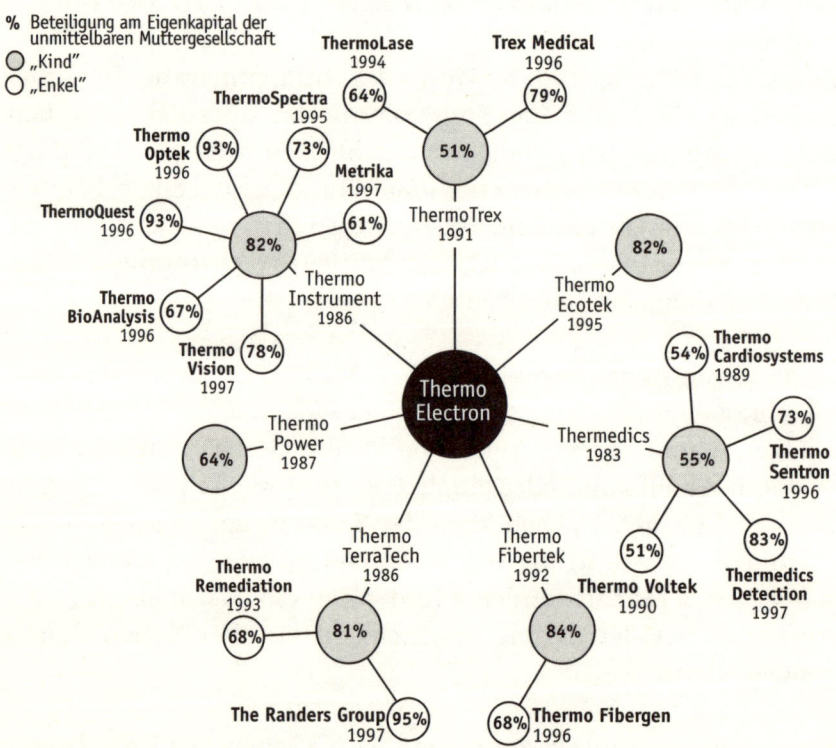

Abbildung 9.1 Spin-outs von Thermo Electron

Spin-outs – die Enkel wie zum Beispiel Thermo Cardiosystems und Thermedics Detection – arbeiten innerhalb des Technologiebereiches der Mutter. Ende 1997 hatte Thermo Electron 15 weitere Enkel und damit insgesamt 22 Spin-outs geschaffen (Abbildung 9.1).

Die erfolgreiche Entwicklung des Unternehmens spricht für sich selbst. Von 1986 bis 1996 stiegen die Umsätze mit einer jährlichen Gesamtrate von 24 Prozent, die Nettoeinnahmen mit 30 Prozent. Die Gesamt-aktionärsrendite stieg um 23 Prozent pro Jahr. Die Gesamtkapitalisie-rung des Unternehmens (einschließlich der Eigenkapitalbeteiligungen an den Spin-outs) stieg von 350 Millionen Dollar 1986 auf zehn Mil-liarden Dollar 1996, was einem jährlichen Anstieg von insgesamt 40 Prozent entspricht.

Bildung neuer Gemeinschaften

Will man das Portfolio an Aktivitäten in den drei Horizonten erfolg-reich leiten, um so das Wachstum zu fördern, ist möglicherweise eine nahezu kontinuierliche Neugestaltung der Unternehmensstruktur erforderlich. Auf der einen Seite werden große Split-ups von Unter-nehmen oder Desinvestitionen durchgeführt, um Unternehmen mit einem eindeutigeren Schwerpunkt zu schaffen. Dafür gibt es in der jüngsten Vergangenheit einige Beispiele: AT&Ts »Trivestitur« in Fern-gesprächsdienstleistungen, Telekommunikationsausrüstung und Com-puter; Monsantos Spin-off des traditionellen Chemiegeschäftes von seinen Life Science-Aktivitäten und Westinghouses Schwerpunkt auf dem Rundfunkwesen zu Lasten seiner industriellen Geschäfte.

Auf der anderen Seite des Spektrums findet man die häufigen kleinen Neuorganisationen, die für Spitzenunternehmen mit langfristigem Wachstum charakteristisch sind. Diese Unternehmen kennen den Signalwert einer strukturellen Veränderung und nutzen ihn, um Auf-merksamkeit und Ressourcen auf aussichtsreiche Wachstumschancen zu lenken. Ganz gleich, wie gut eine Gemeinschaft funktioniert, einige gute Ideen werden womöglich nicht ausreichend gehegt. Häufig wird die helfende Hand des Managementteams benötigt, um eine Aktivität zu fördern, der man nicht genug Aufmerksamkeit schenkt. Sie kann eine solche Aktivität auf der Tagesordnung weiter nach vorne schieben, indem man sie näher an die Unternehmenszentrale verlagert. Dies

kann entweder in Form eines Unternehmensbereiches oder einer selb-
ständigen Gruppe oder auch einer neuen Einheit innerhalb eines vorhandenen Geschäftes erfolgen.

Viele der besten Wachstumschancen können im Niemandsland zwischen Geschäftseinheiten liegen; sie erfordern die Fähigkeiten mehrerer Einheiten, bewegen sich jedoch in die wichtigste strategische Richtung keiner Einheit. Diese Chancen zu erkennen und die Fähigkeiten
zu sammeln, die erforderlich sind, um sie zu nutzen, liegt im Verant-
wortungsbereich der Unternehmenszentrale, denn sie allein verfügt
über die notwendige Perspektive und Objektivität. Wird eine neue Einheit geschaffen, die sich direkt auf eine Chance konzentriert, steigert
dies die Aussichten auf Erfolg.

Wie wir in Kapitel 8 gesehen haben, hat Bombardier dieses Verfahren
mit bemerkenswertem Erfolg angewendet. In den 70er Jahren, als es für
Händler von Snowmobilen schwer war, Finanzierung zu erhalten, schuf
man eine eigene Kapitalgruppe. Banken und Finanzgesellschaften hatten keine Möglichkeit, den Wiederverkaufswert von Snowmobilen zu
beurteilen, und daher begann die neue Einheit, sich Fachkenntnisse in
diesem Bereich anzueignen, indem sie als Firmenfinanzier für ihre
Händler tätig wurde. Heute kann die Einheit über 4500 Händler und
400 Hersteller in ihren Büchern aufweisen, und sie hat sich in mehrere
andere Bereiche der Finanzierung verzweigt, wie zum Beispiel das Fer-
tighaus-Hypothekengeschäft.

Bombardiers Dienstleistungsgruppe entstand auf ähnliche Weise. »Wir
erbrachten bereits einige Dienstleistungen«, erklärte CEO Laurent
Beaudoin, »sie waren jedoch in die vorhandenen Gruppen integriert. Sie
verfügten nicht über das Profil und die Unterstützung, um wachsen zu
können. Wir entschieden, sie herauszunehmen und eine eigene Gruppe zu schaffen, die nach und nach eigenständig werden konnte.«[9] Die
Dienstleistungsgruppe bietet Bombardiers Kunden aus Luftfahrt und
Transport langfristige Wartung und Unterstützung, und sie hat innovative Möglichkeiten für ein Wachstum des Geschäftes gefunden. Auf
ihrem Ruf in der Schulung von Militär- und Zivilpiloten aufbauend,
gründete sie die NATO-Flugschule in Kanada, und sie errichtet in
Nordamerika Wartungszentren für die Besitzer von Bombardier-Regio-
nalflugzeugen.

»Die Neuerschaffung und Neugestaltung von Bombardier ist ein kontinuierlicher Prozeß«, erklärte Dr. Yvan Allaire, Bombardiers Executive Vice-president, Strategie und Firmenangelegenheiten. Tatsächlich gab Bombardier Anfang 1998 die Gründung einer sechsten Geschäftsgruppe auf Unternehmensebene bekannt. Sie wird für das Wachstum in aufstrebenden Märkten zuständig sein und Bemühungen konsolidieren und verstärken, die bisher durch die drei Kerngeschäfte Luftfahrt, Transport und motorisierte Verbraucherprodukte erfolgten.

Verbinden von Gemeinschaften

Die Tendenz zu kleineren Gemeinschaften wirft Fragen über den Wert der Rechtspersönlichkeit des Unternehmens auf. »Wir haben uns bewußt für ein minimalistisches Modell entschieden«, gab Beaudoin von Bombardier zu. »Wir verlieren lieber einige Synergie innerhalb der Gruppen, als die Entscheidungsfindung und den Unternehmergeist in ihnen zu behindern.« Die meisten Unternehmen mit nachhaltigem Wachstum teilen diese Ansicht. Sie stimmen möglicherweise sogar mit einer zweiten Beobachtung Beaudoins überein. »Wenn ein starkes Bedürfnis nach Umgestaltung herrscht, wird die Unternehmenszentrale eingreifen, und häufig bin ich persönlich daran beteiligt«, erklärte er.

Für die Unterstützung der Verbundenheit innerhalb des Unternehmens gibt es zwei gute Gründe. Erstens rechtfertigen Größenvorteile die gemeinsame Nutzung einiger Dienstleistungen. Zweitens erfordert die ständige Notwendigkeit eines Aufbaus neuer Treppen die offene gemeinsame Nutzung von Ideen, Fähigkeiten und Mitarbeitern durch unterschiedliche Gemeinschaften. Damit das möglich ist, muß die Zentrale interne Netze zwischen Personen und Gemeinschaften fördern.

Verbindung zur Zentrale

Größenvorteile rechtfertigen die gemeinsame Nutzung von Dienstleistungen. In vielen Wachstumsunternehmen ist die Unternehmenszentrale für die Entwicklung und Bereitstellung der Fähigkeiten verantwortlich, die Wachstum ermöglichen und die wir in Kapitel 6 beschrieben haben. Viele dieser Fähigkeiten sind von professionellen Dienstleistern aus Bankwesen, Rechtswesen und Rechnungswesen problemlos erhältlich. Die von uns untersuchten Unternehmen bilden jedoch lieber ein kleines Team aus qualifizierten Mitarbeitern im eigenen Haus und stellen das Fachwissen von der Zentrale aus den Einheiten zur Verfügung. Durch dieses Fachwissen sind die Betriebseinheiten motiviert, Chancen wie zum Beispiel Akquisitionen häufiger zu verfolgen, als wenn dieses Wissen nicht verfügbar wäre. Dies wird auch durch verstärkte Verantwortung und eine kostengünstige Erbringung der Dienstleistungen an mehrere Gemeinschaften angeregt.

Unsere Arbeit zeigt, daß etwa drei Viertel der Unternehmen, die starkes Wachstum und hohe Aktionärsrenditen aufrechterhalten, Akquisitionen zu einem unerläßlichen Bestandteil ihrer Wachstumsstrategien machen. Sie akquirieren häufig andere Unternehmen – oft bis zu fünf pro Jahr –, um die Entwicklung ihrer Wachstumstreppen zu unterstützen.

Thermo Electron hat sich in seiner Wachstumsstrategie in hohem Maße auf Akquisitionen verlassen; seit 1980 waren es etwa über 100. Zwischen 1986 und 1996 erzielten neue Unternehmen und Technologien über zwei Drittel seines Einnahmenzuwachses. Thermos Akquisitionen bestanden zum größten Teil im Kauf und der Verbesserung von Turnaround-Kandidaten, man nutzt Akquisitionen jedoch auch, um Fähigkeiten zu erhalten. Faßt ein Spin-out ernsthaft eine Akquisition ins Auge, werden die ungeheuren Erfahrungen und Ressourcen der Unternehmenszentrale eingebracht. Sie verfügt über Kenntnisse bei Abschlüssen von Geschäften und Finanzierung und hat auf dem US-Kapitalmarkt neuartige Finanzinstrumente eingesetzt, um erfolgreiche öffentliche Zeichnungsangebote zu garantieren.

Verbindung zu anderen Gemeinschaften

Einzelne Gemeinschaften sind besser in der Lage, Wachstumschancen zu erkennen und zu nutzen, wenn sie Zugang zu den Fähigkeiten und Kenntnissen der anderen Gemeinschaften haben. »Wir bei Disney sind davon überzeugt, daß Synergie der wichtigste Faktor ist, der zu Gewinn und Wachstum in einem Unternehmen beiträgt, das von der Kreativität lebt«, erklärte Michael Eisner. »Es ist einfach so: Wenn Sie eine neue Idee, ein neues Geschäft, ein neues Produkt, einen neuen Film oder eine neue Fernseh-Show oder dergleichen ins Auge fassen, müssen Sie dafür sorgen, daß jeder im Unternehmen früh genug davon erfährt, so daß jedes Segment des Geschäftes sein Potential in jedem anderen möglichen Markt, Produkt oder Kontext fördern oder nutzen kann.«[10]

Schauen wir uns Disneys Film *Der König der Löwen* an. Bis 1997 war dies nicht nur der Film, der die zweithöchsten Gewinne aller Zeiten einspielte, und mit 1,5 Milliarden Dollar auch der Zeichentrickfilm, der die höchsten Gewinne aller Zeiten einspielte, sondern er hatte zudem auch Chancen geschaffen, Fanartikel im Wert von über einer Milliarde Dollar zu verkaufen. Aus ihm entstand die Serie *Simba's Pride*, die über Heimvideos vertrieben wurde, sowie eine Chance für die Syndizierung auf Fernsehsendern. Der Soundtrack des Films war 1994 das meistverkaufte Album in den Vereinigten Staaten, darauf folgte eine weitere Veröffentlichung, *Rhythm of the Pride Lands*. Die Figur des Königs der Löwen wurde in Disneys Themenparks und Resorts eingesetzt, und in Disneyland trat eine Straßen-Show auf. Der Film wurde zudem zu einer preisgekrönten Broadway-Show umgearbeitet und hat zur Gründung des neuen Themenparks Animal Kingdom geführt, der 1998 in Orlando, Florida, eröffnet wurde.

Derartige Synergien können nur realisiert werden, wenn die Ideen innerhalb eines ganzen Unternehmens bereitwillig gemeinsam genutzt werden. Für die Unternehmenszentrale liegt der Trick dabei, eine ausreichende Koordination zu gewährleisten, um davon profitieren zu können, ohne daß jedoch dadurch der Wert der delegierten Leitung geschmälert wird.

Schauen wir uns Seven-Eleven Japan an, das sich ausgesprochen stark dafür engagiert, Verbindungen zwischen seinen über 7000 Geschäften zu schaffen. Einige Unternehmen bringen dazu ihre Außendienstmanager ein- oder zweimal im Jahr zusammen, um Best-Practice-Verfahren auszutauschen; Seven-Eleven ruft über 1000 seiner Field Counsellors (District Manager, die je über zehn Geschäfte beaufsichtigen) aus dem ganzen Land jeden Dienstag in Tokio zusammen. Das obere Management wendet sich mit unternehmensweiten strategischen Themen an die Gruppe, und zwar nicht in einer verschwommenen Sprache, sondern mit konkreten Beispielen aus den Geschäften. Bevor sich die Gruppe auflöst und zu kleineren Zonen- und Bereichssitzungen geht, folgt eine Sitzung, in der neue Produkte und Merchandising erörtert werden.

Diese Sitzungen bringen häufig unmittelbare Ergebnisse. Ein Field Counsellor stellte fest, daß die meisten Käufer der Zeitschrift *Men's Nonno* Frauen waren, und teilte diese Beobachtung seinen Kollegen mit. Nachdem dies durch eine Analyse bestätigt wurde, verlagerte Seven-Eleven die Zeitschrift von der Mitte des Regals mit Zeitschriften für Männer an die Grenze zwischen den Zeitschriften für Männer und denen für Frauen. Die Umsätze stiegen.

Inspirieren des Unternehmens

Überzeugung und Impulse im Unternehmen aufrechtzuerhalten, kann für Leiter auf allen Ebenen eine beängstigende Aufgabe sein. Wie kann die Unternehmenszentrale es schaffen, bei einer Reihe kleiner Gemeinschaften den Drang nach Wachstum zu inspirieren? In Kapitel 3 beschreiben wir, wie wichtig es ist, die Maßstäbe anzuheben, um den Entschluß zum Wachstum zu verdeutlichen. Große Wachstumsunternehmen legen häufig Wert darauf, finanzielle Ziele zu setzen, die andere für unvernünftig halten würden, und die Verantwortung dafür in die unteren Ebenen des Unternehmens weiterzuleiten. Ziele mit Spitzen- und Endergebnissen beim jährlichen Wachstum von 12 bis 20 Prozent pro Jahr sind selbst in Märkten, die entsprechend dem BIP wachsen, häufig.

Wachstumsorientierte Unternehmenszentralen setzen hohe Ziele aus zwei Gründen. Erstens fallen sie auf. Sie müssen anspruchsvoll genug sein, um die Aufmerksamkeit der Organisation zu wecken, sie dürfen jedoch nicht so unglaublich hoch sein, daß die Manager zynisch darüber urteilen.

Zweitens motivieren Stretch-Ziele die Mitarbeiter, phantasievoller zu sein. Werden sie von einem Ziel ungewöhnlich stark beeindruckt, erkennen sie, daß ihre üblichen Strategien, Produkte und Märkte sie nicht weit genug bringen. Um sich das angestrebte Wachstum zu verdienen, muß das Unternehmen sich selbst neu gestalten.

Gleichzeitig sind quantitative Ziele nicht nachdrücklich genug. Nur wenige Menschen können Jahr für Jahr durch Ermahnungen inspiriert werden, abstrakte Zahlenergebnisse zum Nutzen ihnen unbekannter Aktionäre zu erzielen. Es überrascht daher kaum, daß die Richtlinien großer Wachstumsunternehmen in der Regel nicht nur die finanziellen Ziele festlegen, sondern auch qualitative Vorgaben machen, die den Mitarbeitern einen deutlichen Sinn für den Zweck vermitteln.

Ghoshal und Bartlett drückten dies klar aus: »Strategien können starke, dauerhafte, emotionelle Beziehungen nur dann erzeugen, wenn sie in einen umfassenderen Zweck für die Organisation eingebettet werden. Heute ist es die große Herausforderung für den Leiter eines Unternehmens, innerhalb des Unternehmens eine Bedeutung zu vermitteln, die die Mitarbeiter erkennen können, auf die sie gemeinsam stolz sind, und für die sie sich bereitwillig engagieren.«[11]

Das australische Entertainment-Unternehmen Village Roadshow hat seine Ziele in den vergangenen vier Jahrzehnten mindestens dreimal berichtigt, um das Gefühl für ein Ziel zu erhalten. In den 60er Jahren, als sich das Kerngeschäft in Horizont 1 auf Drive-in-Kinos in Melbourne beschränkte, war es das Ziel des Unternehmens, ein führender einheimischer Kinobetreiber zu werden. Gründer Roc Kirby erklärte: »Ich wollte unbedingt, daß Village ein dominierendes Kinonetz in ganz Australien aufbaut.«[12]

Ende der 80er Jahre hatte das Unternehmen sein Ziel erreicht, worauf Managing Director Graham Burke ein noch höheres Ziel formulierte: »Ziel von Village Roadshow ist ganz einfach, das beste Entertainment-Unternehmen in Australien und im Pazifikbecken zu werden.« Um die Expansion voranzutreiben, startete Village Horizont-2-Geschäfte wie Heimvideo, Radiosender und Themenparks, und mit den Joint-venture-Partnern wurden Kinoverträge in Asien und Europa abgeschlossen.

1995 setzte Roc Kirby die Ziele erneut höher an. »Meine jetzige Vision für Village Roadshow ist, ein weltweites Entertainment-Unternehmen zu werden.« Graham Burke fügte hinzu: »Ich glaube, daß diese kleine Firma aus Melbourne in fünf Jahren weltweit der größte Kinobetreiber sein wird. Ich sage das nicht einfach so daher, nur weil die Pläne dazu da sind. Die Standorte sind real, sie existieren, es passiert. Unsere Partnerschaften sind vorhanden. Wir müssen es nur realisieren und die Energie dafür bewahren.«[13] Village plant, die 400 Leinwände im Jahr 1995 auf weltweit 3000 Leinwände im Jahr 2000 zu steigern.

Auf die Entwicklung des Unternehmens zurückblickend, meint Roc Kirby: »Vom kleinen Beginn von Village Roadshow bis zum heutigen Tag hat es in den über 40 Jahren seit Gründung des Unternehmens kein einziges Jahr ohne kontinuierliches Wachstum gegeben.« Die Entwicklung von Villages Zielen hat zu diesem fortgesetzten Wachstum beigetragen. Rückt ein neues Ziel näher, dann definiert Village den Markt, in dem es sich befindet, und inspiriert seine Mitarbeiter, neue hohe Ziele anzustreben (Abbildung 9.2).

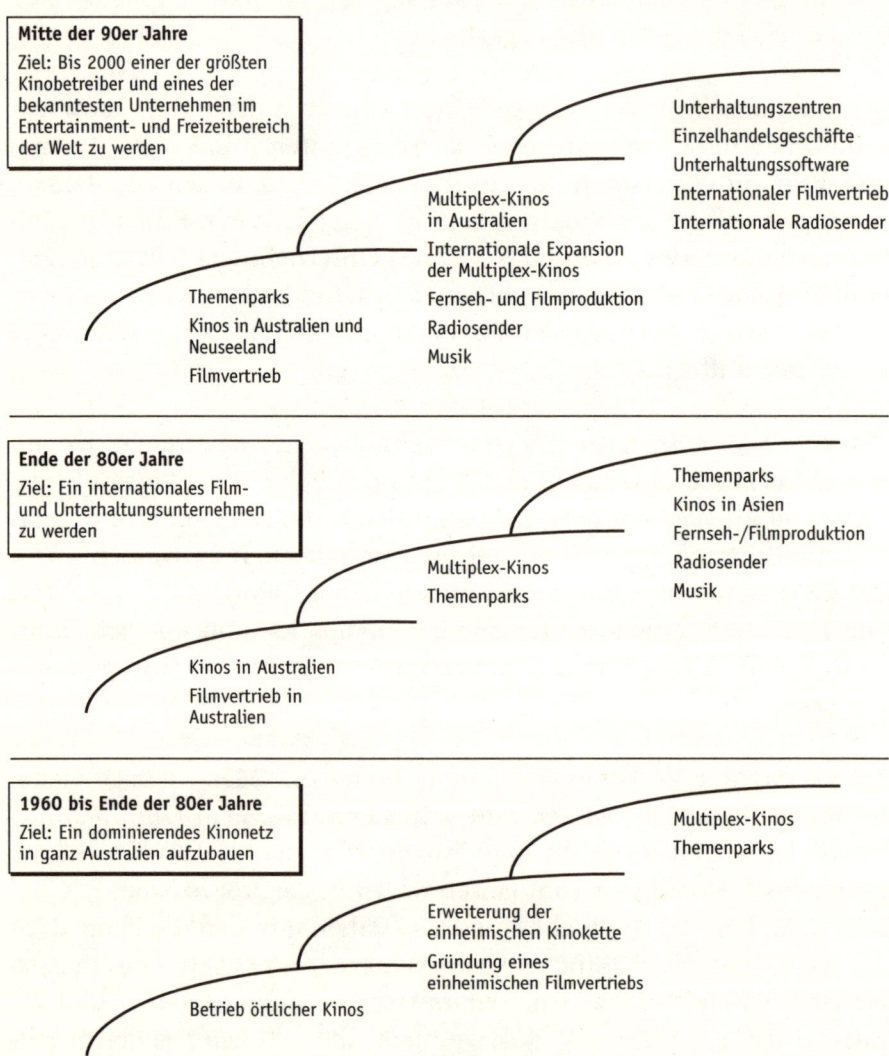

Mitte der 90er Jahre
Ziel: Bis 2000 einer der größten Kinobetreiber und eines der bekanntesten Unternehmen im Entertainment- und Freizeitbereich der Welt zu werden

Unterhaltungszentren
Einzelhandelsgeschäfte
Unterhaltungssoftware
Internationaler Filmvertrieb
Internationale Radiosender

Multiplex-Kinos in Australien
Internationale Expansion der Multiplex-Kinos
Fernseh- und Filmproduktion
Radiosender
Musik

Themenparks
Kinos in Australien und Neuseeland
Filmvertrieb

Ende der 80er Jahre
Ziel: Ein internationales Film- und Unterhaltungsunternehmen zu werden

Themenparks
Kinos in Asien
Fernseh-/Filmproduktion
Radiosender
Musik

Multiplex-Kinos
Themenparks

Kinos in Australien
Filmvertrieb in Australien

1960 bis Ende der 80er Jahre
Ziel: Ein dominierendes Kinonetz in ganz Australien aufzubauen

Multiplex-Kinos
Themenparks

Erweiterung der einheimischen Kinokette
Gründung eines einheimischen Filmvertriebs

Betrieb örtlicher Kinos

Abbildung 9.2 Village Roadshows steigende Ziele

Die stärksten und ausdauerndsten Absichten des Unternehmens müssen die Aktionäre auf drei Ebenen ansprechen. Auf der untersten müssen sie verdeutlichen, daß es notwendig ist, Rentabilitätsziele zu erreichen, um den weiteren Zugang zu Kapital und damit das Überleben des Unternehmens zu gewährleisten. Auf der mittleren Ebene müssen sie den Mitarbeitern die Aussicht auf Selbstverwirklichung durch die Mitarbeit in einem Siegerteam, durch persönliche Leistungen und durch persönliches Wachstum bieten. Auf der höchsten Ebene muß die Absicht des Unternehmens die Möglichkeit beinhalten, die Welt, zumindest in geringem Maße, zu einem besseren Ort zu machen.[14]

Wird eine inspirierende Absicht an starke Werte und eine tatkräftige Leitung gebunden, können die Auswirkungen auf das Wachstum dramatisch sein. Hindustan Lever, das dominierende Konsumgüterunternehmen auf dem indischen Subkontinent, ist ein Beispiel dafür. Die *Far Eastern Economic Review* bezeichnete es als das 1995, 1996 und 1997 am meisten bewunderte Unternehmen in Indien. Ein tatkräftiges oberes Management fördert die Leidenschaft des Unternehmens dafür, Erfolge zu erzielen. »Sie müssen die Vision und den Willen, Ziele zu erreichen, eindeutig formulieren«, erklärte der Chairman Keki Dadiseth.[15]

Hindustan Lever will seinen Erfolg im indischen Konsumgütersektor noch weiter vorantreiben. Als wir das obere Management nach seiner wirklichen Motivation fragten, gingen die Antworten jedoch weit über die Sprache eines Jahresberichtes hinaus. Es erklärte, man wolle zum Wohle Indiens für den innovativsten Marktteilnehmer und den besten Förderer von Managementtalent des Landes tätig sein, der die höchsten Maßstäbe im ethischen Unternehmensverhalten aufweist. Die Inspiration rühre von den Chancen und Herausforderungen der Vermarktung einer umfangreichen Reihe an Konsumgütern innerhalb der immensen Vielfalt Indiens und von der internationalen Dimension aufgrund der Beteiligung von Unilever her.

Einige Manager erachten den Altruismus in diesen Antworten womöglich als nicht vereinbar mit wirtschaftlichem Überleben in der unversöhnlichen Welt des Wettbewerbs. Untersuchungen lange bestehender Unternehmen zeigen jedoch, daß edle Absichten und Schaffung von Reichtum nicht nur nebeneinander existieren, sondern sich auch ge-

genseitig stärken können.[16] Johnson & Johnson hat ein Ziel, »Schmerz und Krankheiten« zu lindern, und gelobt, Kunden, Mitarbeiter und Gesellschaft noch vor die Aktionäre zu stellen. Kyoceras Management will »Chancen für das materielle und intellektuelle Wachstum all unserer Mitarbeiter bieten und durch unsere gemeinsame Bemühung zum Fortschritt von Gesellschaft und Menschheit beitragen«.[17]

Die Alchimie des Wachstums bietet mehr als nur eine finanzielle Belohnung. So wie die Alchimie versuchte, das Alltägliche in das Erhabene umzuwandeln, kann Wachstum das Arbeitsleben der Mitarbeiter umwandeln. Arbeit kann aufregender, sinnvoller und erfüllender werden, wenn Mitarbeiter das gemeinsame Ziel Wachstum anstreben. Die Ergebnisse zeigen sich, wenn Wachstum der Gesellschaft in Form von Schaffung von Arbeitsplätzen zugute kommt. Wachsende Unternehmen können dazu beitragen, eines unserer schwerwiegendsten gesellschaftlichen Probleme zu mildern: chronische Massenarbeitslosigkeit.

Durch diese Alchimie in der heutigen Zeit hinterlassen Geschäftsleute, die erfolgreiche Wachstumsbestrebungen leiten, ihre Spuren in der Welt. Angesichts der daraus entstehenden gesellschaftlichen Vorteile ist es enttäuschend, daß nur so wenige Manager zu Alchimisten des Wachstums werden – und daß die Gesellschaft herausragende Leiter, die diese schwierige Kunst beherrschen, so häufig kritisiert, anstatt sie zu feiern. Beliebte Geschichten über Leiter von Wachstumsunternehmen haben häufig die Gier und die übermäßigen Gehälter einiger weniger prominenter Einzelpersonen zum Thema. Was aber ist mit den zahlreichen unbesungenen Helden, die durch ihre Leitung viele Arbeitsplätze für andere geschaffen haben?

Wir glauben, daß jeder Leiter das Potential besitzt, in seinem Team, seiner Abteilung, Geschäfteinheit oder Aktiengesellschaft ein Alchimist des Wachstums zu sein. Wir hoffen, daß dieses Buch mehr Geschäftsleute ein wenig dazu inspiriert und befähigt, auf die edlen Absichten einzugehen, die wir als die Alchimie des Wachstums bezeichnen.

ANMERKUNGEN

1 General Electric, Jahresbericht 1995.
2 Siehe z. B. J. D. Day und J. C. Wendler, »The new economics of organization«, *The McKinsey Quarterly*, 1998, Nr. 1, S. 4–32.
3 R. Foster, Interview mit Ralph Larsen, August 1995.
4 Zitiert in D. Young, »Illinois Tool still fastened to keep-it simple formula«, *Chicago Tribune*, 26. April 1993.
5 Zitiert in C. B. Wendel, *The New Financiers* (Chicago 1996), S. 320–325.
6 H. Ishida, »Amoeba management at Kyocera Corporation«, *Human Systems Management*, 1994, Band 13, Nr. 3, S. 183–195.
7 P. Anslinger, D. Carey, K. Fink und C. Gagnon, »Equity carve-outs: A new spin on the corporate structure«, *The McKinsey Quarterly*, 1997, Nr. 1, S. 165–172.
8 S. Coley, R. Anandan und R. Foster, Interview mit George N. Hatsopoulos, August 1995. Als dieses Buch in den Druck ging, gab Thermo Electron eine geplante Neuorganisation bekannt, durch die nach Erwartungen die Anzahl der öffentlichen Tochtergesellschaften in Mehrheitsbesitz verringert werden soll.
9 M. A. Baghai, S. C. Coley, R. H. Farmer und H. Sarrazin, »The growth philosophy of Bombardier«, *The McKinsey Quarterly*, 1997, Nr. 2, S. 4–29.
10 Rede vor dem Executive Club of Chicago, 19. April 1996.
11 S. Ghoshal und C. A. Bartlett, *The Individualized Corporation: A fundamentally new approach to management* (New York 1997), S. 307–308.
12 Village Roadshow, Jahresbericht 1995. Andere Zitate sind aus den Jahresberichten 1990 und 1997 entnommen.
13 Zitiert in I. Porter, »Village Roadshow shoots for top billing«, *Australian Financial Review*, 12. Oktober 1995, S. 23.
14 Die Ideen in diesem Absatz entstammen Gesprächen mit Richard Barrett.
15 D. White und A. Quay, Interview mit Keki Dadiseth, Mai 1996.
16 Vier empirische Studien über lange bestehende Unternehmen zeigen, daß Erfolg über längere Zeiträume mit edlen Absichten zusammenhängt:
J. C. Collins und J. I. Porras, *Built to Last: Successful habits of visionary companies* (London 1994), Kapitel 3, »More than profits«.
S. Ghoshal und C. A. Bartlett, *The Individualized Corporation: A fundamentally new approach to management* (New York 1997), S. 307–308.
James Burke, Interview von T. R. Hornton, *What Works for Me: 16 CEOs talk about their careers and commitments* (New York 1986), S. 15–35.
A. De Geus, *The Living Company: Growth, learning and longevity in business* (London 1997), Vorwort, S. 7–19.
17 K. Inamori, *A Passion for Success: Practical, inspirational and spiritual insights from Japan's leading entrepreneur* (New York 1995), S. 63.

Anhang:
Forschungsgrundlagen und Fallbeispiele

Die Überlegungen hinter diesem Buch beruhen auf vielen Quellen für Informationen und Fachwissen. Wichtigste Quelle sind die Erfahrungen, die aus über 600 Aufträgen stammen, in denen McKinsey-Consultants für Kunden auf der ganzen Welt tätig waren.

Wir haben in hohem Maße auf die umfassende Untersuchung zurückgegriffen, die unser Team anhand von 30 der weltweit größten Wachstumsunternehmen durchgeführt hat. Einige dieser Unternehmen sind für ihre Wachstumsfähigkeiten bereits bekannt, andere weniger. Wir befragten über 300 Manager aus oberen und mittleren Ebenen von Klienten und anderen Unternehmen und haben unsere Konzepte und Rahmen mit ihnen durchgetestet.

Unsere Untersuchung wurde durch Informationen aus Jahresberichten und anderen Veröffentlichungen von Unternehmen ergänzt, durch Unterlagen gesetzlicher Behörden, durch Zeitschriften- und Zeitungsartikel, und durch Reden von Führungskräften. Zudem erhielten wir Informationen anhand der Durchsicht von Literatur über Wachstumsstrategien und Unternehmensverfahren aus Management- und Autorenkreisen.

Wir wandten folgende Auswahlkriterien an:

- Um ausgewählt zu werden, mußten die Unternehmen einen beträchtlichen Zeitraum mit nachhaltigem Einnahmenzuwachs, der über dem Durchschnitt ihrer Branche lag, aufweisen. Zudem mußten sie einen nachhaltigen Zuwachs bei den Gewinnen und Aktionärsrenditen aufweisen.
- Umfassende Informationen über die Unternehmen mußten verfügbar sein, und es mußte die Möglichkeit für Interviews mit den Führungskräften bestehen.
- Die Reihe der Fallbeispiele mußte ein breitgefächertes Spektrum an Geographien und Branchen abdecken.

Wir analysierten Unternehmens-Forschungsdatenbanken, um Unternehmen zu finden, die verglichen mit den Konkurrenten herausragende Umsätze und Aktionärsrenditen verzeichneten. In einigen Fällen lockerten wir unsere Auswahlkriterien, so daß wir Unternehmen aufnehmen konnten, die Lernchancen boten und uns dabei halfen, die gewünschte geographische Abdeckung zu erzielen. Acer aus Taiwan wurde zum Beispiel über einen relativ kurzen Zeitraum untersucht (1990–1996), während die meisten Unternehmen im Beispiel einen Zeitraum mit erfolgreichem Wachstum von zehn bis 15 Jahren verzeichnen.

Die 30 ausgewählten Unternehmen kommen aus Asien, Australien, Europa und Nordamerika und stellen einen Querschnitt durch die Branchen dar. Mit einem durchschnittlichen jährlichen Umsatzwachstum von 23 Prozent und einer durchschnittlichen jährlichen Gesamtaktionärsrendite von 29 Prozent im untersuchten Zeitraum erzielten sie nicht nur hervorragendes Wachstum, sondern schufen auch große Werte.

Die großen Wachstumsunternehmen

In Tabelle 1 sind die 30 von uns untersuchten Unternehmen aufgeführt, der Zeitraum, in dem sie ausgewertet wurden, ihre Branche, ihr Heimatland und ihr Gesamtjahreswachstumssatz (GJWS) bei Umsätzen, Nettoeinnahmen (NE) und Gesamtaktionärsrendite (GAR) für den Zeitraum. Einzelheiten zu diesen Beispielen finden sich direkt im Anschluß an diese Einleitung.

Tabelle 1. 30 große Wachstumsunternehmen

Unternehmen	Zeit-raum	Hauptbranche	Heimat-land	GJWS Umsätze %	GJWS NE %	GJWS GAR %
Acer	1990–96	Computerausrüstung	Taiwan	29	90	12
Arvind Mills	1986–96	Textilien und Bekleidung	Indien	22	38	22 [1]
Barrick Gold	1983–96	Goldminen	Kanada	71	31	31
Bertelsmann	1986–96	Unterhaltung	Deutschland	11	15	n.v. [2]
Bombardier	1986–96	Transportausrüstung	Kanada	22	24	42
Coca-Cola Amatil	1980–96	Getränke	Australien	26 [3]	11	31
ConAgra	1980–96	Lebensmittel	USA	20	22	30
CRH	1970–96	Baustoffe	Irland	20	22	21
Walt Disney	1980–96	Unterhaltung	USA	21	15	22
Enron	1987–96	Energie	USA	10	30	23
Federal Signal	1986–96	Industrielle Ausrüstung	USA	12	18	25
Frito-Lay	1980–96	Snacks	USA	11	13	24 [4]
GE Capital Services	1986–96	Finanzdienstleistungen	USA	19	19	22 [5]
Gillette	1980–96	Konsumgüter	USA	9	14	31
Hindustan Lever[6]	1986–96	Konsumgüter	Indien	25	29	64
Hutchison Whampoa	1986–96	Diversifizierter Mischkonzern	Hongkong	17	19	32
Jefferson Smurfit Group	1986–96	Papier und Verlag	Irland	9	17	22
Johnson & Johnson	1980–96	Verbraucher und Gesundheitswesen	USA	10	13	21
Kyocera	1986–96	Elektronische Bauteile	Japan	10	10	6
Lend Lease	1980–96	Finanzdienstleistungen	Australien	8	18	24
Nokia[7]	1986–96	Telekommunikationsausrüstungen	Finnland	13	33	44
SAP	1988–96	Software und IT-Dienstleistungen	Deutschland	41	37	51
Sara Lee	1980–96	Konsumgüter	USA	8	13	26
Charles Schwab	1987–96	Finanzdienstleistungen	USA	19	28	35
Seven-Eleven Japan	1981–96	Nachbarschaftsläden	Japan	16	22	23
Softbank[8]	1986–96	Computerprodukte und -dienstleistungen	Japan	92	146	29
State Street	1980–96	Finanzdienstleistungen	USA	14	18	35
Tejas Gas[9]	1988–96	Energie	USA	33	23	23
Thermo Electron	1980–96	Wissenschaftliche Ausrüstungen	USA	19	23	20
Village Roadshow	1988–96	Unterhaltung	Australien	67	52	39
Durchschnitt				**23**	**28**	**29**

1 1990–96.
2 Nicht öffentlich gehandelt.
3 Umsatzzahlen gelten für CCAs Unternehmensbereich Getränke (1985–96).
4 Frito-Lay ist eine nicht handelbare Tochtergesellschaft der PepsiCo Inc.; GAR-Zahlen beziehen sich auf Ergebnisse der Mutter-gesellschaft.
5 GE Capital Services ist eine nicht handelbare Tochtergesellschaft der General Electric Company; GAR-Zahlen beziehen sich auf Ergebnisse der Muttergesellschaft.
6 Umsätze und Nettoeinnahmen im Zeitraum 1987–96; GAR-Zeitraum 1990–96.
7 GAR-Zeitraum 1988–96.
8 Umsätze, Nettoeinnahmen und GAR im Zeitraum 1994–96, weil Softbank erst ab 1994 öffentlich an der Börse notiert war.
9 GAR-Zeitraum 1989–96.

Unternehmen, die Wachstum ankurbeln

Neben der ausführlichen Untersuchung dieser 30 Unternehmen über-prüften wir auch Unternehmen, die erfolgreiche Schritte unternommen hatten, um Wachstum anzukurbeln – die von einem Ausgangspunkt mit langsamem oder gar keinem Wachstum ein nachhaltiges Muster von Einnahmenzuwachs erzielen konnten. Unsere Untersuchung konzen-trierte sich auf die besonderen Maßnahmen des Managements, die ergrif-fen wurden, um die Wachstumskarriere eines Unternehmens zu starten.

Wir begannen mit den über 1300 öffentlich gehandelten US-Unterneh-men, die 1996 Einnahmen von über einer Milliarde Dollar erzielten. Danach suchten wir nach Unternehmen, die eine »Wendeperiode« des Wachstums erreicht hatten, in der eine niedrige oder minimale jährliche Umsatzwachstumsrate von einem nachhaltigen Umsatzwachstum ge-folgt wurde. Der Anstieg in der Umsatzwachstumsrate mußte minde-stens doppelt so hoch sein, und er mußte ein beträchtliches Wachstum bei Nettoeinnahmen und Aktionärsrenditen angetrieben haben.

Um unsere Möglichkeiten zu verstärken, ausführliche Hintergrund-informationen und Zugang zu Führungskräften zu erhalten, schauten

Tabelle 2. Neun Unternehmen, die Wachstum ankurbeln

Unternehmen	Hauptbranche	Heimat-land	Jahre	GJWS Umsätze %	GJWS NE %	GJWS GAR %
Compaq Computer	Computerausrüstung	USA	1986–92	37	31	39
			1992–96	45	58	46
Walt Disney	Unterhaltung	USA	1980–84	16	–8	10
			1984–96	22	23	28
Emerson Electric	Elektrogeräte	USA	1985–94	7	8	15
			1994–96	14	14	28
Gillette	Konsumgüter	USA	1980–85	1	5	30
			1985–96	14	18	32
Lear Corporation	Automobilsysteme	USA	1989–92	2	–41	n.v.
			1994–96	41	59	31
Nokia	Telekommunikationsausrüstung	Finnland	1988–91	5	3	–9
			1991–96	21	71	91
Reynolds & Reynolds	Geschäftsformulare und -systeme	USA	1988–91	–0,1	–5	39
			1991–96	13	21	43
Warnaco	Bekleidung	USA	1986–90	–2	21	n.v.
			1991–96	14	37[1]	18
Wells Fargo	Bankwesen	USA	1990–95	–2	8	30
			1995–96	62	4	27

1 Schließt einmalige Restrukturierungsberechnung aus.

wir uns Beispiele für die Wende aus der jüngsten Vergangenheit, d. h. Ende der 80er bis Mitte der 90er Jahre, an. Wir nahmen auch Nokia auf, ein Unternehmen aus unseren Fallbeispielen, das eine Wende beim Einnahmenzuwachs erlebte, sowie Wells Fargo, eine Privatkundenbank, die sich erneut auf das Wachstum konzentriert hatte (Tabelle 2). Ausführliche Informationen zu diesen Beispielen folgen im Anschluß an diese Einführung.

Die Erbauer von Geschäften

Die meisten der von uns untersuchten 30 großen Wachstumsunternehmen und der neun Unternehmen, die Wachstum ankurbelten, bauten beeindruckende Geschäfte auf. Zusätzlich zu diesen beiden Gruppen untersuchten wir einige andere Unternehmen, die versucht hatten, neue Geschäfte aufzubauen. Nicht alle waren damit erfolgreich. Wir waren daran interessiert, wie Unternehmen von der Phase der Idee über die Entwicklung eines stabilen Geschäftsmodells zur Einführung und nachfolgenden Wiederholung des Geschäftsmodells fortschritten. Tabelle 3 führt die Unternehmen auf, die wir in dieser Kategorie untersuchten.

Tabelle 3. Erbauer von Geschäften

Unternehmen	Neues Geschäft	Heimatland
AT&T	Universal Card und Medis	USA
Walt Disney	Disney Stores	USA
Enron	Verkauf von Gas und Energieerzeugung	USA
General Electric	Fabrik der Zukunft	USA
Samsung	Halbleiter	Südkorea
Sears	Home Central	USA
Virgin	Fluglinie, Cola, Finanzdienstleistungen	Vereinigtes Königreich
Williams	WilTel, Vyvx, ChoiceSeat	USA

Acer 1990–96

Übersicht über das Unternehmen

Acer wurde 1976 von Stan Shih als Multitech International Corporation gegründet mit dem Schwerpunkt auf der Entwicklung und Kommerzialisierung des Mikroprozessors für den taiwanesischen Markt. Heute produziert und verkauft das Unternehmen ein vollständiges Programm von Desktop- und Notebook-PCs, Peripherie und Software nicht nur für den taiwanesischen Markt, sondern weltweit. Die Untersuchung konzentrierte sich auf den Zeitraum nach Acers großem internationalen Auftrieb und der Einführung wichtiger Innovationen von PC-Produkten.

Die konsolidierten Einnahmen für Acer betrugen 1997 60,7 Milliarden Neue Taiwan-Dollar (2,2 Milliarden US-Dollar). Heute ist Acer Taiwans größter Markenexporteur, weltweit achtgrößter PC-Hersteller und die führende PC-Marke im Nahen Osten, Südostasien, Afrika und Südamerika. Das Unternehmen ist in 44 Ländern tätig, exportiert in 100 Länder und beschäftigt 23 000 Mitarbeiter.

Höhepunkte

Das Recht auf Wachstum in Taiwan verdienen: Mit dem Bestreben, auf dem einheimischen Markt dominierend zu werden, konzentrierte sich Acer hauptsächlich auf die Entwicklung des einheimischen Computermarktes in Taiwan. Es unterstützte die PC-Verkäufe an normale Haushalte, Fabriken und kleine Unternehmen. Acer war eines der ersten Unternehmen, die Software in chinesischer Sprache entwickelten, was dabei half, eine dominierende Position auf dem einheimischen Markt zu erringen.

Produktinnovation: Ende der 80er und Anfang der 90er Jahre veröffentlichte und vermarktete Acer einige Produktinnovationen. Seine ChipUp-Technologie war die erste Verbesserung von der 386- zum 486-CPU mit einem einzigen Chip, die 1991 auf dem Markt war. Die Einführung des ersten 64-Bit RISC-gestützten Desktop-PCs folgte 1992.

System der Wertschaffung: 1985 gründete das Unternehmen Acerland, Taiwans erste und größte Franchise-Einzelhandelskette für Computer mit landesweit 100 Geschäften. In Übersee errichtete Acer ein Produktionsnetz ähnlich dem von McDonald's, das kostengünstige Produktion in Asien mit konstanter Qualität und einer angesehenen Marke verband. Die Bauteile werden in Taiwan hergestellt und montiert, um einen hochwertigen, kostengünstigen PC unter dem Markennamen Acer herzustellen, der über örtliche angeschlossene Unternehmen vertrieben wird.

Angaben zum Wachstum

1 Neuer Taiwan-Dollar = 0,0363 US-Dollar, 31. Dezember 1996

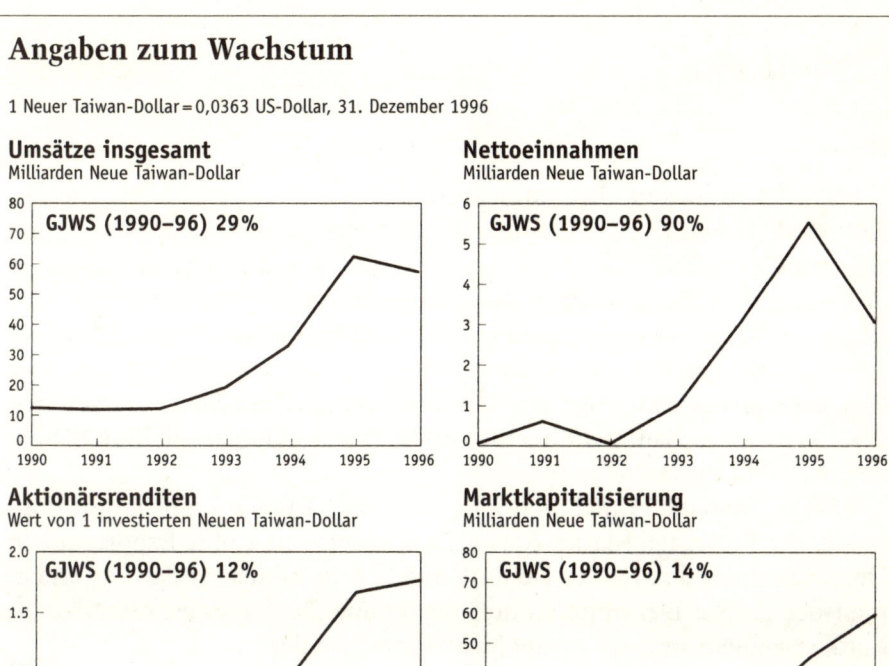

Umsätze insgesamt
Milliarden Neue Taiwan-Dollar

GJWS (1990–96) 29%

Nettoeinnahmen
Milliarden Neue Taiwan-Dollar

GJWS (1990–96) 90%

Aktionärsrenditen
Wert von 1 investierten Neuen Taiwan-Dollar

GJWS (1990–96) 12%

Marktkapitalisierung
Milliarden Neue Taiwan-Dollar

GJWS (1990–96) 14%

Quelle: Jahresberichte; Datastream

Geographische Expansion und Spin-outs: Aufbauend auf seinem Erfolg im Inland drang Acer 1988 durch die Akquisition verwandter Geschäfte, den Aufbau von Joint-ventures und die Bildung von Allianzen in den Vereinigten Staaten, Mexiko, den Niederlanden und Deutschland auf andere Märkte vor. Diese Expansion wurde angetrieben von einem weltweiten Verband von autonomen Unternehmen, die gemeinsames Eigentum von Acer und örtlichen Investoren sind und die durch ein örtliches Management geleitet werden. In Einklang mit Shihs Philosophie »globale Reichweite, lokaler Kontakt« übernimmt Acer Minderheitsbeteiligungen in örtlichen Joint-ventures für Herstellung und Vertrieb, wobei die Kenntnisse (und das Investitionskapital) der Partner gefördert werden, während die Kontrolle über Konstruktion und Markenmanagement beibehalten wird. Vor kurzem hat Acer mit dem Spin-out von Teilen seiner Beteiligung an Herstellungs- und Vertriebstochtergesellschaften begonnen, um Autonomie und Anreize für diese Unternehmen zu steigern. Shihs Ziel ist »21 im 21.«: 21 Acer-Unternehmen mit öffentlicher Börsennotierung bis zum 21. Jahrhundert.

Arvind Mills   1986–96

Übersicht über das Unternehmen
Arvind Mills wurde 1930 von den drei Brüdern Khasturbhai, Narottamb-
hai und Chimanbhai Lalbhai gegründet. Ziel war die Herstellung feiner
und hochfeiner Baumwollgewebe und traditioneller Materialien für den
riesigen indischen Markt. Anfang der 80er Jahre verlagerte Arvind seinen
Schwerpunkt von den einheimischen auf internationale Märkte, um neue
Geschäftschancen zu ergreifen. Zu den hergestellten Textilien gehören
u. a. hochwertige Baumwollhemdenstoffe, Garne in Exportqualität, Schlei-
erstoffe und Denimstoff.
1997 erreichten die Einnahmen 9,28 Milliarden Rupien – eine große Sum-
me für den indischen Markt. Arvind ist der weltweit größte Exporteur von
Denim und der drittgrößte Denimhersteller. In Indien ist das Unternehmen der größte Denimhersteller, der größte Bekleidungshersteller im
Markensegment und der größte Jeans-Einzelhändler.

Höhepunkte
Wachstumsbestrebungen: Das Unternehmen konzentriert sich vom CEO
bis in die unteren Ebenen auf Wachstum. Managing Director Sanjay Lalbhai erklärte, »Das Unternehmen ist im Denimbereich in zehn Jahren von
drei Millionen Meter auf 120 Millionen angewachsen, und unser explo-
sives Wachstum hält noch an.« Bis zur Jahrtausendwende wird erwartet,
daß aus Arvind aufgrund einer zweifachen Expansion im Textilgeschäft ein
Unternehmen im Wert von einer Milliarde Dollar wird. Man strebt an, im
kommenden Jahrzehnt der weltweit größte Denimhersteller zu werden.
Produktinnovation: Arvind Mills betrat das Segment der hochwertigen
Hemdenstoffe und Denimstoffe als Reaktion auf das Entstehen kleiner,
günstiger Maschinenwebstühle und der Liberalisierung des indischen
Marktes. 1986 errichtete das Unternehmen das erste Denimwerk mit einer
Kapazität von 3,6 Millionen Meter pro Jahr. Das Werk wurde zwischen
1978 und 1991 auf 14 Millionen Meter erweitert, die derzeitige Kapazität
beträgt 120 Millionen Meter.
Arvind war der Konkurrenz in der indischen Denimherstellung immer
einen Schritt voraus. Das Unternehmen war der erste Hersteller von Jeans
in Indien, der erste, der eine effiziente Größenordnung in der Herstellung
erreichte, und der erste, der mit Ruf and Tuf, einem fertig zugeschnittenen
Paket mit Denimstoff, Nieten, Aufnäher und Reißverschluß in das massive
Niedrigpreis-Segment vordrang. Die Seilfärbeeinheit in Naroda (Ahmeda-
bad) ist mit einer Kapazität von 40 Millionen Meter pro Jahr das weltweit

Angaben zum Wachstum

1 Rupie = 0,0278 US-Dollar, 31. Dezember 1996

Umsätze insgesamt
Milliarden Rupien

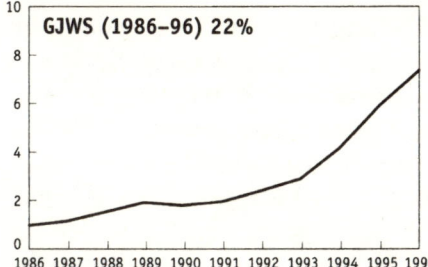

GJWS (1986–96) 22%

Nettoeinnahmen
Milliarden Rupien

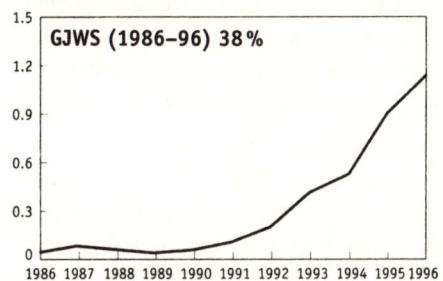

GJWS (1986–96) 38%

Aktionärsrenditen
Wert von 1 investierten Rupie

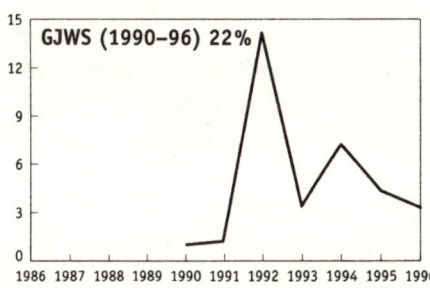

GJWS (1990–96) 22%

Marktkapitalisierung
Milliarden Rupien

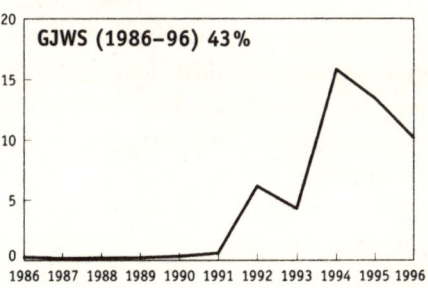

GJWS (1986–96) 43%

Quelle: CMIE; Börse Bombay

größte Seilwerk. Arvind stellt derzeit 70 Prozent der Denimstoffe in Indien her. Seine Produktinnovation reicht von neuen Produkten wie Jute und gefärbtem Denim bis zu garngefärbten Indigo-Hemdenstoffen.

Globale Expansion: 1988 begann Arvind mit dem Export von Denim. Im Rahmen des Strebens nach Globalisierung erfolgten strategische Allianzen und die Zusammenarbeit mit weltweiten Marktführern wie den US-Unternehmen Arrow (Cluen Peabody), Lee (VF Corporation) und Knitfabrics (Alamac). Es wurden Verkaufsbüros in wichtigen Zentren wie New York, London und Hongkong errichtet, und Arvind ist heute in 70 Ländern der Welt vertreten. Zudem hat Arvind ein Denimwerk auf Mauritius erworben und aufgerüstet, das über einen besonderen Außenhandelsstatus mit der Europäischen Union verfügt.

Barrick Gold 1983–96

Übersicht über das Unternehmen

Barrick ist in der Exploration, der Entwicklung und dem Betrieb von Goldminen tätig. Unter dem ursprünglichen Namen Canadian Barrick begann
das Unternehmen 1983 mit der Akquisition einer Beteiligung an zwei
kleinen Minengesellschaften in Alaska. Darauf folgte eine Reihe kleiner
Akquisitionen in Nordamerika. 1985 hatte Barrick ein kleines Portfolio
von Minen und die betrieblichen Fähigkeiten, die für eine Expansion im Inland erforderlich waren, aufgebaut.

Die Einnahmen 1996 betrugen insgesamt 1,8 Milliarden Kanadische Dollar
(1,3 Milliarden US-Dollar), was Barrick zum weltweit zweitgrößten Goldproduzenten machte. Mit der niedrigsten Kostenstruktur sämtlicher Goldproduzenten in Nordamerika wurde das Unternehmen zudem zur weltweit
profitabelsten Goldminengesellschaft. Selbst als 1997 die Goldpreise fielen, desinvestierte Barrick seine Goldminen mit höheren Kosten, um sich
eine bessere Position für anhaltendes profitables Wachstum zu verschaffen.
Zusammen mit einer ausgefeilten Hedging-Strategie führte dies 1998 zu
einem Anstieg der Gewinne im ersten Quartal von 33 Prozent verglichen
mit dem Vorjahr.

Höhepunkte

Herausragende Betriebsleistung: Barrick entwickelte eine systematische
und wiederholbare Methode für Akquisition und Turnaround von Aktiva
mit unterdurchschnittlicher Entwicklung. Nach der Akquisition einer
neuen Mine setzt Barrick ein neues Management ein und führt ein groß-
zügiges Anreizprogramm durch, um seine Kultur zu verbreiten. Personal-
rationalisierung und die Einführung einer leistungsfähigen Technologie
folgen, um die Produktivität zu steigern. Barrick ist bekannt für seine
schlanke, High-Tech-gestützte betriebliche Vorgehensweise. Man nutzt
zum Beispiel die größten Autoklaven in der Branche und setzt satelliten-
gestützte Global-Positioning-Systeme ein, um die LKWs in den Tagebau-
minen zu lokalisieren und zu leiten. Zudem wird ein »Blitzteam« eingesetzt, das zusätzliches Potential aus Reserven freisetzen und Best Practices
von vorhandenen Barrick-Minen vermitteln soll. Diese Best Practices
haben es Barrick ermöglicht, zusätzlichen Wert aus seinen Akquisitionen
und Minen zu ziehen.

Kompetenzen, die Wachstum ermöglichen: Barrick revolutionierte die
Goldminenbranche, indem es kreative Finanzierungsverfahren wie Gold-
darlehen, Bezugsrechte und Optionen zur Finanzierung von Akquisitionen

Angaben zum Wachstum

1 Kanadischer Dollar = 0,7301 US-Dollar, 31. Dezember 1996

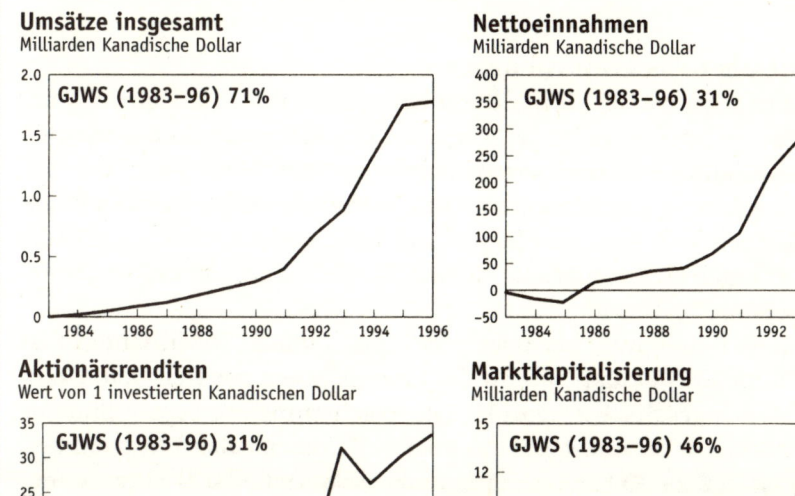

Umsätze insgesamt
Milliarden Kanadische Dollar

GJWS (1983–96) 71%

Nettoeinnahmen
Milliarden Kanadische Dollar

GJWS (1983–96) 31%

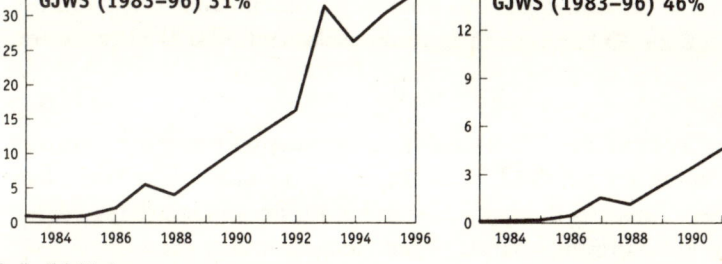

Aktionärsrenditen
Wert von 1 investierten Kanadischen Dollar

GJWS (1983–96) 31%

Marktkapitalisierung
Milliarden Kanadische Dollar

GJWS (1983–96) 46%

Quelle: Global Vantage

und Erschließungen einführte. Zudem hat Barrick die umfangreichste Goldkurssicherungs-Strategie in der Branche entwickelt.

Die Luft geht aus: Ende 1992 stellte Barrick fest, daß sein Aktienkurs verglichen mit dem anderer Goldproduzenten im Wert sank, weil man den Schwerpunkt ausschließlich auf Nordamerika gelegt hatte. Für den Markt sah dies so aus, als seien die Optionen für ein zukünftiges Wachstum eingeschränkt. Daraufhin nahm das Unternehmen ein internationales Expansionsprogramm in Angriff. Heute ist Barrick in Exploration, Erschließung und Abbau von Minen in Nordamerika, Chile, Indonesien, China und Westafrika tätig und pflegt umfangreiche Beziehungen mit nachrangigeren Explorationsunternehmen in diesen Gebieten. Als der Markt Barricks Wachstumschancen und Pläne erkannte, stiegen die Aktienkurse wieder steil an.

Bertelsmann 1986–96

Übersicht über das Unternehmen

Bertelsmann begann 1835 als herkömmlicher Buchbinder in Deutschland. Über ein Jahrhundert war der Schwerpunkt das Verlegen und der Vertrieb von Büchern, und der Betrieb wuchs durch die Akquisition und Modernisierung schwächerer Konkurrenten. Die Geschäfte reichen nun von Buchverlag und Buchclubs über die Herstellung und den Vertrieb von Papier bis hin zu Musik und elektronischen Medien, Zeitschriften und Zeitungen sowie Fernsehen.

Bertelsmanns Einnahmen betrugen 1996 insgesamt 21,5 Milliarden DM (14,0 Milliarden US-Dollar), womit das Unternehmen zur weltweit zweitgrößten Mediengesellschaft wurde. Die Wachstumsrate seiner Branche wurde zwischen 1986 und 1996 um über 500 Prozent überschritten. Bertelsmann ist in über 40 Ländern tätig und beschäftigt 58 000 Mitarbeiter.

Höhepunkte

Innovation im System der Wertschaffung: Bertelsmanns Wachstum begann in den 50er Jahren mit der Einführung von Buchclubs. Der Erfolg hing vom Betrieb der Clubs aus Buchgeschäften heraus ab und bot den Geschäften großzügige Provisionen, anstatt gegen sie zu konkurrieren.

Geographische und akquisitionsgestützte Expansion: Um seine Stärke auf dem weltweiten Mediamarkt zu festigen, erwarb Bertelsmann 1986 den US-amerikanischen Verlag Doubleday und die Plattenfirma RCA. Die Akquisition von Random House 1998 machte Bertelsmann zum weltweit größten Buchverlag. Neben diesen großen Akquisitionen ist ein Großteil von Bertelsmanns Wachstum auf die Akquisition kleiner und mittlerer Unternehmen in verwandten Bereichen in über 40 Ländern zurückzuführen. Diese werden mit einer dezentralisierten Struktur von über 400 Profit Centers geleitet.

Neue Wettbewerbsarenen: 1980 drang Bertelsmann mit der Einführung des allgemeinen Unterhaltungskanals RTL auf den Deutschen Fernsehmarkt vor. Während der 90er Jahre zeigte es ein starkes Interesse an neuen Medien, und es bildet internationale Allianzen zur Erschließung neuer Märkte. Durch ein Joint-venture mit America Online zum Aufbau von Online-Diensten in Europa drang Bertelsmann auf den Multimediamarkt vor. Die Unternehmung versorgte allein in Deutschland Anfang 1998 über eine Million Kunden. Bertelsmann hat zudem eine Beteiligung von 50 Prozent an Pixelpark in Berlin, einer Multimediagesellschaft, die Internet-Dienste anbietet, erworben.

Angaben zum Wachstum*

1 DM 1 = 0,6499 US-Dollar, 31. Dezember 1996

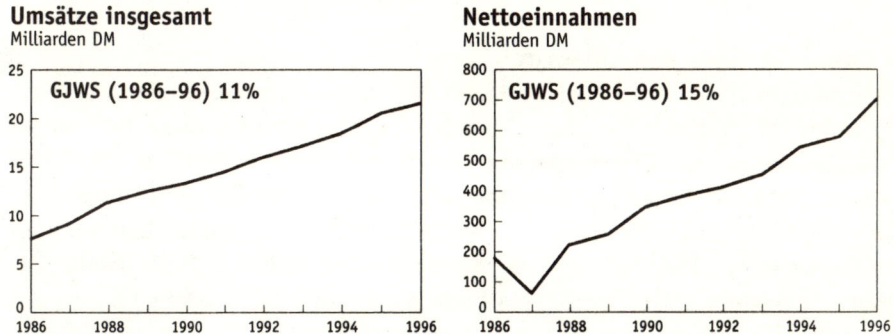

Umsätze insgesamt
Milliarden DM

GJWS (1986–96) 11%

Nettoeinnahmen
Milliarden DM

GJWS (1986–96) 15%

* Da Bertelsmann eine personenbezogene Kapitalgesellschaft ist, stehen keine Daten über Aktionärsrenditen und Marktkapitalisierung zur Verfügung.
Quelle: Global Vantage

Ende 1998 vereinbarte Bertelsmann, für 200 Millionen Dollar 50 Prozent des Online-Buch-Unternehmensbereiches von Barnes and Noble zu erwerben.

Bombardier   1986–96

Übersicht über das Unternehmen

Bombardier Inc. wurde 1942 als Hersteller schneegängiger Ausrüstung gegründet. Mitte der 60er Jahre fügte das Unternehmen seinem Programm das Snowmobil Ski-Doo hinzu, das die Umsätze von 10 Millionen Kanadischen Dollar 1963 auf 200 Millionen Kanadische Dollar 1970 hochtrieb. Bombardiers Geschäfte umfassen heute die Herstellung und Wartung von Flugzeugen, die Herstellung von Massenverkehrsmitteln, Freizeitfahrzeugen wie Snowmobilen und Privatbooten, Finanzdienstleistungen und andere dem Transportgeschäft verwandte Geschäfte.

Mit Einnahmen von 8 Milliarden Kanadischen Dollar (5,8 Milliarden US-Dollar) 1996 ist Bombardier heute der weltweit größte Hersteller von Regionaljets, der drittgrößte Hersteller von Privatflugzeugen, der größte Hersteller von Privatbooten und Jetbooten und der zweitgrößte Hersteller von Snowmobilen. Bei den Massenverkehrssystemen ist das Unternehmen die Nummer eins in Nordamerika und Nummer vier in Europa. Es betreibt Produktionsanlagen in neun Ländern und beschäftigt 40 000 Mitarbeiter.

Höhepunkte

Weitere Schritte in neue Wettbewerbsarenen: In den Nachwirkungen der Energiekrise von 1973, die die Umsätze des Ski-Doo beeinträchtigten, versuchte Bombardier, neue Produktlinien wie Straßenbahnen und elektrische U-Bahn-Waggons zu entwickeln. Dank wichtiger U-Bahn-Verträge in Montreal und New York verfügte man über die finanzielle Flexibilität, die Produktlinie noch weiter zu vergrößern. Während der 70er Jahre begann man, Händlern Warenfinanzierungen anzubieten.

In den 80er Jahren drang Bombardier durch den Erwerb von Canadair in die Luftfahrtindustrie vor. Die Herstellung von Firmenjets und Regionaljets mit 50 und 70 Sitzen hob Bombardier in die Gruppe der weltweit führenden Flugzeughersteller. Das Unternehmen baute seinen Erfolg sowohl intern als auch durch Akquisitionen (z. B. Short Brothers, Learjet und de Havilland) aus, um der weltweit drittgrößte Hersteller von kommerziellen Flugzeugen zu werden.

Chancen werden auch in den 90er Jahren noch weiter verfolgt. Das Unternehmen führt Markttests für ein Kurzstrecken-Elektrofahrzeug durch, einen elektrisch getriebenen Buggy, der für den Transport von Personen und leichter Ladung innerhalb von geschlossenen Ortschaften entwickelt wurde. Bombardiers Kapitalfinanzierungsgruppe begann mit Geschäften einschließlich Eisenbahnwaggon-Leasing, Hypotheken für Fertighäuser und

Angaben zum Wachstum

1 Kanadischer Dollar = 0,7301 US-Dollar, 31. Dezember 1996

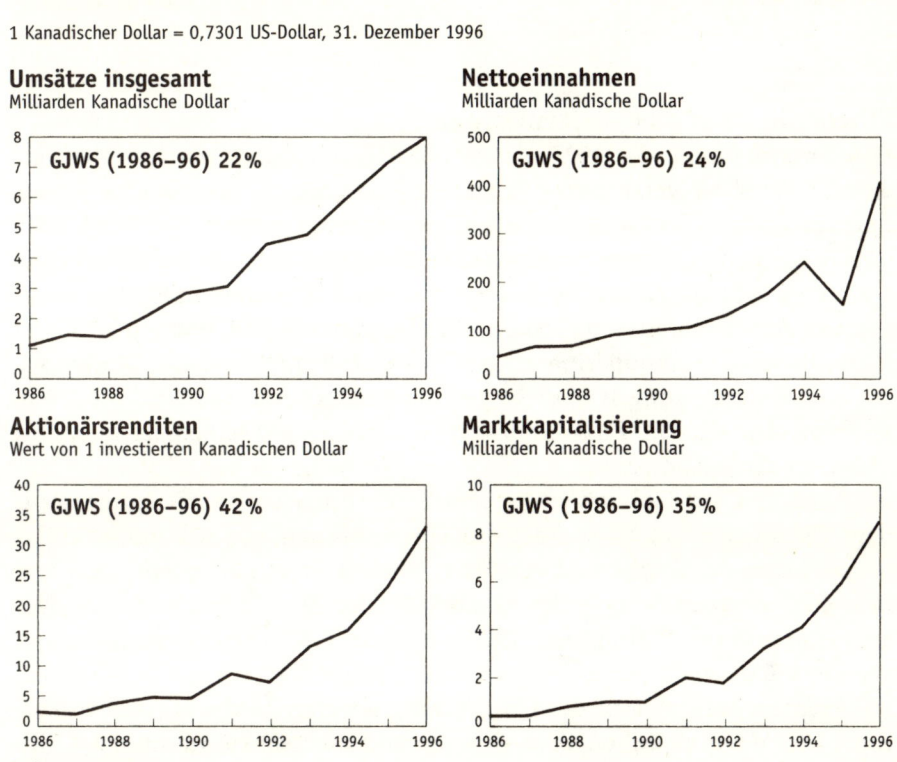

Umsätze insgesamt
Milliarden Kanadische Dollar

GJWS (1986–96) 22%

Nettoeinnahmen
Milliarden Kanadische Dollar

GJWS (1986–96) 24%

Aktionärsrenditen
Wert von 1 investierten Kanadischen Dollar

GJWS (1986–96) 42%

Marktkapitalisierung
Milliarden Kanadische Dollar

GJWS (1986–96) 35%

Quelle: Compustat

internationaler Warenfinanzierung. Seine Dienstleistungsgruppe plant die Expansion der Flugzeugwartungsprogramme auf regionale Fluglinien. Zusätzlich leitet das Unternehmen in Partnerschaft mit der Canadian Air Force und der NATO die NATO-Flugschule in Kanada. Mitte der 90er Jahre machte Bombardier die Firmenjets durch die Einführung eines Time-Sharing-Eigentumsprogramms noch erschwinglicher.

Coca-Cola Amatil   1980–96

Übersicht über das Unternehmen

Das Unternehmen, das 1927 als British Allied Tobacco in Australien gegründet wurde, diversifizierte in andere Konsumgüter wie Snacks, Druck und Verpackung, Faserbehälter sowie Fleisch und Geflügel. Es erwarb 1965 eine Beteiligung seiner ersten Coca-Cola-Franchise in Perth und änderte den Namen in Amatil (Australian Manufacturing and Trading Industries Limited) um, was den breiteren Produktmix illustrieren sollte. Während der 80er Jahre, als weitere Akquisitionen von Coca-Cola-Franchisen und Desinvestitionen von Beteiligungen an nicht-getränkebezogenen Geschäften erfolgten, konzentrierte sich die Zukunft des Unternehmens auf seine Beziehung mit The Coca-Cola Company.

1989 wurde Coca-Cola zu 60 Prozent Eigentümer am Unternehmen, aus dem Coca-Cola Amatil wurde: Ein Unternehmen, das alkoholfreie Getränke herstellt, abfüllt und vertreibt. Nach weiteren Akquisitionen und Fusionen wie zum Beispiel der Akquisition der Abfüllbetriebe der San Miguel Corporation, Philippinen, 1997 wurde der Grad der Eigentümerschaft von Coca-Cola zwar verringert, es ist aber immer noch der größte Aktionär. 1997 hatten die Umsätze des Unternehmens aufgrund des starken Wachstums in den europäischen, australischen und asiatischen Märkten 4,8 Milliarden Australische Dollar (3,8 Milliarden US-Dollar) erreicht. Zu diesem Zeitpunkt war CCA der weltweit zweitgrößte und geographisch am weitesten verbreitete Abfüller von Coca-Cola geworden.

Höhepunkte

Schwerpunkt Getränke: Obwohl CCA beträchtlichen Erfolg erzielt hatte und in Australien ein starker Spieler mit einem breiten Spektrum von Konsumgütern geworden war, hatte die Wachstumsstrategie, die 1984 entwickelt wurde, ausschließlich Getränke zum Schwerpunkt. Daher wurden die Geschäfte Tabak, Geflügel und Druck verkauft, 1990 folgte die Desinvestition des Snack-Geschäftes. Aus einem diversifizierten australischen Hersteller von Konsumgütern wurde CCA zu einem weltweiten Lieferanten von Getränken.

Globale Expansion: CCAs Expansion begann 1982 mit der Akquisition von zwei australischen Franchisen. Mit Verbesserung des internationalen Betriebsmodells begann die allmähliche Expansion mit weiteren Franchisen in Australien, Neuseeland und Österreich. Zwischen 1989 und 1990 erwarb man die verbleibenden bedeutenden australischen und neuseeländischen Coca-Cola-Franchisen sowie zwei weitere Franchisen in Österreich.

Angaben zum Wachstum

1 Australischer Dollar = 0,7944 US-Dollar, 31. Dezember 1996

Umsätze insgesamt
Milliarden Australische Dollar

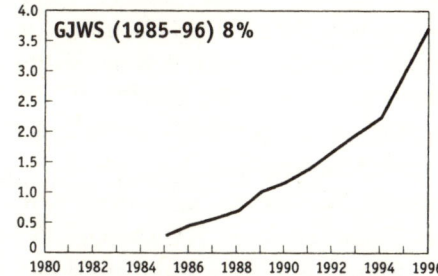

GJWS (1985–96) 8%

Nettoeinnahmen
Milliarden Australische Dollar

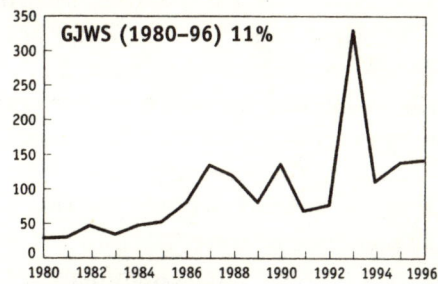

GJWS (1980–96) 11%

Aktionärsrenditen
Wert von 1 investierten Australischen Dollar

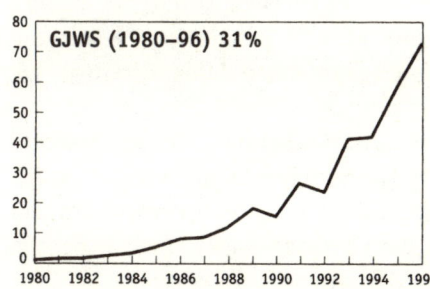

GJWS (1980–96) 31%

Marktkapitalisierung
Milliarden Australische Dollar

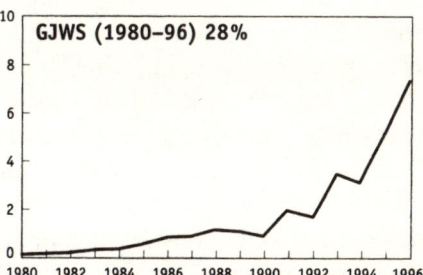

GJWS (1980–96) 28%

Quelle: Global Vantage; Easystream

Als CCA erkannte, wie wichtig die Konsolidierung benachbarter Franchisen und der Aufbau von Glaubwürdigkeit bei The Coca-Cola Company war, investierte man in die rasche Expansion in Asien und Osteuropa. 1997 war CCA zum einzigen oder wichtigsten Franchisenehmer für Coca-Cola in Australien, Neuseeland, Indonesien, den Philippinen, Papua-Neuguinea, Ungarn, der Tschechischen Republik, der Slowakischen Republik, Weißrußland, Slowenien, der Ukraine, Polen, Rumänien, Kroatien, der Schweiz und Österreich geworden.

Restrukturierung: Anfang 1998 wurde das Unternehmen restrukturiert. Die europäischen Beteiligungen wurden durch Spin-off zu einer getrennten Publikumsgesellschaft, Coca-Cola Beverages, ausgegliedert, so daß sich CCA auf den asiatisch-pazifischen Raum konzentrieren konnte. Diese Aktion zeigte zwar, daß man erkannt hatte, wie schwer das Management von geographisch so stark verteilten Geschäften ist, sie illustrierte jedoch auch das bedeutende Wachstumspotential beider Regionen und ermöglichte, beiden ausreichende Ressourcen und Aufmerksamkeit zukommen zu lassen.

Compaq Computer   1986–96

Übersicht über das Unternehmen

Compaq wurde 1983 von Rod Canion und vier anderen Ingenieuren von Texas Instruments gegründet. Es betrat als einer der ersten den Markt für IBM-kompatible Computer und war eines der ersten Unternehmen, das einen PC mit dem 80386-Prozessor von Intel einführte. 1986 stieg es in der *Fortune 500*-Liste schneller als jedes andere Unternehmen bisher auf.

Compaq verzeichnete bis 1990 phänomenale Wachstumsraten, dann wurde man unvorsichtig, und billige Kopien schmälerten den Marktanteil. Die Umsätze fielen nach einem Anstieg von 25 Prozent im Vorjahr um 9 Prozent. Das Unternehmen war Opfer einer teuren Kostenstruktur und einer Kultur, die nicht in der Lage war, Kosten- oder Preissenkungen zu bewältigen. Zudem hatte man sich zu stark auf Händlerpromotions verlassen, was eine Übersättigung der Händlerlager verursachte. Dies unterdrückte die Aufträge für vorhandene Produkte.

Das Unternehmen war bereit für ein Turnaround. Eckhard Pfeiffer ersetzte Rod Canion als Chief Executive und konnte erfolgreich ein Wachstum ankurbeln. 1994 war Compaq der weltweit größte PC-Lieferant geworden, der sowohl auf dem Konsum- als auch auf dem Firmenmarkt stark vertreten war. 1996 wurden Einnahmen von 18,1 Milliarden Dollar erzielt.

Höhepunkte

Sich das Recht auf Wachstum verdienen: Pfeiffer handelte direkt, um die Kostenstruktur des Unternehmens zu verbessern, und verringerte das Personal um 14 Prozent, senkte die Gemeinkosten pro Einheit beträchtlich um 63 Prozent und verringerte die Händlerspannen. Diese drastischen Maßnahmen erlaubten es dem Unternehmen, seine frühere Rentabilität wiederzuerlangen. Pfeiffer hatte gelobt, Compaq bis 1996 zum weltweit führenden PC-Unternehmen zu machen, und er erreichte sein Ziel bereits 1994.

Wachstum ankurbeln: Damit das Unternehmen seine frühere Wachstumsrate wieder erreichte, ergriff Pfeiffer verschiedene Initiativen. Compaq betrat neue Märkte und beschleunigte die Entwicklung neuer Produkte. 1992 wurden die Preise für PCs der unteren Preisklasse um 10 bis 35 Prozent gesenkt, damit sie mit den Kopien konkurrieren konnten. Zwischen 1991 und 1996 führte Compaq neue Produkte wie File-Server, Print-Server, Firmen-PCs der unteren Preisklasse, Verbraucher-PCs, Datenbank- und Anwendungsserver, Mid-Range-Server, NT-Professional-Workstations und Superserver ein. Gleichzeitig verringerte ein umfassendes Reengineering der Produktions- und Vertriebssysteme die Stückkosten.

Angaben zum Wachstum

Umsätze insgesamt
Milliarden Dollar

GJWS (1986–92) 37%
GJWS (1992–96) 45%

Nettoeinnahmen
Milliarden Dollar

GJWS (1986–92) 31%
GJWS (1992–96) 58%

Aktionärsrenditen
Wert von 1 investierten Dollar

GJWS (1986–92) 39%
GJWS (1992–96) 46%

Marktkapitalisierung
Milliarden Dollar

GJWS (1986–92) 40%
GJWS (1992–96) 51%

Quelle: Compustat

Geographische Expansion: Compaq betrat nicht nur neue Kundensegmente, sondern erweiterte seine geographische Präsenz mit Expansionen, zuerst nach Westeuropa, danach nach Japan, Lateinamerika, Osteuropa und den asiatisch-pazifischen Raum.

Konsolidierung der Branche: 1997 schloß Compaq die Akquisition von Tandem ab, einem Hersteller von Servern der oberen Preisklasse. Im Juni 1998 erfolgte die Akquisition der Digital Equipment Corporation, um die Position in den Märkten für Mini-Computer und Computer-Dienstleistungen zu stärken.

ConAgra   1980–96

Übersicht über das Unternehmen

ConAgra wurde 1919 als Gruppe von vier Getreidemühlen in Nebraska gegründet. Für lange Zeit lag der Schwerpunkt auf Getreide- und Futter-Massengütern. Heute stellt das Unternehmen ein breites Programm an Produkten in den Bereichen Lebensmittelzusätze und -inhaltsstoffe, Lebensmittel und gekühlte Lebensmittel her. Aufgrund der Breite seines Angebotes ist es in den USA als »die Lebensmittelkette« bekannt.

ConAgra wurde zum zweitgrößten Lebensmittelunternehmen in den Vereinigten Staaten und erzielte 1996 Einnahmen von 24 Milliarden Dollar. Zudem ist es der am schnellsten wachsende Hersteller von abgepackten Waren in den Vereinigten Staaten. Das Wachstum wird durch Akquisitionen beschleunigt.

Höhepunkte

Neue Wettbewerbsarenen: Während der 60er Jahre diversifizierte ConAgra aufgrund der sinkenden Gewinne aus den vier Getreidemühlen zum ersten Mal, indem es in das Geflügelgeschäft einstieg. Um die Konjunkturabhängigkeit seiner Massengütergeschäfte zu kompensieren, erfolgte 1980 die Akquisition von Banquet Foods, einem Hersteller von Marken-Fertigmahlzeiten. Zwischen 1982 und 1990 drang das Unternehmen in die Sektoren Fertig-Meeresfrüchte, rotes Fleisch und Tiefkühllebensmittel vor und versammelte so eine Reihe der meistbekannten Marken in den Vereinigten Staaten. Anfang der 90er Jahre festigte ConAgra seine Position in der Lebensmittelbranche durch die Akquisition von Beatrice und Golden Valley Microwave. Zwischen 1979 und 1995 wurden insgesamt über 140 Akquisitionen getätigt.

Produktinnovation: ConAgra beherrscht nicht nur Akquisitionen, sondern auch organisches Wachstum. 1989 nach vier Jahren der Forschung und Entwicklung führte es seine eigene Marke an Tiefkühlmahlzeiten, Healthy Choice, ein. Die Marke wurde auf mehrere Produktkategorien erweitert und erzeugt Umsätze von über einer Milliarde Dollar. ConAgra ist ständig bemüht, seine Produktlinie zu erneuern und zu erweitern; allein 1993 wurden 114 neue Produkte eingeführt.

Wachstum organisieren: ConAgra hat eine dezentralisierte Unternehmenskultur aufgebaut. Jedes seiner über 100 Geschäfte wird als unabhängige Betriebsgesellschaft geleitet. Die meisten werden von »Mini-Chief Executives« geleitet, denen der Anreiz vermittelt wird, das Unternehmen zu führen, als sei es ihr eigenes. Diese Kultur wird von Stretch-Zielen mit

Angaben zum Wachstum

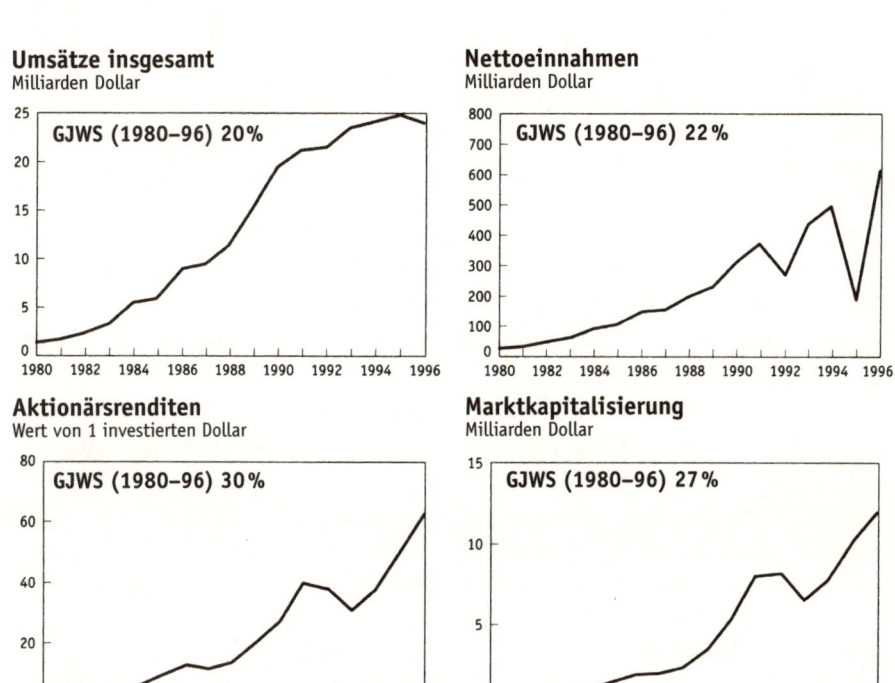

Umsätze insgesamt
Milliarden Dollar

GJWS (1980–96) 20%

Nettoeinnahmen
Milliarden Dollar

GJWS (1980–96) 22%

Aktionärsrenditen
Wert von 1 investierten Dollar

GJWS (1980–96) 30%

Marktkapitalisierung
Milliarden Dollar

GJWS (1980–96) 27%

Quelle: Compustat

einem Ertragswachstum von 14 Prozent und einer Eigenkapitalrendite von 20 Prozent pro Jahr unterstützt. Diese Ziele wurden für 16 Jahre in Folge eingehalten.

CRH   1970–96

Übersicht über das Unternehmen

CRH wurde 1970 durch die Fusion von Irish Cement, dem größten Zementhersteller des Landes, und der Roadstone Group, einem irischen Unternehmen im Sand- und Kiestransport, gegründet. Es stellt Baustoffe (Zement, Aggregatstoffe, Asphalt und andere Straßendecken sowie Fertigbeton) und Bauprodukte (Betonfertigteile, Ziegel- und Betonmauersteine, Pflastersteine und Ziegel sowie vorgespanntes Glas) her. Mit über 900 Niederlassungen in Europa, Nordamerika und Argentinien hat es weit über den einheimischen Markt hinaus expandiert.

Mit Einnahmen von 2,4 Milliarden Irischen Pfund (4 Milliarden US-Dollar 1996) rangiert CRH als das weltweit viertgrößte Baustoffunternehmen.

Höhepunkte

Herausragende Betriebsleistung: Anfang der 80er Jahre war eine schwierige Zeit für CRH. Eine heftige Rezession zwang es, ein kostengünstiger, effizienter Betrieb zu werden, um zu überleben. Dadurch verdiente sich CRH das Recht auf Wachstum, und es führte ein langfristiges Verfahren für die Auswertung von Kandidaten für Akquisitionen während konjunkturellen Abschwüngen durch, so daß man bei einem erneuten Aufschwung die Früchte ernten konnte. Der auf Leistung gerichtete Schwerpunkt war ein wichtiger Faktor in CRHs Wachstum.

Geographische Expansion: Um die Abhängigkeit von der kleinen und konjunkturabhängigen irischen Bauindustrie zu verringern, begann CRH Mitte der 70er Jahre, zwei Drittel seiner Gewinne außerhalb des einheimischen Marktes zu erzielen. Aufgrund dieser Strategie ging das Unternehmen in die Vereinigten Staaten, wo es 1978 Amcor, einen Hersteller von Betonprodukten, erwarb. Weitere Akquisitionen folgten, und 1983 verfügte CRHs Holdinggesellschaft in den USA, die Oldcastle Group, über 20 Anlagen in neun Bundesstaaten. 1996 hatte das US-Geschäft von CRH einen Wert von 1,6 Milliarden Dollar und erzielte 40 Prozent der Gesamtumsätze.

Kleine Akquisitionen: Seit Mitte der 80er Jahre hat CRH eine Strategie der Ermittlung und Nutzung von Chancen für kleine Akquisitionen verfolgt, um die Expansion in den USA und in Europa zu beschleunigen. Seit 1994 hat man versucht, Märkte mit hohem Wachstum in sich entwickelnden Regionen zu finden. Diese Bemühungen führten zwischen 1994 und 1996 zu Investitionen in Argentinien und Polen.

Stretch-Ziele: Als CRH sich das Wachstumsziel setzte, seine Gewinne pro Anteil alle fünf Jahre zu verdoppeln, glaubten nur wenige Menschen, daß

Angaben zum Wachstum

1 Irisches Pfund = 1,6920 US-Dollar, 31. Dezember 1996

Umsätze insgesamt
Milliarden Irische Pfund

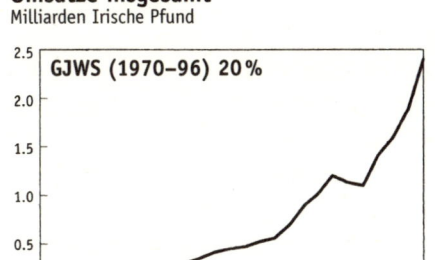

Nettoeinnahmen
Milliarden Irische Pfund

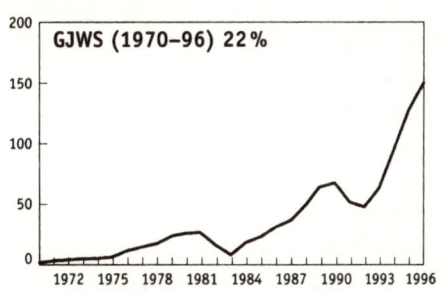

Aktionärsrenditen
Wert von 1 investierten Irischen Pfund

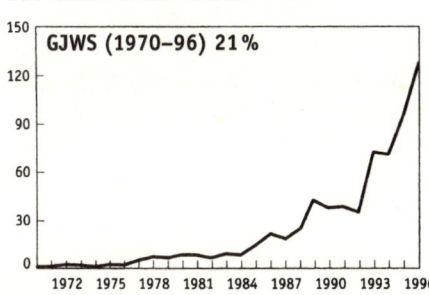

Marktkapitalisierung
Milliarden Irische Pfund

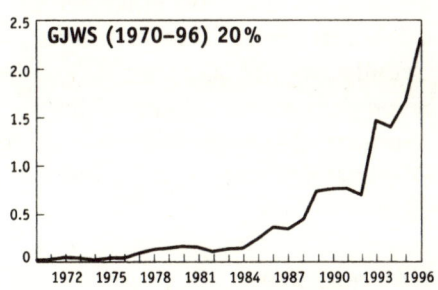

Quelle: Global Vantage

dies möglich sei. Dieses Ziel wird nun als geringste Hürde angesehen: Das Unternehmen steigert die Gewinne um über 30 Prozent pro Jahr, die Umsätze um 20 Prozent. Finance Director Harry Sheridan erklärte: »Sie glauben gar nicht, was Leute alles erreichen können, wenn man ihnen ein Stretch-Ziel setzt. Sie müssen ihnen ständig etwas geben, von dem Sie glauben, es wird ihnen nie gelingen, und sie müssen wiederum dasselbe mit den Leuten in den unteren Ebenen machen.«

Walt Disney   1980–96

Übersicht über das Unternehmen

Die Walt Disney Company wurde 1923 gegründet und wurde zum bekanntesten Entertainment-Unternehmen der Welt. Unter der Leitung seines Gründers erlebte das Unternehmen einen erfolgreichen Anfang und entwickelte Geschäfte, die die Ausgangspunkte für die Treppen bildeten, die 90 Prozent des heutigen Portfolios ausmachen. Nach Walt Disneys Tod 1966 erlebte das Unternehmen jedoch einen Niedergang, als die sich rasch verändernde Welt der riesigen Fernsehsender und teuren Hollywood-Kassenschlager an ihm vorbeizogen.

Ein Turnaround, das vom neuen CEO Michael Eisner und dem Rest des neuen, 1984 und 1985 eingestellten Managementteams organisiert wurde, führte zu einer Wiederbelebung des Unternehmens und legte den Grundstein für sein nachfolgendes Wachstum. Heute zählen zu den Beteiligungen von Disney Filmproduktionen, Fernsehsender, Live-Entertainment, Themenparks und Resorts sowie Konsumgüter. 1997 erzielte Disney Einnahmen von 22,5 Milliarden Dollar, nahezu das Zweifache von 1995.

Höhepunkte

Wachstum ankurbeln: Die drastische Umstellung des Managements Mitte der 80er Jahre bedeutete für Disney den Wendepunkt. Das neue Managementteam von Michael Eisner, Frank Wells, Jeffrey Katzenberg und Gary Wilson überarbeitete jedes wichtige Geschäft. Dazu verringerte man die Abhängigkeit von Themenparks und erzeugte die finanziellen Mittel, um Schulden zu senken und neue Wachstumsinitiativen anzutreiben. Zudem gewährleisteten sie, daß das Unternehmen Initiativen in allen drei Horizonten verfolgte:

• **Horizont 1.** In den bestehenden Themenparks hob Disney die Eintrittspreise um 45 Prozent an und führte neue Attraktionen ein. Zudem wurden neue Themenparks in den USA und in Übersee eröffnet.

• **Horizont 2.** In den Filmstudios umfaßte das Ankurbeln des Cash Flows die Freigabe der privilegierten Aktiva des Disney-Archivs durch Neuveröffentlichungen von Klassikern wie *Schneewittchen* auf Video. Eine innovative Finanzstruktur erzeugte die Mittel, mit denen neue Filme produziert werden konnten, so auch Zeichentrickfilme mit Figuren, die zu Konsumgütern weiterentwickelt wurden. Disneys Filme haben zudem ein neues Live-Entertainmentgeschäft befruchtet; so läuft der frühere Zeichentrickfilm *Die Schöne und das Biest* heute als Show am Broadway, und die

Angaben zum Wachstum

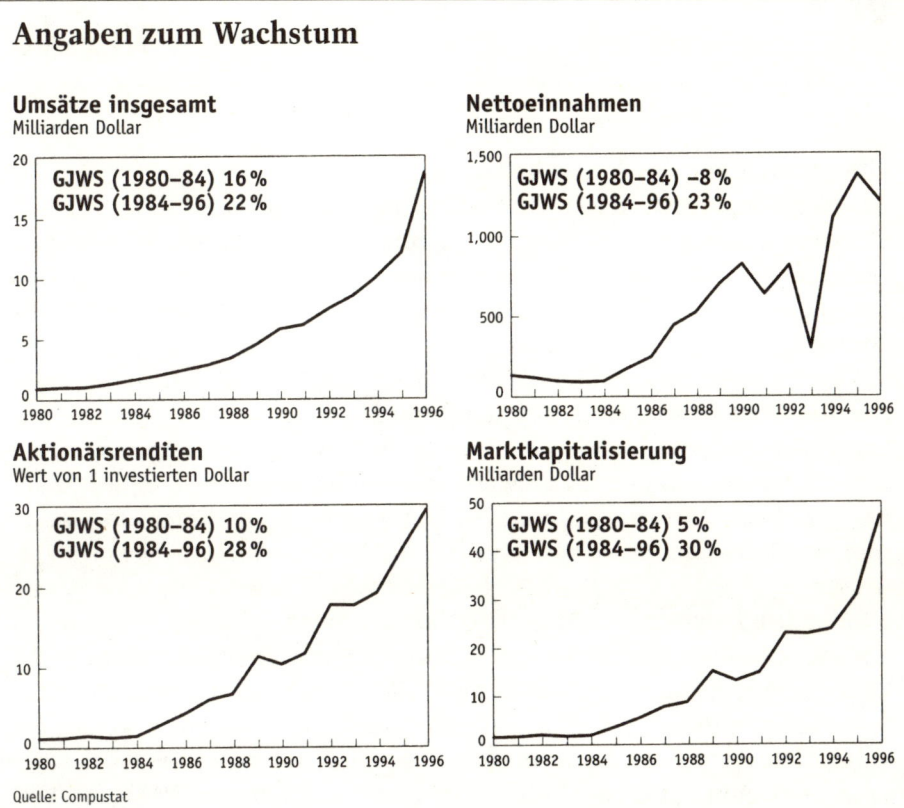

Umsätze insgesamt
Milliarden Dollar

GJWS (1980–84) 16 %
GJWS (1984–96) 22 %

Nettoeinnahmen
Milliarden Dollar

GJWS (1980–84) –8 %
GJWS (1984–96) 23 %

Aktionärsrenditen
Wert von 1 investierten Dollar

GJWS (1980–84) 10 %
GJWS (1984–96) 28 %

Marktkapitalisierung
Milliarden Dollar

GJWS (1980–84) 5 %
GJWS (1984–96) 30 %

Quelle: Compustat

Anaheim Mighty Ducks der National Hockey League erscheinen als die *Mighty Ducks-Figuren.*

• **Horizont 3.** Innerhalb seines Konsumgütergeschäftes hat Disney mit neuen Vertriebskonzepten experimentiert. Eines der erfolgreichsten neuen Geschäfte ist die Disney Stores-Kette. In den ersten zehn Jahren wurden 636 Niederlassungen eröffnet. Das Geschäft erzielte 1996 7 Prozent der Gesamtumsätze. Andere Geschäfte wie Disney Interactive und Disney Online wurden ins Leben gerufen, um neue Technologien auszunutzen.

Wachstum organisieren: Schlüssel zu Disneys erfolgreichem Turnaround war die Schaffung einer leistungsorientierten Unternehmenskultur. Viele neue Mitarbeiter wurden ins Unternehmen aufgenommen, und etwa 400 andere wurden entlassen. Nichtfinanzielle Anreizprogramme wurden erweitert und an die Schaffung von Aktionärsrenditen angekoppelt. CEO Eisners Bestrebungen vereinen alle Mitarbeiter des Unternehmens, um dasselbe Ziel zu erreichen: »Um Aktionärsrenditen dadurch zu schaffen, auch weiterhin aus kreativer, strategischer und finanzieller Sicht das weltweit größte Entertainment-Unternehmen zu sein.«

Emerson Electric   1985–96

Übersicht über das Unternehmen

Emerson Electric wurde 1890 in St. Louis, Missouri, als Hersteller von Elektromotoren und -ventilatoren gegründet. Während des vergangenen Jahrhunderts hat sich das Unternehmen von einem kleinen regionalen Hersteller zu einem weltweiten Unternehmen entwickelt, das ein breites Spektrum an elektrischen, elektronischen und elektromechanischen Produkten herstellt und vermarktet. Es verfügt über 60 Unternehmensbereiche mit 100 000 Beschäftigten in über 150 Ländern.

Emerson ist aufgrund seiner Fähigkeit, seine Gewinne selbst in schlechten wirtschaftlichen Zeiten zu steigern, als das bestgeführte konjunkturabhängige Unternehmen bekannt. 1994 konnte das Unternehmen ein Wachstum bei Nettoeinnahmen und Gewinn je Aktie in 38 Jahren in Folge aufweisen.

1993 stellte Emerson fest, daß allein durch Produktivitätsverbesserungen ein angemessenes Wachstum bei Gewinnen und Shareholder Value nicht länger gewährleistet werden konnte. Zu diesem Zeitpunkt, als dem Unternehmen förmlich die Luft wegblieb, kurbelte CEO Chuck Knight das Wachstum wieder an. Emerson führte Veränderungen seines hochangesehenen Planungsprozesses durch und begann, ein Spitzenwachstum zu erzielen. Zwischen 1994 und 1996 wuchsen die Umsätze und Gewinne um 14 Prozent pro Jahr, verglichen mit 7 bzw. 9 Prozent zwischen 1985 und 1994. Die Einnahmen betrugen 1997 insgesamt 12,3 Milliarden Dollar.

Höhepunkte

Entschluß zum Wachstum: Um Emersons beneidenswertes Gewinnwachstum fortzusetzen, legte Knight den Schwerpunkt des Unternehmens wieder auf Spitzenwachstum. Die Stärken, die »konsistente Gewinne kontinuierlich« angetrieben hatten – eine Betriebskultur, für die das Bedürfnis wichtig war, Gewinnziele zu erreichen –, waren für die neue Struktur ein Hindernis. Knight vermittelte dem oberen Management eine aussagekräftige Botschaft, als er die jährliche Planungskonferenz aufteilte in eine Konferenz zur Rentabilitätsprüfung und eine Wachstumskonferenz. Letztere leitete er selbst, an der ersten nahm er nicht einmal teil.

Desinvestition von ablenkenden Geschäften: Obwohl Emerson sich vorher durch seine herausragende Betriebsleistung das Recht auf Wachstum verdient hatte, mußte noch das Portfolio mit ablenkenden Unternehmen beschnitten werden, die kein Wachstum erzielten. Man rationalisierte die Unternehmensbereiche durch Spin-offs der Geschäfte Verteidigung, Mar-

Angaben zum Wachstum

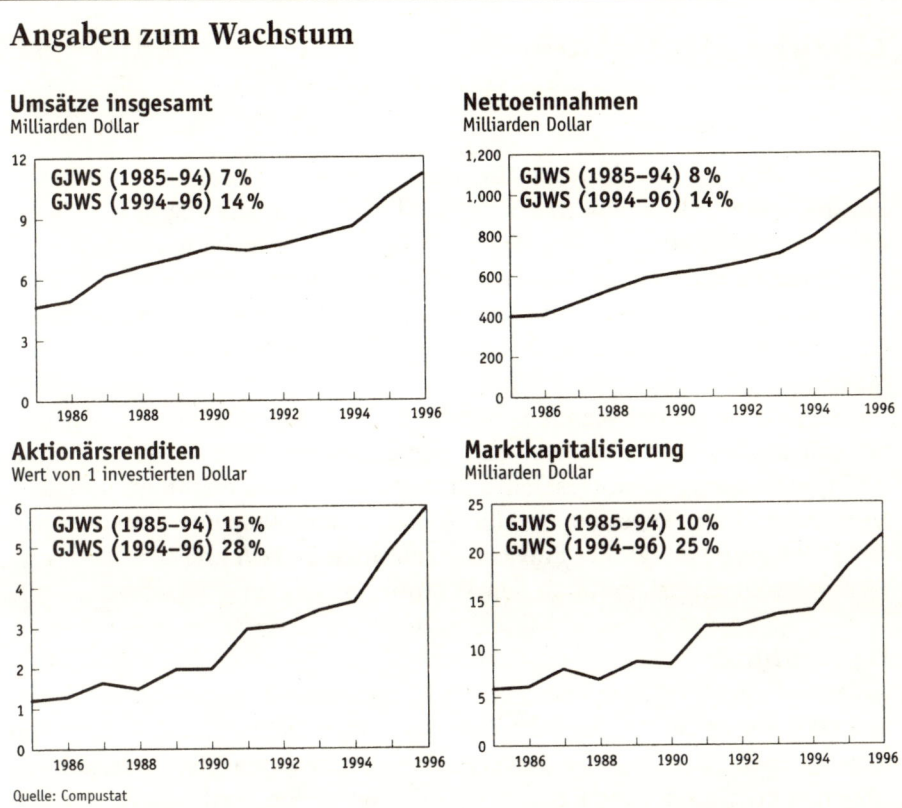

Umsätze insgesamt
Milliarden Dollar

GJWS (1985–94) 7 %
GJWS (1994–96) 14 %

Nettoeinnahmen
Milliarden Dollar

GJWS (1985–94) 8 %
GJWS (1994–96) 14 %

Aktionärsrenditen
Wert von 1 investierten Dollar

GJWS (1985–94) 15 %
GJWS (1994–96) 28 %

Marktkapitalisierung
Milliarden Dollar

GJWS (1985–94) 10 %
GJWS (1994–96) 25 %

Quelle: Compustat

kenverbrauchs-Elektrowerkzeuge und andere nicht verwandte Geschäfte; dabei wurden die Restrukturierungskosten von 329 Millionen Dollar absorbiert.

Differenzierte Managementsysteme. Emerson hat eine heftige Verschiebung der Personalressourcen erlebt. Die Anzahl der Mitarbeiter, die Wachstumsprojekten zugeteilt wurden, sprang von 300 (1994) auf 2 200 (1996), während die Beschäftigtenzahl der Kerngeschäfte in Horizont 1 zwischen 1995 und 1997 um 20 Prozent sank. Neue Mitarbeiter kommen immer schneller hinzu, da Lücken in den für Wachstum erforderlichen Fähigkeiten geschlossen werden. Anreizsysteme wurden überarbeitet, so daß ein Spitzenwachstum von bis zu 55 Prozent der Gesamtprämien für Geschäfte und Initiativen in den Horizonten 2 und 3 erzielt werden kann. In Emersons strategischem Investitionsprogramm werden Manager kurzfristig davon befreit, angestrebte Gewinnspannen erzielen zu müssen, wenn ein Wachstumsgeschäft entwickelt wird.

Enron Corporation 1987–96

Übersicht über das Unternehmen

Enron wurde 1930 als Northern Natural Gas Company gegründet. Nach der Akquisition von Houston Natural Gas für 2,3 Milliarden Dollar 1985 wurde das neue Unternehmen Enron Eigentümer des mit 60 800 km Transportleitungen längsten Leitungssystems in den Vereinigten Staaten. Heute liefert dieses Netz nahezu 18 Prozent des Erdgases in den Vereinigten Staaten.

Enron hat eine herausragende Fähigkeit gezeigt, sich selbst neu zu definieren und insbesondere im Gas- und Energiegeschäft und bei der privaten Energieerzeugung neue Geschäfte zu schaffen. Mit Einnahmen von 13,3 Milliarden Dollar 1996 – ein steiler Anstieg von 45 Prozent verglichen mit 1995 – ist Enron das größte Erdgasunternehmen und der größte Erdgas- und Firmenelektrizitätshändler in den Vereinigten Staaten.

Höhepunkte

Aufbau neuer Geschäfte: Während der Deregulierung des Erdgasmarktes in den USA wurde der Zugang zum Transport liberalisiert, Preise wurden von Kontrollen befreit, und die Liefervorschriften wurden gelockert. Enrons Manager erkannten eine Reihe von Chancen in den Umbrüchen, die den Markt erschütterten, und entwickelten die Vision, der erste große Spieler im Erdgasmarkt zu werden. Das Unternehmen erkannte das Bedürfnis nach größerer Sicherheit von Preisen und Versorgung seitens der einheimischen Gasversorgungsunternehmen und Elektrizitätswerke. Dies führte zur Gründung der innovativen Enron Gas Bank und zu Erdgasterminprodukten, die es dem Unternehmen ermöglichten, Gasreserven mit unterschiedlichen Fristigkeiten in einem Pool zu sammeln und physische Positionen mit weniger Risiko zu finanzieren, während den Endverbrauchern Risikomanagement-Verträge angeboten wurden.

Ähnlich erkannte Enron ein nicht gedecktes Bedürfnis auf der Produktionsseite des Marktes, wo es unabhängigen mittleren Erzeugern nicht möglich war, Zugang zu Finanzierung zu bekommen, um eine weitere Entwicklung und Produktionsmaßnahmen zu finanzieren. Daraufhin wurde die Enron Finance Corporation gegründet und wurden innovative Vorauszahlungsverträge eingerichtet.

Diese Produkte und Dienstleistungen führten dazu, daß Enron Gas Services eine deutlichere Vermittlerrolle übernahm, wobei man als Risikomanager für Kunden auf beiden Seiten des Marktes agierte und aktiv mit physischem und finanziellem Gas mit Lieferanten, Kunden und anderen

Angaben zum Wachstum

Umsätze insgesamt
Milliarden Dollar

GJWS (1987–96) 10 %

15
12
9
6
3
0
1987 1988 1989 1990 1991 1992 1993 1994 1995 1996

Nettoeinnahmen
Milliarden Dollar

GJWS (1987–96) 30 %

600
500
400
300
200
100
0
-100
1987 1988 1989 1990 1991 1992 1993 1994 1995 1996

Aktionärsrenditen
Wert von 1 investierten Dollar

GJWS (1987 – 96) 23 %

7
6
5
4
3
2
1
0
1987 1988 1989 1990 1991 1992 1993 1994 1995 1996

Marktkapitalisierung
Milliarden Dollar

GJWS (1987 – 96) 22 %

15
12
9
6
3
0
1987 1988 1989 1990 1991 1992 1993 1994 1995 1996

Quelle: Compustat

Vermittlern handelte. Ein Programm von Marken- und spezialisierten Risikomanagement-Produkten und -Dienstleistungen folgte. Enron wurde zur führenden Kraft bei der Entwicklung von Terminmärkten und nachgeordneten Märkten für Gas.

Dieses Fachwissen wurde auf neue Märkte wie zum Beispiel Flüssigtreibstoffe und Firmenelektrizität übertragen, wo Enron der größte Händler ist. Zudem baute das Unternehmen ein weltweites Geschäft in der unabhängigen Energieerzeugung auf und betrat kürzlich die Geschäfte der privaten Elektrizitäts- und der Wasserversorgung.

Federal Signal   1986–96

Übersicht über das Unternehmen

Die 1901 gegründete Federal Signal Corporation ist ein weltweiter Hersteller von Nischenprodukten in vier Segmenten: Sicherheits- und Kennzeichnungsprodukte, kundenspezifische Kennzeichnung, Verbrauchsindustriewerkzeuge sowie Notfall- und Umweltfahrzeuge.

1997 hatten die Einnahmen 925 Millionen Dollar erreicht, wodurch Federal Signal der führende Hersteller von Feuerlöschfahrzeugen, Straßenreinigungsfahrzeugen, industriellen Staubsaugerfahrzeugen und Warnsignalprodukten in den Vereinigten Staaten wurde.

Höhepunkte

Dominanz in der Marktnische: Von 1985 bis 1992 zielte Federal Signal auf Nischenmärkte ab, indem es sich auf kleine bis mittlere gering technologisierte Geschäfte konzentrierte, deren wichtigste Konkurrenten kleine Privatunternehmen sind. Man wurde dominierend auf dem nordamerikanischen Markt für Löschfahrzeuge, Straßenreinigungsfahrzeuge und industrielle Staubsaugerfahrzeuge sowie für Warn-, Signal- und Kommunikationsprodukte für Kunden aus Gemeinden und Industrie. Eine dezentralisierte Organisation mit einer starken »Geld für Leistung«-Kultur ermöglichte es dem einheimischen Management, sich auf herausragende Betriebsleistung und Marktdominanz zu konzentrieren.

Fähigkeit zur Akquisition: Federal Signals Fachkenntnisse bei Fusionen und Akquisitionen haben es erlaubt, bis zu drei Akquisitionen jährlich in den Vereinigten Staaten und im Ausland zu tätigen. Das Unternehmen bleibt bei Akquisitionen immer auf dem aktuellsten Stand, indem kleine Privatunternehmen mit Umsätzen unter 50 Millionen Dollar aktiv umworben werden. Man zielt auf starke Unternehmen in den Vereinigten Staaten ab, die vom großen Händlernetz profitieren können oder die Zugang zu einem neuen Markt verschaffen. Im internationalen Bereich zielt Federal Signal auf die direkten Konkurrenten ab, bei denen es sich häufig um Marktführer handelt, um in neue Märkte vorzudringen.

Geographische Expansion: Seit 1992 ist der Marktanteil in den USA in vielen Geschäften von 30 auf 50 Prozent angestiegen. Federal Signal hat seine Expansionsstrategie von den Vereinigten Staaten auf die übrige Welt verlagert; Expansion strebt man hauptsächlich durch Akquisitionen an. So wurde nach der Akquisition eines spanischen Schilderherstellers 1992 dieser als Sprungbrett für das Vordringen auf andere europäische Märkte genutzt. Die internationalen Akquisitionen und Beitritte zu Joint-ventures

Angaben zum Wachstum

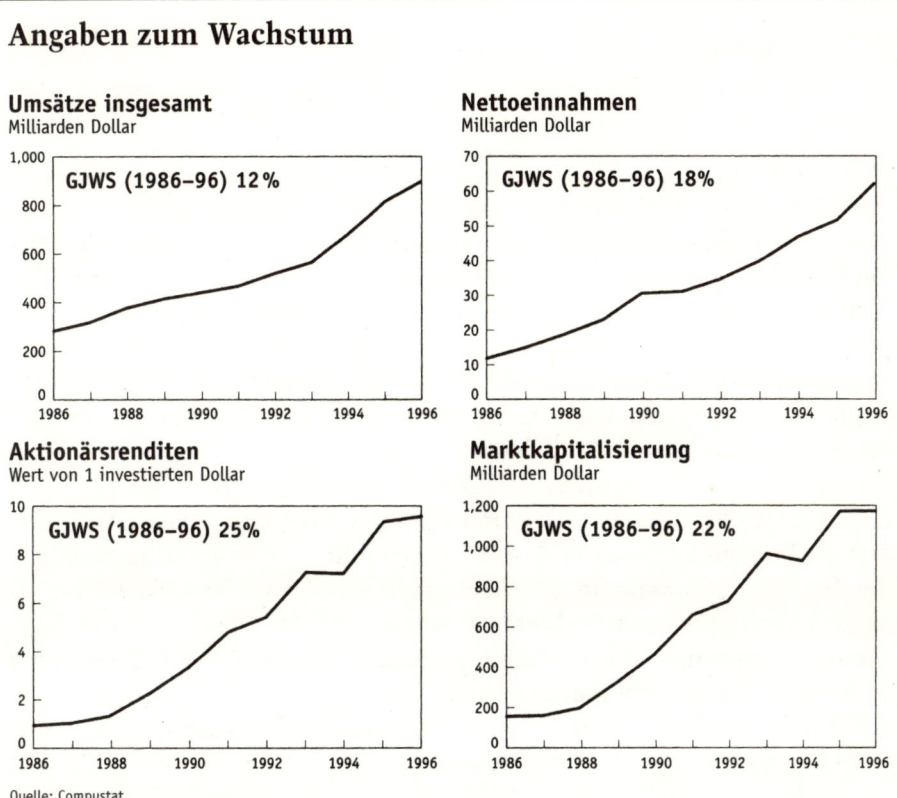

Umsätze insgesamt
Milliarden Dollar

GJWS (1986–96) 12 %

Nettoeinnahmen
Milliarden Dollar

GJWS (1986–96) 18 %

Aktionärsrenditen
Wert von 1 investierten Dollar

GJWS (1986–96) 25 %

Marktkapitalisierung
Milliarden Dollar

GJWS (1986–96) 22 %

Quelle: Compustat

oder Allianzen beliefen sich zwischen 1990 und 1995 auf über ein Dutzend, wodurch der Anteil seiner internationalen Umsätze von 10 Prozent der Gesamtumsätze 1987 auf 23 Prozent 1995 stieg.

Frito-Lay   1980–96

Übersicht über das Unternehmen

Frito-Lay wurde 1961 durch die Fusion von zwei Snackherstellern gegründet, die zusammen 18 regionale Marken besaßen oder vertrieben. 1965 wurde das Unternehmen von PepsiCo Inc. akquiriert. Bis 1984 ergab sich Wachstum aufgrund der expandierenden Snackbranche in den USA wie von selbst. Mit seiner Expansion über die gesamten Vereinigten Staaten wuchs das Unternehmen um 20 bis 30 Prozent pro Jahr. Mitte der 80er Jahre war das einfache Wachstum jedoch vorbei. Die Umsätze sanken, und der Konkurrenzkampf wurde hart.

Trotzdem erzielte Frito-Lay 100 Prozent des Wachstums der gesamten Snackkategorie zwischen 1990 und 1995 und überschritt dabei das Ergebnis der Branche um das Dreifache. Heute stellt es acht der zehn meistverkauften Snackprodukte in den Vereinigten Staaten her. Es verfügt über das größte Vertriebssystem in Nordamerika (48 Produktionsanlagen und 190 Vertriebszentren) und betreibt 65 Produktionsanlagen und 725 Vertriebszentren außerhalb von Nordamerika.

1997 betrugen die Einnahmen 10,4 Milliarden Dollar, knapp unter 50 Prozent von PepsiCos Gesamtnettoumsätzen.

Höhepunkte

Produktinnovation: Anfang der 90er Jahre startete Frito-Lay energische Versuche, vorhandene Produktlinien zu erweitern und neue Marken und Kategorien einzuführen. Vorhandene Produkte (z. B. Fritos Scoops und Baked Lay's, Erweiterungen der ursprünglichen Fritos- bzw. Lay-Produkte) machten 40 Prozent des Umsatzwachstums von 1985 bis 1995 aus. Auch fettarme und fettfreie Produkte wurden zu einer wichtigen Gruppe in der Fritos-Linie. Neue Produkte machten 20 Prozent des Wachstums im selben Zeitraum aus; hierzu gehörten Tostitos, Sun Chips und Grandma's Cookies.

Effektivität des Verkaufspersonals: Frito-Lay beschäftigt die meisten Frei-Haus-Verkäufer in Nordamerika. Circa 100 Zone Managers treffen die Entscheidungen in Marketing und Verkauf für die Unternehmungen von 40 bis 50 Millionen Dollar. Für jeden gibt es ehrgeizige Ziele bezüglich Einnahmen, Betriebsgewinn und Marktanteil, aber auch starke Anreize, diese Ziele zu erreichen und zu überschreiten. Wie bei Pepsi stellt die Umgebung sehr hohe Ansprüche: Mitarbeiter »wachsen oder gehen«.

Internationale Wiederholung: Die verbleibenden 40 Prozent des Einnahmenzuwachses zwischen 1985 und 1995 stammten aus der erfolgreichen

Angaben zum Wachstum

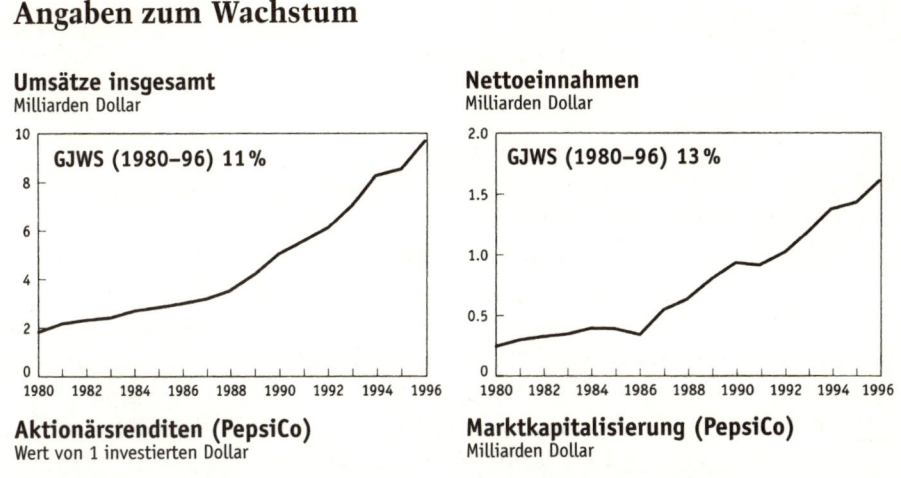

Umsätze insgesamt
Milliarden Dollar

GJWS (1980–96) 11 %

Nettoeinnahmen
Milliarden Dollar

GJWS (1980–96) 13 %

Aktionärsrenditen (PepsiCo)
Wert von 1 investierten Dollar

GJWS (1980–96) 24 %

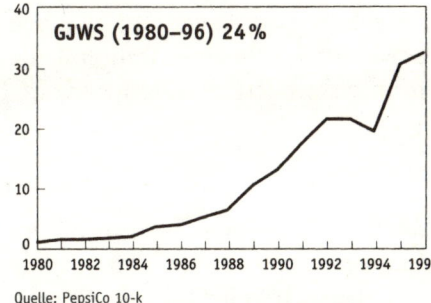

Marktkapitalisierung (PepsiCo)
Milliarden Dollar

GJWS (1980–96) 20 %

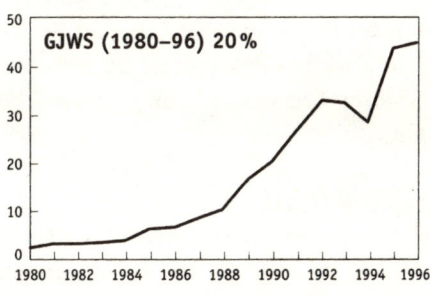

Quelle: PepsiCo 10-k

Einführung von US-Marken auf Überseemärkten, häufig mit Hilfe einer Akquisition oder eines Joint-venture-Partners. Internationale Geschäfte erzielen nun 33 Prozent der Gesamtumsätze.

GE Capital Services   1986–96

Übersicht über das Unternehmen

GE Capital wurde 1943 als Geschäftsbereich der General Electric Company of the United States gegründet. Schwerpunkt war zunächst die Finanzierung des Verkaufs und Vertriebs von GEs Konsum- und Industrieprodukten. Heute bietet das Unternehmen ein breites Spektrum an Finanz- und Outsourcing-Dienstleistungen an, die von Eisenbahnwaggon-Leasing und Kreditkarten bis hin zu Rückversicherung und Ausrüstungsfinanzierung reichen.

1997 betrugen die Einnahmen von GE Capital 39,3 Milliarden Dollar, das Gesamtvermögen 255,4 Milliarden Dollar. Es erzielte 44 Prozent der Gesamteinnahmen von GE und 84 Prozent seines Vermögens. Im gleichen Jahr stiegen GE Capitals Betriebseinnahmen um 9,2 Prozent, während alle anderen GE-Unternehmensbereiche um durchschnittlich 3,6 Prozent fielen.

Höhepunkte

Weitere Schritte in neue Wettbewerbsarenen: Bei einem Unternehmen, dessen Mission es ist, Nummer eins oder zwei in jedem Markt zu werden, überrascht es nicht, daß GE Capitals Geschäfte weltweit zu den größten in seiner Kategorie gehören. GE Fleet Services, Eigentümer von Avis Lease Europe, ist das weltweit größte Fuhrparkmanagement-Unternehmen. Genstar Container ist der größte Spieler im Leasing von Versandcontainern und Containern für den kombinierten Verkehr. GE Retailer Financial Services ist der größte Lieferant und Manager von Handelsmarken-Kreditkarten.

Kompetenzen, die Wachstum ermöglichen: Schlüssel für GE Capitals Wachstum ist seine Fachkenntnis bei Akquisitionen. Für das Unternehmen stellen Akquisitionen den schnellsten und billigsten Weg dar, um Wachstumschancen zu nutzen. Es ist ein Meister darin, Kandidaten zu ermitteln, Abschlüsse zu strukturieren und auszuhandeln und Akquisitionen durchzuführen. In den drei Jahren bis 1995 wurden über 3 Milliarden Dollar pro Jahr für Akquisitionen ausgegeben. Seine Bemühungen werden von einem besonderen Aktivposten gestärkt, dessen sich die Konkurrenz nicht erfreuen kann: der Beziehung zur Mutterfirma. GEs wirtschaftliche Macht, AAA-Kreditwürdigkeit und etablierte internationale Unternehmensbereiche haben sowohl für die Finanzierung wachstumsorientierter Akquisitionen als auch für das Vordringen auf neue geographische Märkte den Weg geebnet.

Angaben zum Wachstum

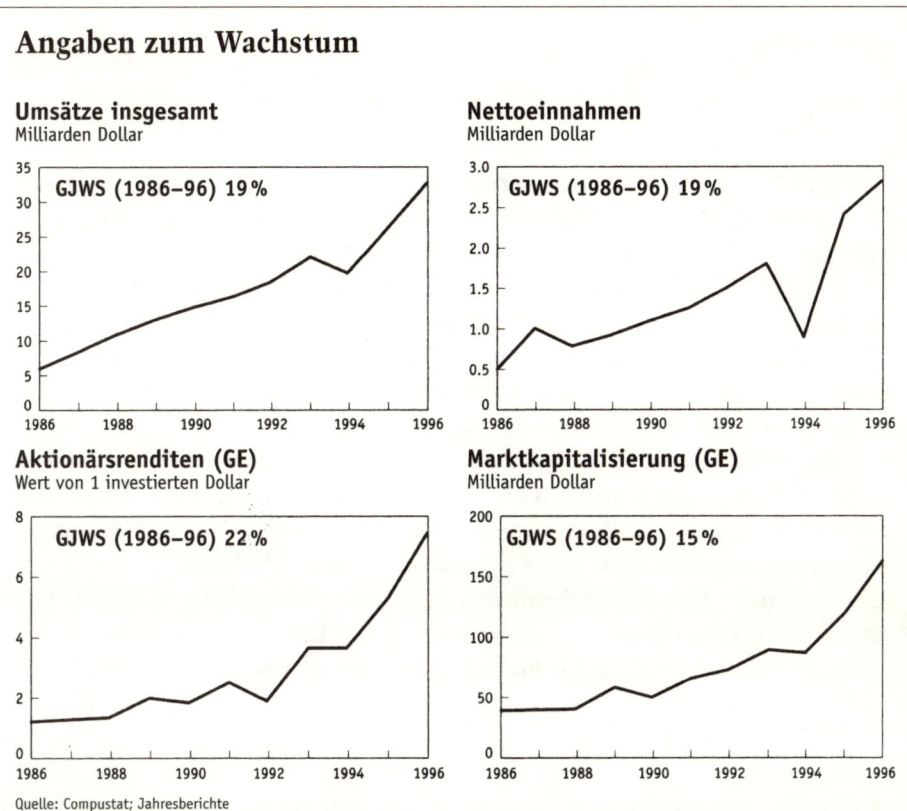

Umsätze insgesamt
Milliarden Dollar

GJWS (1986–96) 19 %

Nettoeinnahmen
Milliarden Dollar

GJWS (1986–96) 19 %

Aktionärsrenditen (GE)
Wert von 1 investierten Dollar

GJWS (1986–96) 22 %

Marktkapitalisierung (GE)
Milliarden Dollar

GJWS (1986–96) 15 %

Quelle: Compustat; Jahresberichte

Geographische Expansion: Ein Großteil des Wachstums des Unternehmens ist der Globalisierung zu verdanken. Es hat weltweit starke Nischenunternehmen akquiriert, die bereits eine dominierende Rolle in ihrem Markt spielen oder übernehmen können. Von 1994 bis 1995, als die US-Einnahmen lediglich um 15,7 Prozent anstiegen, wuchsen die Einnahmen in Europa um 64,5 Prozent, in Asien um 83,2 Prozent.

Gillette   1980–96

Übersicht über das Unternehmen

Das Unternehmen wurde 1901 in Boston gegründet, um die neue Erfindung von King Gillette zu vermarkten: Sicherheitsrasierer mit Einwegklingen. 1920 hatte der Marktanteil des Unternehmens in den USA bereits 80 Prozent überschritten, mit über 120 Millionen jährlich verkauften Rasierklingen. Anfang der 30er Jahre verfügte Gillette über 44 Filialen an Standorten wie Bagdad, Manila und Buenos Aires, Vorläufer des heutigen weltweiten Vertriebsnetzes. Obwohl Gillette hauptsächlich für seine Rasierer und Rasierklingen bekannt ist (Sensor, Sensor Excel, MACH2), ist das Unternehmen auch führend bei Batterien (Duracell), Zahnpflege (Oral-B), Körperpflege (Right Guard, White Rain), Schreibwaren (Parker Pen, PaperMate, Waterman, Liquid Paper) und Elektrokleingeräten (Braun).
1997 betrugen Gillettes Einnahmen 10,1 Milliarden Dollar. Über 70 Prozent der Einnahmen und Erträge werden in 200 Ländern außerhalb der Vereinigten Staaten erzielt, die Produkte werden in über 30 Ländern hergestellt.

Höhepunkte

Wachstum ankurbeln: Nach einem Preiskrieg, der durch die Einführung von Einwegrasierern verursacht wurde, fielen die Gewinnspannen bei Klingen und Rasierern zwischen 1980 und 1985 deutlich ab, und die Einnahmen stagnierten. 1986 führte Gillette ein Restrukturierungsprogramm ein, nachdem ein feindliches Übernahmeprogramm gerade noch abgewendet werden konnte. Zu den Initiativen gehörten die Straffung der Unternehmensbereiche zur Maximierung kurzfristiger Einnahmen, die Desinvestition von ablenkenden Geschäften oder von Geschäften mit unterdurchschnittlicher Entwicklung und die Wiederbelebung des Kerngeschäftes. Trotz dieser Bemühungen erfolgte 1988 ein weiterer Versuch zur Übernahme. Gillettes Management behielt zwar die Oberhand, das Unternehmen mußte jedoch seine Schulden auf eine kritische Höhe anheben, wobei sein gesamtes Eigenkapital getilgt wurde.
Kurz danach erlebte das Unternehmen 1989 durch die Werbekampagne »Gillette – the best a man can get« und die Einführung des unglaublich erfolgreichen Sensor-Rasiererprogramms seine Wiedergeburt. Dies diente als Sprungbrett für eine Reihe von äußerst erfolgreichen Produkten wie die Gillette Series for Men, Sensor for Women und Sensor Excel. Nach der Ankurbelung des Wachstums stiegen zwischen 1985 und 1996 die Umsätze um über 14 Prozent, die Gewinne um über 18 Prozent pro Jahr an.

Angaben zum Wachstum

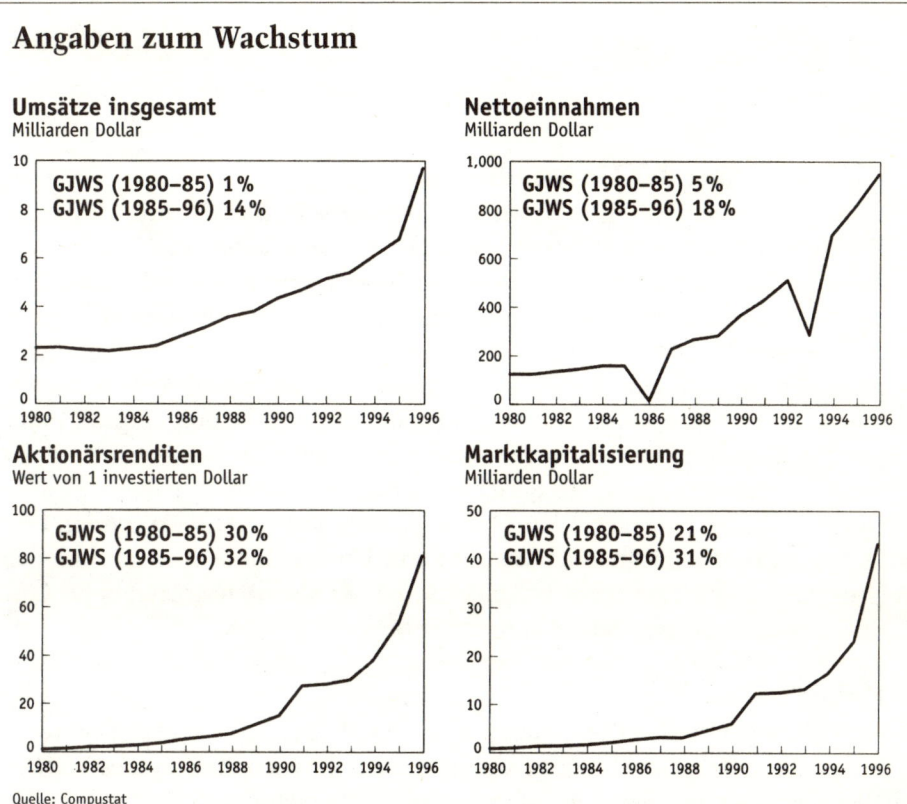

Umsätze insgesamt
Milliarden Dollar

GJWS (1980–85) 1%
GJWS (1985–96) 14%

Nettoeinnahmen
Milliarden Dollar

GJWS (1980–85) 5%
GJWS (1985–96) 18%

Aktionärsrenditen
Wert von 1 investierten Dollar

GJWS (1980–85) 30%
GJWS (1985–96) 32%

Marktkapitalisierung
Milliarden Dollar

GJWS (1980–85) 21%
GJWS (1985–96) 31%

Quelle: Compustat

Produktinnovation: Als einer der ersten unternehmerischen Innovatoren der USA geht Gillette bei der Produktentwicklung ähnlich wie ein Pharmaunternehmen vor. Man investiert in die Forschung, um patentierbare Durchbrüche in Produkt- und Verfahrenstechnologie zu erzielen. Das Unternehmen schafft einen Ausgleich zwischen dem Einstreichen der Gewinne aus vorhandenen Produkten, dem Vorantreiben des Wachstums von Neueinführungen, die die Kernprodukte von morgen sein werden, und der Investition in die Produkte der Zukunft. Gillettes Ziel ist, 40 Prozent der Umsätze mit Produkten zu erzielen, die in den vergangenen fünf Jahren eingeführt wurden.

Im April 1998 stellte Gillette den neuen MACH3 vor, einen Rasierer mit drei Klingen, für den sechs Jahre an Forschungsarbeit und über eine Milliarde Dollar an Entwicklungskosten aufgebracht wurden. Für die Werbung im ersten Jahr wurden 430 Millionen Dollar vorgesehen. Eine der Innovationen ist die Beschichtung der dünnen Klingen mit einer mikroskopisch dünnen Schicht aus Kohlenstoff. Der Prozeß dafür wurde aus der Halbleiterindustrie übernommen und macht die Klingen dreimal härter als Stahl.

Hindustan Lever   1986–96

Übersicht über das Unternehmen

Hindustan Lever Ltd. (HLL) wurde 1956 durch die Fusion von drei Unilever-Tochtergesellschaften in Indien gegründet. Es stellt Seifen und Reinigungsmittel, Lebensmittel und Getränke, Körperpflegeprodukte und Chemikalien her und ist im internationalen Handel tätig. Hindustan Levers explosivstes Wachstum erfolgte nach Indiens wirtschaftlicher Liberalisierung 1991, was zu einem steilen Anstieg der Fusionen und Akquisitionen führte, deren Höhepunkt 1996 HLLs Fusion mit Brooke Bond Lipton India war, der Unilever-Tochtergesellschaft für Lebensmittel und Getränke. Dies war die größte Fusion in der Geschichte Indiens.

Die Einnahmen betrugen 1996 71,3 Milliarden Rupien (1,9 Milliarden US-Dollar), was HLL zu Indiens drittgrößtem Unternehmen hinsichtlich der Umsätze macht. Das Unternehmen ist größer als die nächsten zehn Unternehmen für abgepackte Waren zusammen.

Höhepunkte

Geschäftsspezifische Kompetenzen: In der Produktentwicklung betreibt HLL die größten Forschungslabors in Indiens Privatsektor, und es verfügt über die Fähigkeit, einen beeindruckenden Querschnitt an Produkten mit großer Geschwindigkeit ausstoßen zu können. Zu den in Indien hergestellten Erfolgsprodukten gehören Fair und Lovely Fairness Cream, das kostengünstige Reinigungsmittel Wheel und der Seifenriegel Rin.

HLL ist zudem der am meisten bewunderte Marktteilnehmer in Indien. Sein Marketing auf dem Land ist ein Modell dafür, wie die entstehende Verbraucherbewegung in der Dritten Welt angesprochen werden kann. Es setzt Kleintransporter ein, die mit Audio- und Videoausrüstung ausgestattet sind und durch Orte auf dem Land fahren. Hier werden Unterhaltungsshows veranstaltet, die zeigen, wie Produkte wie Toilettenseife und Waschmittel verwendet werden.

Privilegierte Aktiva: HLL besitzt 13 der 60 führenden Marken in Indien. Sie bieten eine Plattform für ein reichhaltiges Spektrum an neuen Produkten und Produkterweiterungen. Das Unternehmen verfügt über ein riesiges Vertriebsnetz, das das gesamte Land und selbst die kleinen Dörfer auf dem Land abdeckt, die mit Fahrzeugen schwer zu erreichen sind. HLL beschäftigt über 3000 Händler, die über eine Million Einzelhändler in 80 000 Dörfern beliefern. Dieser Größe verdankt HLL die einmalige Fähigkeit, neue Produkte zu mäßigen Grenzkosten zu vermarkten.

Besondere Beziehungen: Als Tochtergesellschaft von Unilever, die 51 Prozent des Unternehmens besitzt, erhält HLL Zugang zu einer Familie von weltweit

Angaben zum Wachstum

1 Rupie = 0,0278 US-Dollar, 31. Dezember 1996

Umsätze insgesamt
Milliarden Rupien

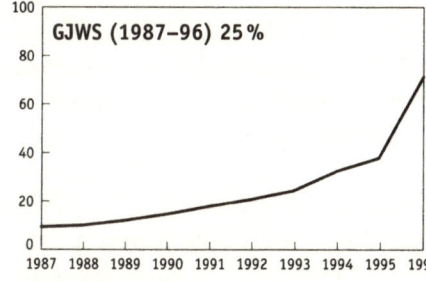

GJWS (1987–96) 25 %

Nettoeinnahmen
Milliarden Rupien

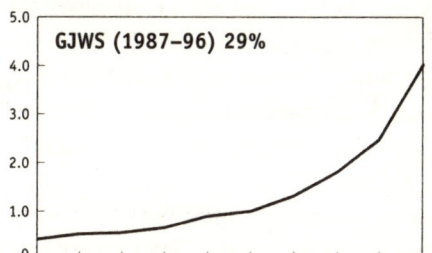

GJWS (1987–96) 29 %

Aktionärsrenditen
Wert von 1 investierten Rupie

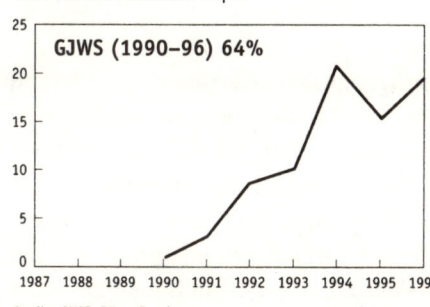

GJWS (1990–96) 64 %

Marktkapitalisierung
Milliarden Rupien

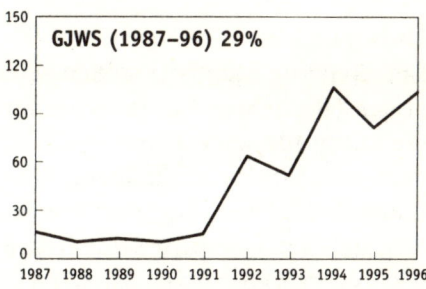

GJWS (1987–96) 29 %

Quelle: CMIE; Börse Bombay

führenden Marken, Marketing-Know-how, den neuesten Ergebnissen aus Forschung und Entwicklung und den Vorteilen, Manager austauschen zu können, um ihre Erfahrungen zu erweitern. Zusätzlich genießt HLL, trotz seines Status' als multinationales Unternehmen in einer nationalistischen Umgebung, anhaltend gute Beziehungen zur indischen Regierung.

Kompetenzen, die Wachsum ermöglichen: HLL ist dafür bekannt, über die möglicherweise systematischsten Fachkenntnisse im Bereich Fusionen und Akquisitionen in ganz Indien zu verfügen. Nacheinander erfolgten über ein Dutzend Akquisitionen und Allianzen, um seine Führung in den unterschiedlichsten Bereichen wie zum Beispiel Getränke, Produkte auf Tomatengrundlage und Eiskrem zu etablieren oder zu stärken.

Bündel an Fähigkeiten: Diese Plattform der Fähigkeiten ermöglicht HLL, weiterhin allmähliche Erweiterungen seiner Horizont-1-Geschäfte mit Seife, Reinigungsmitteln und Chemikalien einzuführen, das Wachstum in seinen Horizont-2-Geschäften wie Körperpflegeprodukten anzutreiben und Horizont-3-Optionen bei Tiefkühllebensmitteln und Markenmassenwaren aufzubauen, aus denen mit der Zeit starke Geschäfte werden sollen.

Jefferson Smurfit Group 1986–96

Übersicht über das Unternehmen

Jefferson Smurfit wurde 1934 in Irland als Kartonhersteller gegründet und ist nun ein weltweites Unternehmen mit Bereichen in Europa und Nord- und Südamerika und einer kleinen Präsenz in Asien. Seine Geschäfte umspannen Verpackung auf Papierbasis, Druck und Verlag sowie Electronic Publishing.

Smurfits Einnahmen betrugen 1997 2,6 Milliarden Irische Pfund (4,4 Milliarden US-Dollar). Das Unternehmen ist Europas größter Wellpappehersteller und verfügt über das weltweit größte Netz zur Altpapierwiederaufbereitung.

Höhepunkte

Fähigkeit zur Akquisition: Seit seiner ersten großen Akquisition in Irland in den 60er Jahren hat Jefferson Smurfit Akquisitionen zum wichtigsten Werkzeug für seine Expansion gemacht. Man sucht auf der ganzen Welt nach attraktiven Kandidaten, die zum richtigen Zeitpunkt während der Konjunkturphase akquiriert werden. Nach der Akquisition eines Unternehmens setzt Smurfit seine betrieblichen Fähigkeiten ein, um rasch die Leistung zu verbessern. Danach wird das neue Unternehmen als Plattform für die Akquisition anderer Geschäfte eingesetzt, die geographisch oder vertikal benachbart sind. Zwischen 1984 und 1994 tätigte Jefferson Smurfit Akquisitionen von oder bildete Joint-ventures, Allianzen oder Partnerschaften mit insgesamt 40 Unternehmen auf der ganzen Welt.

Expansion in die USA: Smurfit begann seine Expansion in die Vereinigten Staaten 1974 mit der Akquisition von Time Industries, gefolgt von Diamond International und der Alton Box Board Company. 1983 plazierte es 22 Prozent seiner US-Tochterfirma erfolgreich an der Börse. Drei Jahre später erwarb es 50 Prozent der Container Corporation of America. Der US-Unternehmensbereich, die Jefferson Smurfit Corporation (JSC), wurde 1989 restrukturiert; so standen der Jefferson Smurfit Group eine Milliarde Dollar an Mitteln zur Verfügung, die in Wachstumschancen investiert werden konnten. JSC, jetzt zu 78 Prozent in Smurfits Besitz, ist nicht rechenschaftspflichtig; seine Ergebnisse, die 1988 nahezu zwei Drittel der Umsätze und Gewinne ausmachten, sind nicht länger mit der Gruppe konsolidiert, die für den Rückgang der Umsätze 1990 verantwortlich war. Dennoch haben die Ergebnisse der Gruppe die der Branche bei weitem überschritten.

Expansion in Europa, Lateinamerika und Asien: Nachdem sich Smurfit in den Vereinigten Staaten fest etabliert hatte, verlagerte man den Schwer-

Angaben zum Wachstum

1 Irisches Pfund = 1,6920 US-Dollar, 31. Dezember 1996

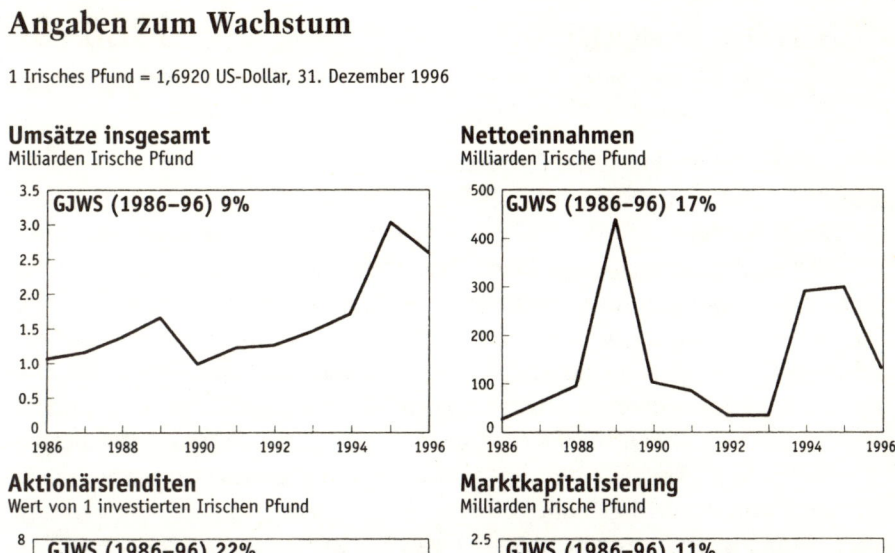

Umsätze insgesamt
Milliarden Irische Pfund

GJWS (1986–96) 9%

Nettoeinnahmen
Milliarden Irische Pfund

GJWS (1986–96) 17%

Aktionärsrenditen
Wert von 1 investierten Irischen Pfund

GJWS (1986–96) 22%

Marktkapitalisierung
Milliarden Irische Pfund

GJWS (1986–96) 11%

Quelle: Global Vantage

punkt der Expansion nach Lateinamerika und Europa. Das Portfolio wurde
um zwei Hersteller von Zeitungspapier bzw. von Feindruckpapier erweitert, und 1995 war Smurfit hinsichtlich der Marktkapitalisierung Europas
drittgrößter Papierhersteller geworden. Seine Expansion nach Lateinamerika begann mit einer Akquisition in Venezuela, gefolgt von anderen in
Kolumbien, Mexico und Argentinien. Vor kurzem wurden Joint-ventures
in China und Singapur gebildet, um in Asien Fuß zu fassen.

Johnson & Johnson   1980–96

Übersicht über das Unternehmen

Johnson & Johnson wurde 1886 als Hersteller von Wundverbänden von den Brüdern Johnson gegründet. Das Unternehmen ist heute der weltweit größte und am stärksten diversifizierte Hersteller von Gesundheitsprodukten und in drei Sektoren tätig: Verbrauchsprodukten (mit Marken wie Reach-Zahnbürsten und Band Aid-Pflastern), Spezialprodukten (von chirurgischen Instrumenten bis zu Ersatzgelenken) und Pharmazeutika (z. B. das Krebsmittel Ergamisol, das Antihistamin Hismanal und das orale Kontrazeptivum Ortho-Novum). Es erweitert seine Produktlinie kontinuierlich durch ein ehrgeiziges Forschungs- und Entwicklungsprogramm und Akquisitionen, von denen 1990 über 30 getätigt wurden.

J & Js Einnahmen betrugen 1996 21,6 Milliarden Dollar. Es stellt in 48 Ländern her, vermarktet Produkte in 158 Ländern und beschäftigt 89 000 Mitarbeiter.

Höhepunkte

Schaffung neuer Geschäfte: Dank der Bestrebungen seiner Manager und der Wachstumserwartungen seiner Aktionäre steht Johnson & Johnson vor der ständigen Herausforderung, die nächste neue Idee zu haben, und das Unternehmen drang kontinuierlich in viele neue Wettbewerbsarenen vor. Durch die Akquisition von Extracorporeal Medical Specialties 1977 kam man zur Dialyse, durch die Akquisition von Iolab 1980, einem Hersteller von Okularlinsen, kam man in die Augentherapie und Augenheilkunde. Dank der Akquisition von Lifescan 1986 konnte man zu einem wichtigen Spieler im Bereich der Glukoseüberwachungssysteme werden. In jedem Bereich, für den sich J&J entscheidet, verfolgt man eine ehrgeizige Reihe von Initiativen, um hochmoderne Anwendungen zu schaffen, die über das weltweite Verkaufsnetz unter den bewährten Marken vertrieben werden.

Chancen ermitteln: J&Js Wachstumskarriere ist gekennzeichnet durch die Geschwindigkeit seiner Entwicklung neuer Produkte und deren Kommerzialisierung. Dutzende von Vice-presidents für Lizenzierung und Akquisition treiben J&Js ständige Weiterverfolgung neuer Geschäftsideen an, um die drei Horizonte zu füllen. Sie verbringen den Großteil ihrer Zeit unterwegs und suchen nach Ideen, die sie auf ihre Realisierbarkeit und Eignung untersuchen. Bei der Risikokapitalgemeinde, in Forschungsinstituten, Denkfabriken, bei Konkurrenten und Unternehmern suchen sie nach den neuesten Technologien und Anwendungen. Sobald sie eine aussichtsreiche Idee entdecken, beeilen sie sich, die Rechte zu sichern und den besten Ab-

Angaben zum Wachstum

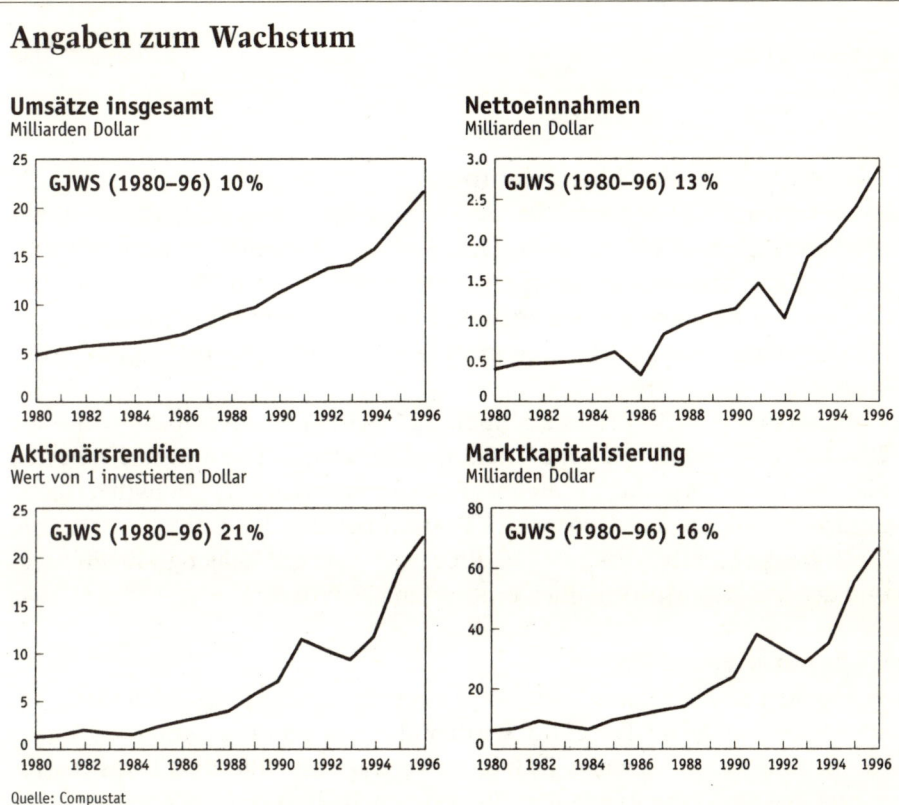

Umsätze insgesamt
Milliarden Dollar

GJWS (1980–96) 10 %

Nettoeinnahmen
Milliarden Dollar

GJWS (1980–96) 13 %

Aktionärsrenditen
Wert von 1 investierten Dollar

GJWS (1980–96) 21 %

Marktkapitalisierung
Milliarden Dollar

GJWS (1980–96) 16 %

Quelle: Compustat

schluß auszuhandeln, um das neue Produkt in die J & J-Familie aufzunehmen.

Wachstum organisieren: J & J hat eine dezentralisierte und unternehmerische Umgebung von mehr als 160 unabhängigen Betriebsgesellschaften aufgebaut. Die Autonomie der unterschiedlichen Geschäfte wird hoch geschätzt. CEO Ralph Larsen erklärte: »Wir haben Hunderte von äußerst talentierten Leuten auf der ganzen Welt, die sehr hart daran arbeiten, Geschäfte zu entwickeln; das letzte, was sie brauchen, ist jemand aus der Zentrale, der ihnen sagt, was sie zu tun haben.«

Kyocera   1986–96

Übersicht über das Unternehmen

Kyocera wurde 1959 gegründet und begann als unbekanntes japanisches Jungunternehmen. Heute ist das Unternehmen der weltweit führende Entwickler von Anwendungen für Keramiktechnologien. Seine Geschäfte decken drei Bereiche ab: Keramik und verwandte Produkte (insbesondere für die Computerindustrie), elektronische Ausrüstung und optische Instrumente.

1997 betrugen Kyoceras Einnahmen 714 Milliarden Yen (6,2 Milliarden US-Dollar). Diese Zahl umfaßt nicht die Umsätze in Tochtergesellschaften wie der DDI Corporation, einem Telekommunikations-Dienstleistungsunternehmen, an dem Kyocera 22 Prozent besitzt, der Taito Corporation, die Karaoke-Geräte verkauft (20 Prozent), Kyocera Leasing (40 Prozent) und der Kyocera Multimedia Corporation (23 Prozent).

Höhepunkte

Vordringen in Halbleiter-Keramik: Kyoceras Aufstieg begann Anfang der 60er Jahre, nachdem Fairchild Semiconductors als erster amerikanischer Kunde unterzeichnet hatte. Es folgten Verträge mit IBM und Texas Instruments, die Kyoceras Ruf in den Vereinigten Staaten begründeten.

Anfang der 80er Jahre verkaufte Fairchild seine unrentable Keramik-Produktionsanlage an Kyocera. Der neue Eigentümer, der einen Microchip-Boom vorhersah, erweiterte die Kapazität, während seine wichtigsten Konkurrenten, Coors Porcelain und Alcoa, noch zögerten. Als die Nachfrage nach Microchips anstieg, kam Kyocera mit Intel, National Semiconductor und Advanced Micro Devices ins Geschäft. Durch Wachstum mit den vorhandenen Kunden und Hinzufügen neuer Kunden wurde Kyocera Mitte der 80er Jahre der weltweit führende Hersteller integrierter Schaltkreiskeramik-Pakete.

Fähigkeiten ansammeln: Kyocera führte eine Reihe von Akquisitionen durch, die ihm erlaubten, die Fähigkeiten der Keramiktechnologie erfolgreich in andere Anwendungen zu übertragen. Durch die Akquisition eines Bandradio-Herstellers 1979 konnte es Fuß in der Technologie für Telekommunikationsausrüstungen fassen. Die Akquisition eines Herstellers von Rechenmaschinen ermöglichte es, Fachkenntnisse in der Computerherstellung zu entwickeln. Und der Aufkauf eines unterbewerteten Herstellers von elektronischen Steckern 1989 verschaffte Zugang zu europäischen Märkten und der Technologie der elektronischen Bauteile.

Angaben zum Wachstum

1 Yen = 0,00864 US-Dollar, 31. Dezember 1996

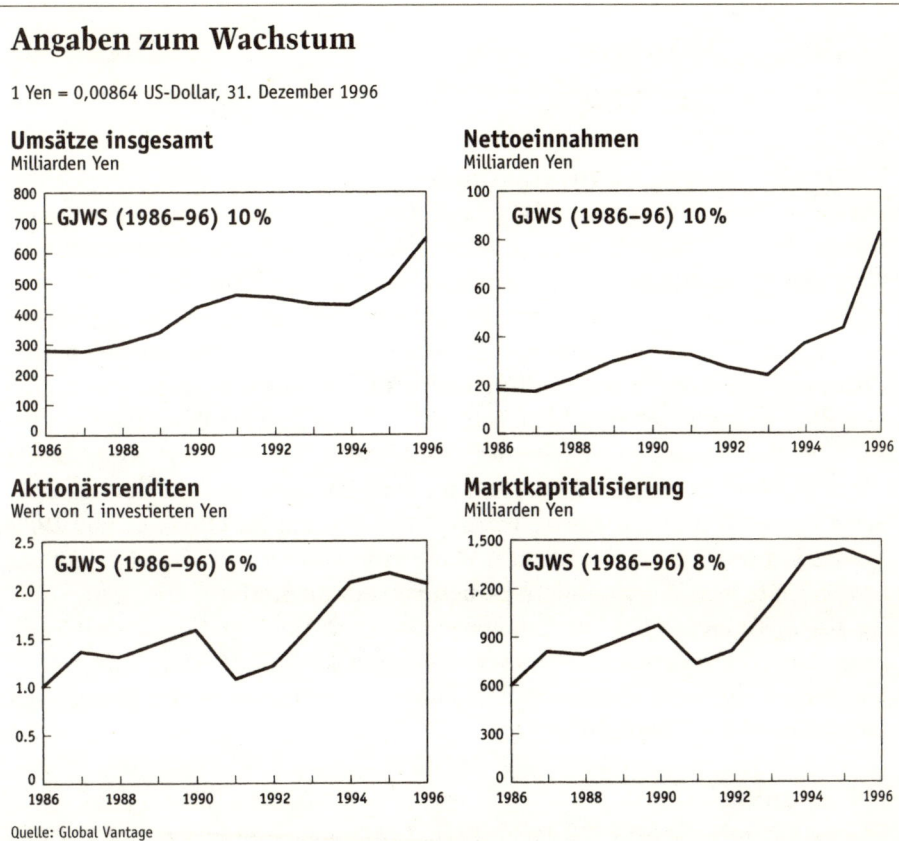

Umsätze insgesamt
Milliarden Yen

GJWS (1986–96) 10%

Nettoeinnahmen
Milliarden Yen

GJWS (1986–96) 10%

Aktionärsrenditen
Wert von 1 investierten Yen

GJWS (1986–96) 6%

Marktkapitalisierung
Milliarden Yen

GJWS (1986–96) 8%

Quelle: Global Vantage

Leitung: Ein faszinierender Faktor in Kyoceras Wachstum war die Vision und charismatische Leitung seines Gründers, Kazuo Inamori, dessen Managementphilosophie in seinem Buch *A Passion for Success* dargelegt wird (*Passion*, Leidenschaft, steht hier für Gewinn, Ehrgeiz, Ernsthaftigkeit, Stärke, Innovation, Optimismus und dafür, nie aufzugeben).

Lear Corporation   1989–96

Übersicht über das Unternehmen

Die Lear Corporation, die 1917 als American Metal Products gegründet wurde, stellte röhrenförmige, geschweißte und gepreßte Sitzrahmen her. Nach der Diversifikation in andere Metallprodukte in den 50er Jahren wurde das Unternehmen von Lear Sieger gekauft, welches wiederum 1986 von Forstmann Little akquiriert wurde. 1988 startete der Vice-president für Automobilprodukte ein fremdfinanziertes Übernahmeangebot seines Unternehmensbereiches und benannte ihn in Lear Seating Corporation um. Zu diesem Zeitpunkt war Lear der zweitgrößte Lieferant von Automobilsitzen in Nordamerika; die übernommenen Schulden und ein Rückgang in der Automobilindustrie führten zu einem Absinken der Umsätze von 1989 bis 1992, auf das eine Wende zum Wachstum von 1992 bis 1994 folgte.

Lear erzielte Wachstum, indem es sich von einem Sitzhersteller zum weltweit größten Hersteller von Innensystemen für Automobile wandelte und seine Unternehmensbereiche über Nordamerika hinaus nach Europa und vor kurzem auch nach Asien und Südamerika expandierte. Die Einnahmen 1996 betrugen 6,2 Milliarden Dollar.

Höhepunkte

Wachstum ankurbeln: 1990 expandierte Lear nach einer Investitionsspritze durch die Merchant Bank Lehman Brothers mit Hilfe der Akquisition des Sitze-Unternehmensbereiches von Automobilgesellschaften wie Saab (1991), Volvo (1992), Ford North America (1993) und Fiat (1994). Man unternahm einen besonders erfolgreichen Schritt auf den europäischen Markt, indem man die dortigen Sitze-Unternehmensbereiche konsolidierte. 1994 schloß man ein erstes öffentliches Zeichnungsangebot im Wert von schätzungsweise 735 Millionen Dollar ab.

Weitere Schritte in andere Systeme: Auf seinem Ruf für herausragende Betriebsleistung aufbauend, begann Lear 1995 in andere Geschäfte für Innensysteme für Automobile vorzudringen. Ein wichtiger Schritt war die Akquisition von Automotive Industries, das auf Deckensysteme und Tür- und Innenausstattung spezialisiert war. Es folgten Akquisitionen von Masland (Boden und Akustik) und Borealis (Instrumententafeln) 1996 und Empetek (Kunststofform-Innenausstattung) 1997. Angesichts seines vielfältigeren Tätigkeitsgebietes wurde das Unternehmen in diesem Jahr in Lear Company umbenannt.

Geographische Expansion: Zusätzlich zu seinen Sitze-Unternehmensbereichen in Europa hat Lear in den letzten Jahren Anlagen in Indien, Thai-

Angaben zum Wachstum

Umsätze insgesamt
Milliarden Dollar

GJWS (1989–92) 2 %
GJWS (1994–96) 41 %

(Diagramm: Werte 0–8, Jahre 1989–1996)

Nettoeinnahmen
Milliarden Dollar

GJWS (1989–92) −41 %
GJWS (1994–96) 59 %

(Diagramm: Werte −50 bis 200, Jahre 1989–1996)

Aktionärsrenditen
Wert von 1 investierten Dollar

GJWS (1994–96) 31 %

(Diagramm: Werte 0–2.0, Jahre 1990–1996)

Marktkapitalisierung
Milliarden Dollar

GJWS (1994–96) 57 %

(Diagramm: Werte 0–2.5, Jahre 1990–1996)

Quelle: Compustat

land, Brasilien und Argentinien (1996) und China (1997) eröffnet. Um seinen Schwerpunkt auf internationale Märkte zu verdeutlichen, strukturierte sich das Unternehmen in nordamerikanische und internationale Unternehmensbereiche um.

Lend Lease   1980–96

Übersicht über das Unternehmen

In den 50er und 60er Jahren war Lend Lease in erster Linie ein Bauunternehmen. Seine wichtigste Fähigkeit war überragende Ausführung in Bau- und Projektmanagement, was ermöglichte, Termin- und Budgetpläne einzuhalten. Dann begann man, Fachkenntnisse im Risikomanagement und Management von offenen Immobilien-Investmentfonds zu entwickeln.

Lend Lease ist nun im Vermögens-, Finanz-, Immobilien- und Kapitaldienstleistungsbereich tätig. Die Betriebseinnahmen betrugen 1997 2,1 Milliarden Australische Dollar (1,7 Milliarden US-Dollar), wodurch das Unternehmen zu Australiens größtem Gesellschaftsfondsmanager im vereinten diversifizierten Fondssektor wurde. Es erzielte zudem einen Marktanteil von 21 Prozent an verwalteten Gesamtfonds in Australien, und seine Versicherungs-Tochtergesellschaft wuchs zur zweitgrößten des Landes heran.

Höhepunkte

Weitere Schritte in neue Geschäftsbereiche: 1970 war Lend Lease ein rasch wachsender und profitabler Bauträger, der vielleicht am bekanntesten durch den Bau der Oper von Sydney wurde. Ein logischer vertikaler und durch Fähigkeiten gestützter weiterer Schritt war die Gründung einer Immobilien-Investmentgesellschaft. Diese wurde Australiens erster öffentlicher Immobilientrust und ebnete den Weg für neue Unternehmungen in der Finanzbranche.

Als der Vermögensmarkt in den 80er Jahren nachgab, verfolgte Lend Lease weitere Chancen im Finanzsektor, indem es die australische Lebensversicherungsgesellschaft MLC kaufte. Durch die Akquisition weiterer Lebensversicherer und die starken Bemühungen um organisches Wachstum konnte MLC zur zweitgrößten Fondsmanagementgesellschaft des Landes gemacht werden.

Lend Lease diversifizierte zudem in andere neue Geschäfte wie zum Beispiel IT-Dienstleistungen und Infrastruktur-Investment.

Geographische Expansion: Lend Lease expandiert seine Geschäfte rasch und weltweit. Vermögen außerhalb Australiens beliefen sich 1993 auf nur 5 Prozent, hatten 1997 jedoch 34 Prozent erreicht. Die jüngste Akquisition von ERE, dem größten Verwalter von Investmentimmobilien in den Vereinigten Staaten, führte zur Gründung der ersten beiden weltweiten Geschäfte von Lend Lease: Real Estate Investment Services mit Sitz in New York und COMPASS Management & Leasing, eine Facility Management-

Angaben zum Wachstum

1 Australischer Dollar = 0,7944 US-Dollar, 31. Dezember 1996

Umsätze insgesamt
Milliarden Australische Dollar

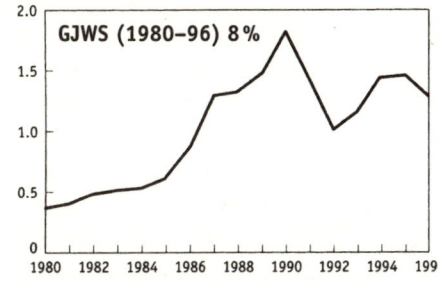

GJWS (1980–96) 8 %

Nettoeinnahmen
Milliarden Australische Dollar

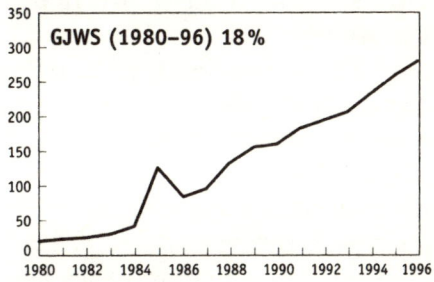

GJWS (1980–96) 18 %

Aktionärsrenditen
Wert von 1 investierten Australischen Dollar

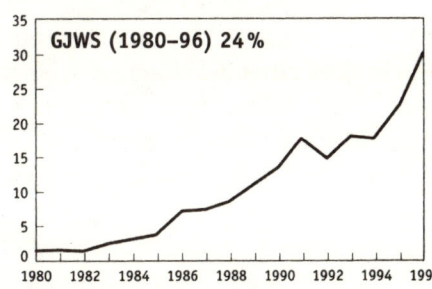

GJWS (1980–96) 24 %

Marktkapitalisierung
Milliarden Australische Dollar

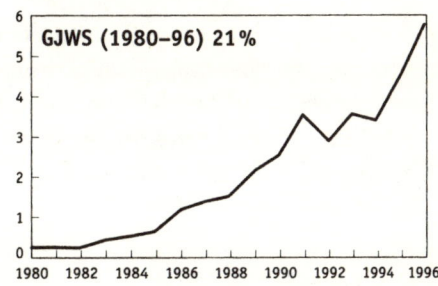

GJWS (1980–96) 21 %

Quelle: Global Vantage; Easystream

gesellschaft mit Sitz in Atlanta und Unternehmensbereichen in Nord- und Südamerika, Asien, Europa und Australien. COMPASS verwaltet über fünf Milliarden Quadratmeter Fläche für Firmenkunden wie General Motors, AT&T und Bell South.

Lend Lease führt zudem auch große internationale Projekte zur Grundstückserschließung durch, wie das Bluewater-Projekt im Vereinigten Königreich im Wert von mehreren Milliarden Dollar.

Li Ka-shing/Hutchison Whampoa   1986–96

Übersicht über das Unternehmen

Der Aufstieg des Unternehmers Li Ka-shing aus der Armut zu einem der reichsten Männer der Welt bietet Stoff für eine Legende. Lis Imperium ist seit den 50er Jahren immer größer geworden, als er seine Stelle in einem Kunststoffunternehmen in Hongkong an den Nagel hängte und sein eigenes Unternehmen für Kunststoffblumen, Cheung Kong, gründete. Ende der 50er Jahre drang er in die gewerbliche Grundstückserschließung vor, die zum Sprungbrett für seinen zukünftigen Erfolg wurde. Durch die allmähliche Vergrößerung seines Bestandes an Land und Gebäuden war er Anfang der 70er Jahre zu einem der größten Grundbesitzer Hongkongs geworden.

Heute gehören zu seinen Beteiligungen Grundstückserschließung, Containerterminals, Telekommunikation, Hotels, Einzelhandel, Energie, Beton und Zement und Finanzdienstleistungen. Eines seiner drei wichtigsten öffentlich gehandelten Unternehmen, Hutchison Whampoa, erzielte 1997 Einnahmen von 44,6 Milliarden Hongkong-Dollar (8,5 Milliarden US-Dollar).

Höhepunkte

Expansive Einstellung und neue Bereiche: Zwischen 1976 und 1985 drang Li Ka-shing in internationale Grundstückserschließung und Immobilien vor, indem er Beteiligungen an mehreren Hotels, Grundstücken und gewerblichen Immobilien in China und Nordamerika akquirierte. Gleichzeitig erwarb er eine Beteiligung von 28 Prozent an Hutchison Whampoa, einer Handelsgesellschaft mit diversifizierten Beteiligungen, zu denen auch Containerterminals in Hongkong gehörten. 1985 übernahm er Hong Kong Electric von der Jardine Group für 3 Milliarden Hongkong-Dollar und wurde so der größte Energieerzeuger auf der Insel. Eine weitere Akquisition in diesem Zeitraum waren Watson's Einzelhandelsgeschäfte.

Ab 1986 setzte Li Ka-shing die Erweiterung seines Imperiums fort, indem er neue Unternehmungen startete und Geschäfte akquirierte. Hierzu gehören u. a. eine Telekommunikationsgesellschaft (1986), die kanadische Husky Oil (1987), die Investmentmanagement-Tochtergesellschaft CEF (1988), ein Mobiltelefon- und Pager-Konzern 1989 und zahlreiche Bauträger-Projekte auf der ganzen Welt in den 90er Jahren. Weitere bemerkenswerte Unternehmungen waren das StarTV-Satellitenfernsehnetz in Asien, eine Maklergesellschaft in Hongkong sowie ein Anteil von 75 Prozent an einem britischen Hafen.

Angaben zum Wachstum

1 Hongkong-Dollar = 0,1293 US-Dollar, 31. Dezember 1996

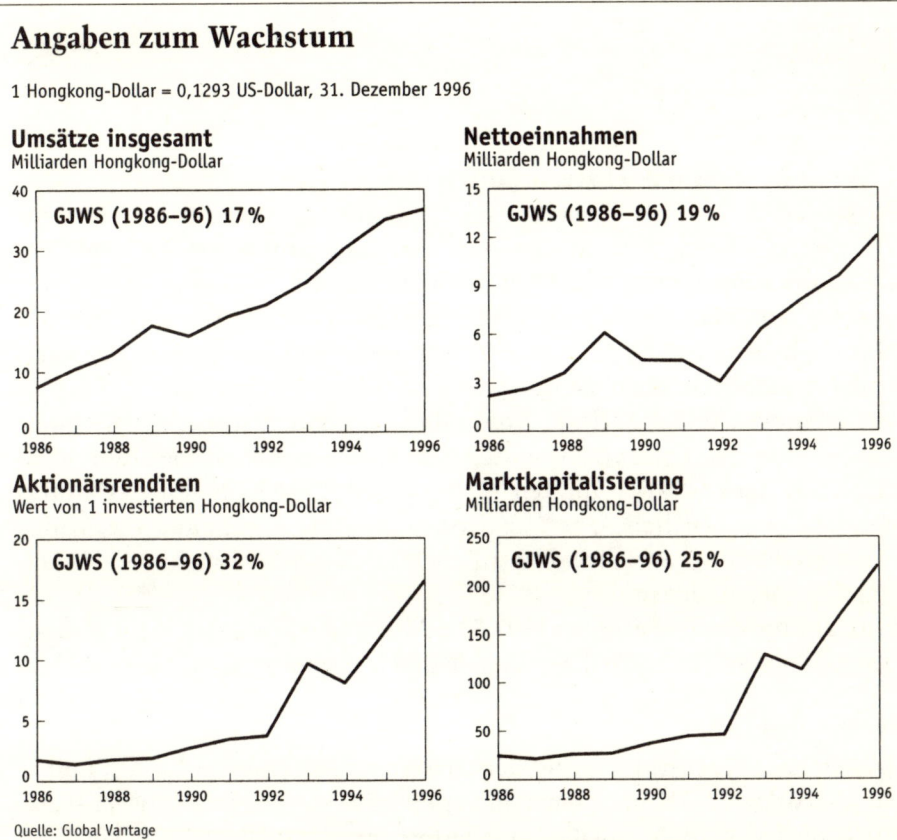

Umsätze insgesamt
Milliarden Hongkong-Dollar

GJWS (1986–96) 17%

Nettoeinnahmen
Milliarden Hongkong-Dollar

GJWS (1986–96) 19%

Aktionärsrenditen
Wert von 1 investierten Hongkong-Dollar

GJWS (1986–96) 32%

Marktkapitalisierung
Milliarden Hongkong-Dollar

GJWS (1986–96) 25%

Quelle: Global Vantage

Drei Horizonte im Infrastrukturgeschäft: Li besitzt derzeit nahezu die Hälfte von Hutchison Whampoa, das sich dominierende und verteidigungsfähige Positionen im rasch wachsenden Infrastrukturgeschäft wie Telekommunikation, Immobilien, Containerterminals und Einzelhandel aufgebaut hat. In jedem dieser Geschäfte setzt er seine meisterhaften Fähigkeiten beim Abschluß von Verträgen und bei der Finanzierung sowie seine Fähigkeit ein, Beziehungen aufzubauen und zu erhalten, um die drei Horizonte des Wachstums weiterzuverfolgen. Bei Containerhäfen zum Beispiel besteht das Horizont-1-Geschäft aus einem dominierenden Anteil an Hongkongs Containerterminals; Horizont 2 dient dem Aufbau von Wachstumsmotoren in rasch wachsenden chinesischen Häfen wie zum Beispiel Shanghai; Horizont 3 sichert die Positionen in kleineren aufstrebenden chinesischen Häfen wie den Häfen im Delta des Perlflusses.

Nokia   1986–98

Übersicht über das Unternehmen

Nokia wurde 1865 als Hersteller von Zellstoff und Papier in Finnland gegründet. Nachdem man in den 70er und 80er Jahren eine Strategie der Diversifikation verfolgt hatte, begann man, sich auf Telekommunikations- und Elektronikausrüstung zu konzentrieren. Heutiger Schwerpunkt des Unternehmens ist die drahtlose Telekommunikation. Nokia, wegbereitend bei Mobiltelefonen, ist nun weltweit führender Hersteller von digitalen »Handys« und drahtloser Kommunikationsausrüstung, der weltweit zweitgrößte Hersteller von Mobiltelefonen und einer der beiden führenden Hersteller von GSM-gestützten Mobilnetzen. Zudem liefert das Unternehmen fortschrittliche Übertragungssysteme und Anschaltenetze, Multimediaausrüstung, Satelliten- und Kabelempfänger und andere Telekommunikationsprodukte.

Nokias Einnahmen betrugen 1997 52,6 Milliarden Finnmark (11,4 Milliarden US-Dollar). Es beschäftigt über 36 000 Mitarbeiter in 45 Ländern.

Höhepunkte

Wende zum Wachstum: Unter der elfjährigen Leitung von Kairi Kairamo tätigte Nokia 21 Akquisitionen und erlebte ein starkes Umsatzwachstum. Es wurde jedoch klar, daß die Fähigkeit, teuere Akquisitionen zu verarbeiten, nicht unbegrenzt war. Kairamos Diversifikationsstrategie führte schließlich zu einem Nettoverlust von 273 Millionen Finnmark 1989. Dies wurde verstärkt durch Faktoren wie gesättigte Märkte und ein daraus resultierender heftiger Preiskampf bei Verbraucherelektronik und Computern, Verlusten in Nokias traditionellen geringfügig wachsenden Unternehmensbereichen, unterdurchschnittliche Entwicklung in neu akquirierten Unternehmen, den Konjunkturrückgang und den Zusammenbruch des Handels mit der Sowjetunion aufgrund politischer Veränderungen.

Anfang 1992 lenkte der neue CEO Jorma Ollila den Schwerpunkt des Unternehmens erfolgreich zurück auf den Telekommunikationssektor, und man führte das erste GSM-Mobiltelefon ein. Nokia stieß die nicht zum Hauptbereich gehörenden Geschäfte ab, rationalisierte sämtliche Unternehmensbereiche und trieb die Betriebsleistung und Nutzung von Aktiva in den verbleibenden Geschäften voran. Um das Wachstum anzukurbeln, bildete man Partnerschaften mit mehreren weltweit führenden Technologieunternehmen und begann damit, global nach Expansion zu streben.

Geographische Expansion: 1994 wurde Nokia das erste finnische Unternehmen, das an der New Yorker Börse notiert wurde. Die frühe Deregulie-

Angaben zum Wachstum

1 Finnmark = 0,2172 US-Dollar, 31. Dezember 1996

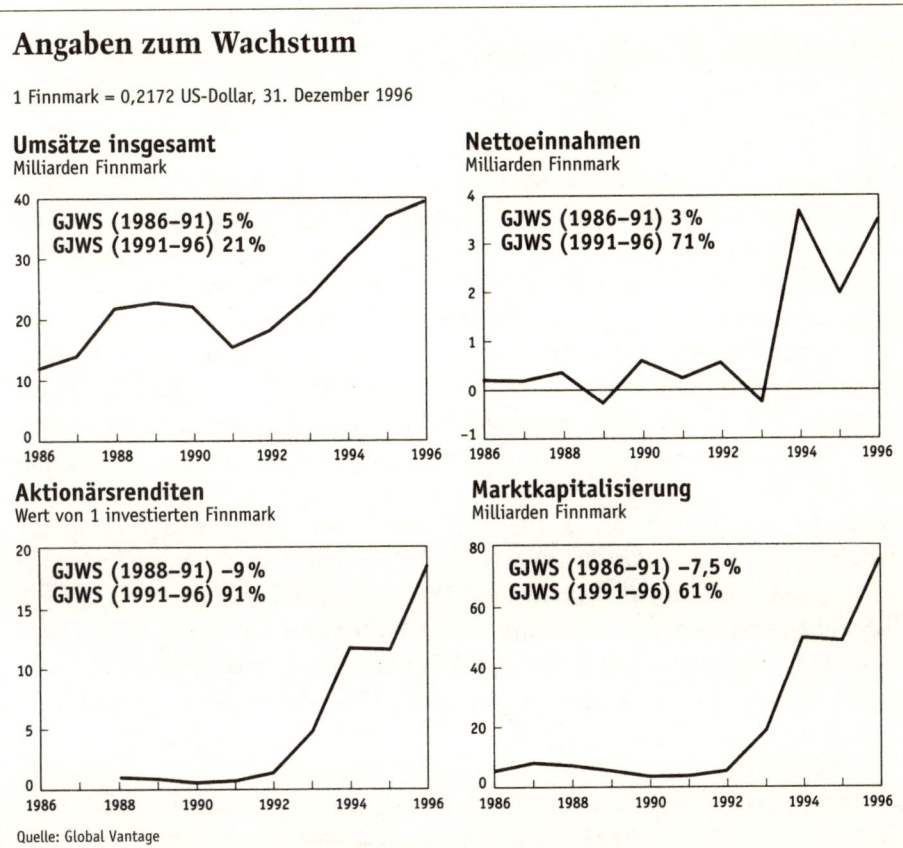

Umsätze insgesamt
Milliarden Finnmark

GJWS (1986–91) 5%
GJWS (1991–96) 21%

Nettoeinnahmen
Milliarden Finnmark

GJWS (1986–91) 3%
GJWS (1991–96) 71%

Aktionärsrenditen
Wert von 1 investierten Finnmark

GJWS (1988–91) –9%
GJWS (1991–96) 91%

Marktkapitalisierung
Milliarden Finnmark

GJWS (1986–91) –7,5%
GJWS (1991–96) 61%

Quelle: Global Vantage

rung im Telekommunikationsbereich in Skandinavien gewährte dem Unternehmen einen Vorsprung bei der Entwicklung von Anwendungen im Mobiltechnologiebereich. Nokia hat sein Geschäft für Telekommunikationsausrüstung kontinuierlich weltweit erweitert und erzielt damit über 90 Prozent der Umsätze und Gewinne außerhalb Finnlands. In vielen internationalen Märkten, in denen Unternehmen wie Motorola einen beträchtlichen positionellen Vorteil besaßen, hat es sich zum Markführer entwickelt.

Reynolds & Reynolds   1988–96

Übersicht über das Unternehmen

Reynolds & Reynolds wurde 1866 in den Vereinigten Staaten als Herstel-ler und Händler von Formularen gegründet und erlangte durch Akquisi-tionen und internes Wachstum nationale Präsenz. Gegen Ende der 80er Jahre hatte es mit Unternehmensbereichen in drei Kontinenten zu einem breiten Spektrum an Produkten für das Informationsmanagement diversi-fiziert, die von branchenspezifischen Computersystemen mit hohen Ge-winnspannen bis zu Computerdruckrollen mit geringen Gewinnspannen reichten. Der Automobileinzelhandelssektor war hierbei einer der Haupt-kunden.

Nach einigen Jahren der geringen Umsätze und sinkenden Aktionärs-renditen gelang dem Unternehmen 1992 durch die Einführung einer tat-kräftigen Akquisitionskampagne die Wende zum Wachstum. Reynolds & Reynolds ist immer noch ein Anbieter von Firmenformularen, Computer-systemen und Handelsfinanzierung. Die Einnahmen stiegen seit 1992 um knapp über 16 Prozent an und beliefen sich 1997 auf 1,4 Milliarden Dollar.

Höhepunkte

Starker Konjunkturrückgang: Nach einer großen Akquisition 1986, als Reynolds & Reynolds sein letztes Jahr mit Rekordeinnahmen verzeichne-te, fielen die Betriebseinnahmen tief ab. Die teure Verspätung in der Liefe-rung eines wichtigen neuen Autohändlersystems stellte ein zusätzliches Problem dar. Mehr noch, eine Reihe von harten Schlägen für die Branche – steigende Papierpreise, härterer Konkurrenzkampf bei Firmenformularen, Konsolidierung zwischen Autohändlern und Veränderungen der Druck-technologie – kamen zusammen und brachten das Wachstum des Unter-nehmens zu einem deutlichen Stillstand.

Das Recht auf Wachstum verdienen: 1989, auf dem Höhepunkt von R&Rs Leistungskrise, ersetzte David Holmes Terry Carter als Chief Executive Of-ficer. Er leitete eine Reihe von Programmen ein, die darauf abzielten, das Recht auf Wachstum wiederzuerlangen. Das Unternehmen rationalisierte seine Unternehmensbereiche, desinvestierte unrentable und ablenkende Geschäfte und gewann trotz anhaltender schlechter Geschäfte und nach-teiliger Marktvoraussetzungen das Vertrauen der Investoren wieder zu-rück, indem man die Bestrebungen nach Wachstum hervorhob.

Wachstum ankurbeln: 1990 hatte sich das Unternehmen Wachstum zum Hauptziel gemacht. Neue Strategie war es, einige wichtige Kundenseg-mente auszuwählen und hier marktführende Positionen aufzubauen, in-

Angaben zum Wachstum

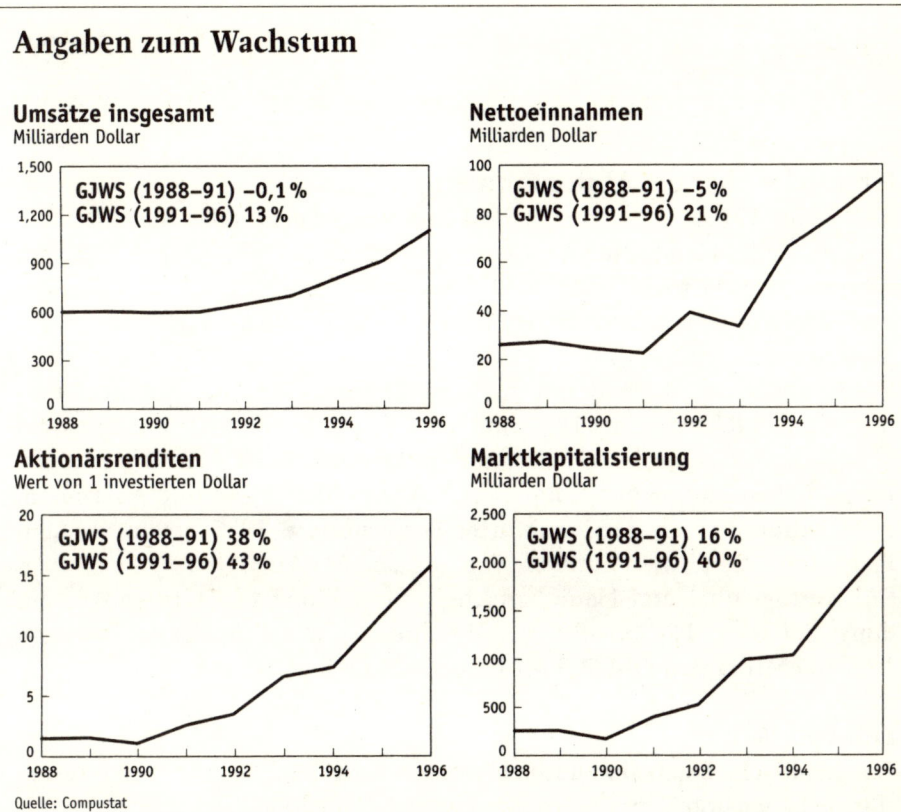

Umsätze insgesamt
Milliarden Dollar

GJWS (1988–91) –0,1%
GJWS (1991–96) 13%

Nettoeinnahmen
Milliarden Dollar

GJWS (1988–91) –5%
GJWS (1991–96) 21%

Aktionärsrenditen
Wert von 1 investierten Dollar

GJWS (1988–91) 38%
GJWS (1991–96) 43%

Marktkapitalisierung
Milliarden Dollar

GJWS (1988–91) 16%
GJWS (1991–96) 40%

Quelle: Compustat

dem man eine bessere Reihe von Produkten anbot. In jedem Geschäftsgebiet wurde die Betriebsleistung beträchtlich verbessert. Gleichzeitig begann man mit der Suche nach kleinen bis mittleren Unternehmen, die in den neuen Zielmärkten tätig waren und akquiriert werden konnten. Insgesamt führte Reynolds über 24 Akquisitionen durch, um seine Position im Automobil-, Gesundheits- und allgemeinen Geschäftssektor zu stärken. Zudem wurde eine neue Management Consulting-Dienstleistung für Autohändler eingeführt.

SAP   1988–96

Übersicht über das Unternehmen

SAP wurde 1972 von vier jungen IBM-Ingenieuren gegründet. Sie teilten die Vision von der Herstellung und Vermarktung einer einheitlichen Software für integrierte Firmenlösungen. Seitdem ist aus dem deutschen Unternehmen der weltweit führende Anbieter von Client-/Server-Firmenanwendungen geworden.

Die Gründer investierten viel in die Produktentwicklung. Nach der Einführung des R/2-Systems 1979 und der Gründung von SAP International 1984 begann das rasche Wachstum des Unternehmens. Man ergänzte die Expansion in Europa durch Büros in Nordamerika, Asien und Australien. 1988 wurde SAP an der Frankfurter Börse notiert. 1992 brachte es sein Flaggschiff, die Firmen-Software R/3, auf den Markt.

SAP verfügt über drei Hauptbereiche: Entwicklung von Firmen-Anwendungs-Software, IT-Consulting und Schulung. Die Einnahmen betrugen 1997 6,0 Milliarden DM (3,9 Milliarden US-Dollar).

Höhepunkte

Geographische Expansion durch besondere Beziehungen: Um eine internationale Expansion korrekt durchzuführen, bildete SAP Partnerschaften mit zahlreichen Hardware- und Software-Entwicklungs-Unternehmen sowie weltweiten und einheimischen Consulting-Agenturen. 1996 begann man, mit Microsoft zusammenzuarbeiten, um Industrienormen für die Leitung von Geschäften im Internet zu definieren. SAP erzielt heute 67 Prozent seiner Einnahmen außerhalb von Deutschland. Zwischen 1991 und 1995 überstiegen die US-Einnahmen die des Heimatmarktes; sie wuchsen um über 85 Prozent pro Jahr verglichen mit 22 Prozent in Deutschland.

Neue Marktsegmente: SAP erweiterte seinen Marktschwerpunkt von der Verfahrens- und Produktionsbranche auf Einzelhandel, Bankwesen, Telekommunikation und den öffentlichen Sektor. Man begann, sich genauer auf die Kunden des mittleren Marktes zu konzentrieren, indem man kleineren Händlern die Zulassung erteilte, Verkauf und Service der SAP-Software durchzuführen. Bei größeren multinationalen Firmenkunden folgte SAPs geographische Expansion meist deren Weg.

Produktinnovation: SAP entwickelt seine Produkte sowohl auf einer funktionellen Grundlage (in den breiten Kategorien Planung, Beschaffung und Vertrieb, Finanzen, Anlagenbetrieb und Management) und für spezielle Branchenanforderungen (in jüngster Zeit Bankwesen, Einzelhandel und öffentliche Versorgungsunternehmen).

Angaben zum Wachstum

1 DM = 0,6499 US-Dollar, 31. Dezember 1996

Umsätze insgesamt
Milliarden DM

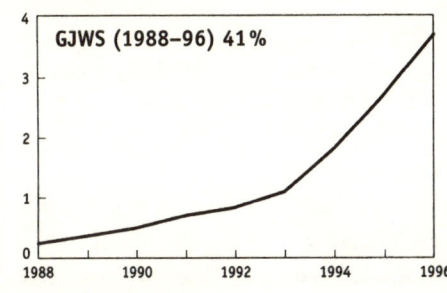

GJWS (1988–96) 41%

Nettoeinnahmen
Milliarden DM

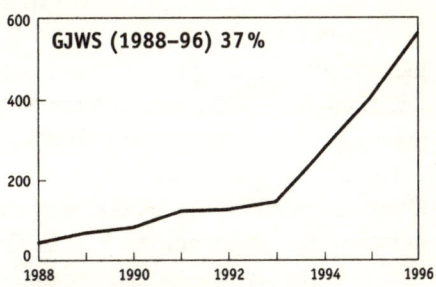

GJWS (1988–96) 37%

Aktionärsrenditen
Wert von 1 investierten DM

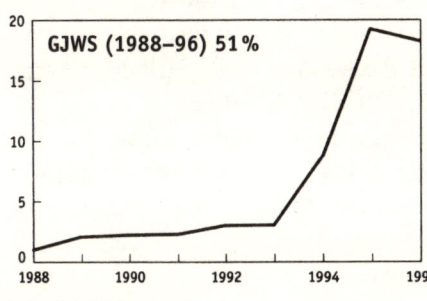

GJWS (1988–96) 51%

Marktkapitalisierung
Milliarden DM

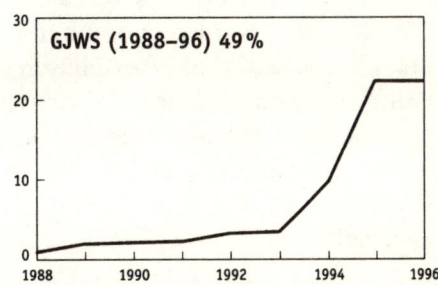

GJWS (1988–96) 49%

Quelle: Global Vantage

Sara Lee   1980–96

Übersicht über das Unternehmen

Von seiner Gründung als C. D. Kenney 1939 über sein Wachstum im Lebensmittelgeschäft als Consolidated Grocers und Consolidated Foods sowie über die Diversifikation zu Nonfood-Produkten in den 60er und 70er Jahren bis zu seiner jetzigen Form als Sara Lee Corporation hat sich dieses Unternehmen mehrfach selbst neu gebildet.

Heute ist Sara Lee eines der weltweit größten und erfolgreichsten Unternehmen für abgepackte Waren, dessen Umsätze 1997 19,7 Milliarden Dollar betrugen. Es produziert und vermarktet weltweit Markenprodukte von Backwaren bis zu Strumpfwaren und verfügt über Unternehmensbereiche in 40 Ländern und Verkaufsstellen in über 140 Ländern.

Die Geschäfte werden in drei Kategorien eingeteilt: Erstens Lebensmittelprodukte wie abgepacktes Fleisch und Backwaren (z.B. Hillshire Farm, Ball Park, Sara Lee) und Kaffeeprodukte (Bravo), zweitens Produkte wie zum Beispiel Strumpfwaren (Hanes, L'eggs, Pretty Polly, Dim), Miederwaren (Playtex, Wonderbra, Hanes Her Way), Strickwaren (Champion, Dim, Hanes) und Zubehör (Coach, Isotoner, Mark Cross) und drittens Haushalts- und Körperpflegeprodukte wie zum Beispiel Schuhcreme (Kiwi) und Körperpflege (Aqua Velvet, Brylcream).

Höhepunkte

Markenführer: Während der vergangenen 20 Jahre hat Sara Lee die Strategie verfolgt, äußerst profitable Führungspositionen in den Märkten für abgepackte Konsumgüter zu erringen. Das Unternehmen spezialisiert sich auf modeunabhängige nichthaltbare Markenkonsumgüter für den Dauerkauf. In den meisten Kategorien, in denen es konkurriert, gab es bisher keinen Markführer; tatsächlich waren viele der Meinung, mit diesen Produkten sei eine Warenzeichenpolitik nicht möglich. CEO John Bryan erklärte: »Ich glaube, es leuchtet ein, daß ein Aufbau in einer etwas widersprüchlichen Art und Weise eine vernünftige Quelle für die Schaffung von Wert ist, denn in der Regel gibt es eine größere Belohnung dafür, der erste zu sein, der etwas Bestimmtes tut.«

Fähigkeiten: Bei Sara Lee fallen vier wichtige Fähigkeiten auf. Erstens besitzt das Unternehmen strategische Vorteile, die bei der Akquisition und Desinvestition von Geschäften und bei der Auswahl von Chancen für die Investition in Wachstum hilfreich sind. Zweitens beherrscht es die Strukturierung in autonome Profit Centres sowie die Einstellung und Motivation von Managern für den Aufbau von Geschäften. Drittens verfügt es über

Angaben zum Wachstum

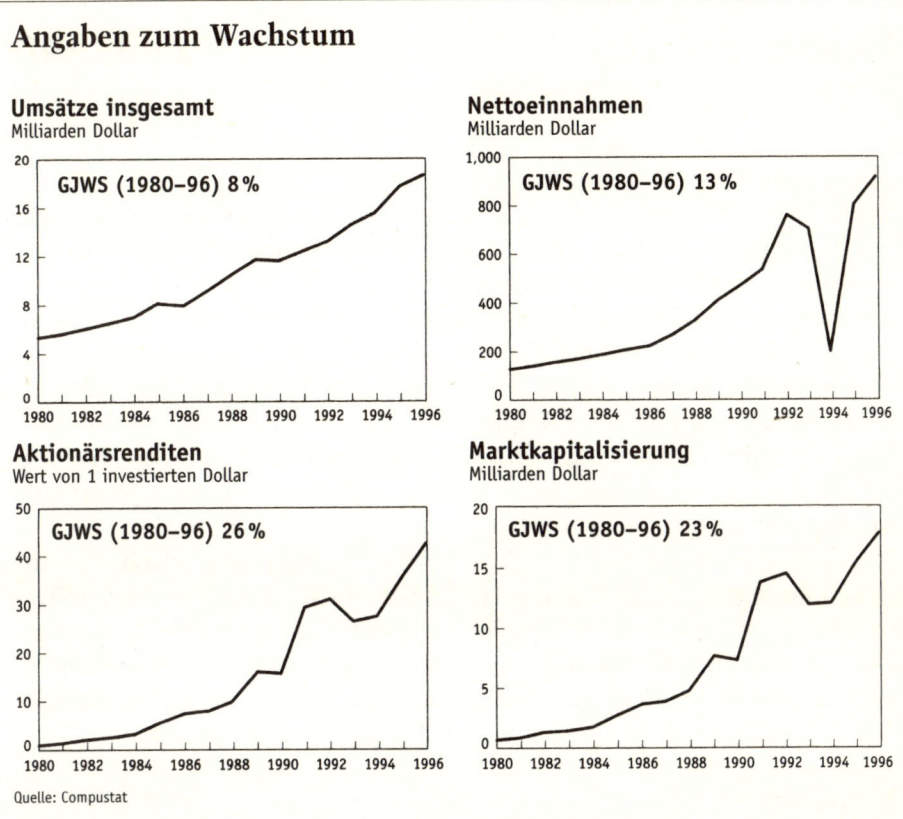

Umsätze insgesamt
Milliarden Dollar

GJWS (1980–96) 8 %

Nettoeinnahmen
Milliarden Dollar

GJWS (1980–96) 13 %

Aktionärsrenditen
Wert von 1 investierten Dollar

GJWS (1980–96) 26 %

Marktkapitalisierung
Milliarden Dollar

GJWS (1980–96) 23 %

Quelle: Compustat

entscheidende Erfahrungen in der Vermarktung von Produkten über unterschiedliche Vertriebskanäle. Viertens ist es in der Lage, Markenmanagement in Kategorien einzusetzen, in denen bisher noch keine Marke entwickelt wurde.

Fähigkeit der Akquisition: Sara Lees wichtige Fähigkeit, Wachstum zu ermöglichen – d. h. Akquisitionen zu ermitteln und zu sichern –, zeigt sich in den über 80 Akquisitionen, die seit 1981, und den 150 Akquisitionen, die seit 1960 getätigt wurden. Die Geschwindigkeit der Akquisitionstätigkeit hat sich in den vergangenen Jahren zwar verringert, 50 Prozent des Einnahmenzuwachses zwischen 1984 und 1994 wurden jedoch durch akquirierte Unternehmen und Marken erzielt. Sara Lee hat zudem seit 1981 über 55 Geschäfte desinvestiert. Insgesamt wurden 90 Prozent der 1975 vorhandenen Geschäfte verkauft.

Charles Schwab 1987–96

Übersicht über das Unternehmen

Die Charles Schwab Corporation wurde 1971 als Full-Service-Maklergeschäft gegründet. Nachdem die Börsenaufsichtsbehörde 1975 die festgelegten Mindestprovisionssätze aufgehoben hatte, begann man, Diskontmakler-Dienstleistungen anzubieten. Zwischen 1983 und 1987 war Schwab eine Tochtergesellschaft der BankAmerica. Sein Wachstum begann nach einem fremdfinanzierten Übernahmeangebot und einer nachfolgenden ersten öffentlichen Börsennotierung 1987. Heute ist Schwab ein diversifiziertes Finanzdienstleistungsunternehmen mit Beteiligungen an Diskontmaklergeschäften, Vermögensverwaltung, offenen Investmentfonds und seit kurzem auch Lebensversicherungen.
1997 erzielte Schwab Gewinne von 2,3 Milliarden Dollar durch 4,8 Millionen Konten mit lebhaften Umsätzen mit 345 Milliarden Dollar an Kundenvermögen. Das Unternehmen ist der größte Diskontmakler in den Vereinigten Staaten und im Vereinigten Königreich, der drittgrößte Händler von Investmentfonds in den Vereinigten Staaten und der größte Online-Makler in den Vereinigten Staaten mit 1,2 Millionen Einträgen.

Höhepunkte

Stretch-Ziele: Schwab nutzt Stretch-Ziele nicht nur für das Management seines Wachstums, sondern veröffentlicht sie auch in seinem Jahresbericht und überschreitet sie regelmäßig. Seine langfristigen Ziele, jährlich einen Einnahmenzuwachs von 20 Prozent, eine Eigenkapitalrendite von 20 Prozent und eine Gewinnspanne nach Steuern von 10 Prozent zu erreichen, wurden 1997 mit Ergebnissen von 24, 27 bzw. 12,8 Prozent überschritten.
Neubildung des Unternehmens: Schwabs frühes Vordringen in das Diskontmakler-Geschäft führte zur Schaffung aufeinanderfolgender neuer Geschäfte. Die Schäden, die man durch den Börsencrash 1987 erlitt, waren der Auslöser dafür, sich in neue Dienstleistungen zu diversifizieren, um die provisionsfreien Einnahmen zu steigern. Während der nächsten Jahre startete es seine eigenen Geldmarkt-, Eigenkapital- und Rentenfonds. 1992 begann man mit der Vermarktung des erfolgreichen Privatprogramms Mutual Fund OneSource, das 1994 auf institutionelle Anleger erweitert wurde. Ein Jahr darauf führte Schwab AdvisorSource ein, das Kunden Investmentberatung bot. Dies ermöglichte den Aufbau von Beziehungen zu unabhängigen Finanzberatern, die neue Kundenvermögen bei Schwab unterbrachten – und dafür einen Prozentsatz ihres Honorars für dieses Privileg zahlten.

Angaben zum Wachstum

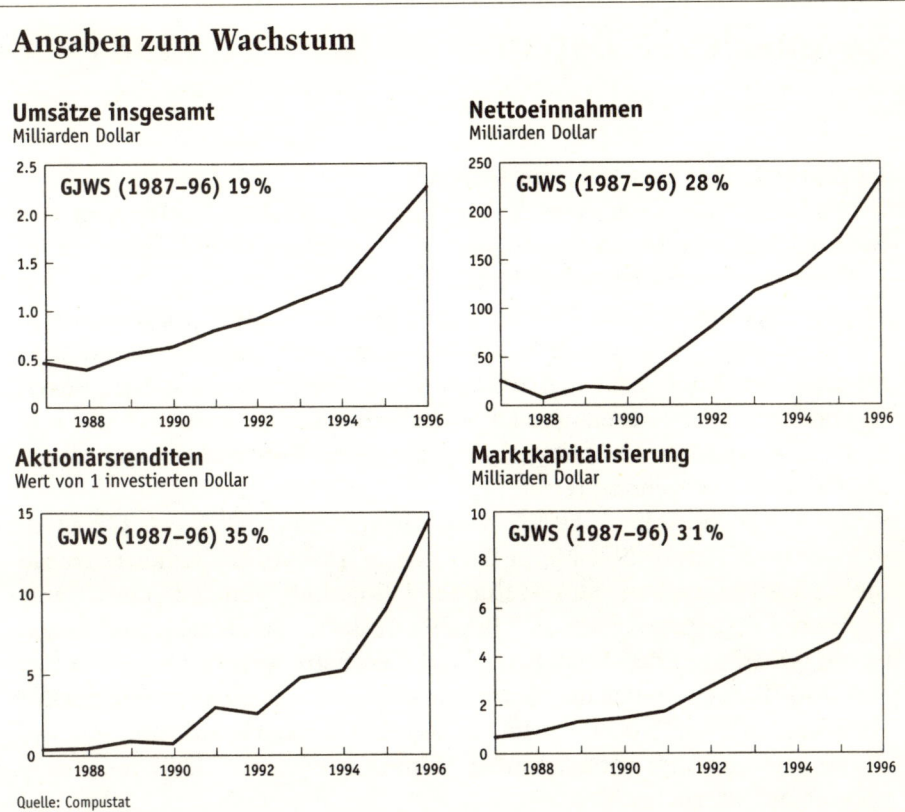

Umsätze insgesamt
Milliarden Dollar

GJWS (1987–96) 19 %

Nettoeinnahmen
Milliarden Dollar

GJWS (1987–96) 28 %

Aktionärsrenditen
Wert von 1 investierten Dollar

GJWS (1987–96) 35 %

Marktkapitalisierung
Milliarden Dollar

GJWS (1987–96) 31 %

Quelle: Compustat

Mit dem ausschließlichen Schwerpunkt Maklergeschäft und offene Investmentfonds war Schwab jedoch nicht zufrieden, und man führte 1992 erneut das Geschäft für Mitarbeiterpensionspläne ein, und begann 1996 mit einem Lebensversicherungs-Pilotprogramm.

Geschäftssystem: Schwab hat seine IT-Infrastruktur wiederholt aufgerüstet, um den Kunden verbesserte Dienstleistungen bieten zu können oder um neue Produkte und Dienstleistungen zu ermöglichen. 1989 wurde Telebroker eingeführt, ein Handelsdienst, der rund um die Uhr über Call Centres arbeitet, sowie 1990–91 der PC-Handel. 1996 wurde ein internetgestützter Handelsdienst eingeführt, durch den das Unternehmen die führende Position auf dem Markt errang.

Geographische Expansion: 1995 akquirierte Schwab ShareLink Investment Services, den größten Diskontmakler im Vereinigten Königreich. Diesen nutzt man als Plattform, um auf den europäischen Markt vorzudringen. Zudem wurde ein Dienstleistungszentrum im asiatisch-pazifischen Raum, ein Zentrum in Lateinamerika sowie Büros in Hongkong, Puerto Rico und auf den Cayman Islands eröffnet. Die Expansion in den Vereinigten Staaten wird mit mehr als 270 Büros fortgesetzt.

Seven-Eleven Japan   1981–96

Übersicht über das Unternehmen

1973 bildete Ito-Yokado, einer der fünf größten Einzelhändler in Japan, eine Partnerschaft mit der US-amerikanischen Southland Corporation, um das Konzept der Seven-Eleven-Nachbarschaftsgeschäfte in Japan einzuführen. Die neu gegründete Seven Eleven Corporation war zu 100 Prozent in Besitz von Ito-Yokado, wobei sich Southland vertraglich dazu bereit erklärte, Management-Know-how von Southland zur Verfügung zu stellen. Seven-Eleven Japan wuchs rasch, und als Southland 1990 bankrott ging, war man in der Lage, das kranke Unternehmen durch eine Übernahme einer Beteiligung von 70 Prozent zu retten.

Seven-Eleven Japan betreibt über 7000 eigene und franchisierte Geschäfte in Japan und Hawaii. 1996 betrug der Umsatzerlös sämtlicher Ketten insgesamt 1,5 Billionen Yen (13,0 Milliarden US-Dollar), von denen das Unternehmen einen Prozentsatz an Einnahmen durch Franchisen und andere Gebühren erhält. Die 11 000 Southland-Geschäfte weltweit trugen weitere 7,0 Milliarden Dollar bei. Seven-Eleven Japan wurde kürzlich in einer Untersuchung von Nikkei Shimbun für seine herausragende unternehmerische Leistung zum Unternehmen Nummer eins unter 1000 anderen japanischen Unternehmen gewählt.

Höhepunkte

Wiederholung des Geschäftsmodells: Seven-Eleven Japan hat in den vergangenen 15 Jahren mit einer Rate von durchschnittlich einem neuen Geschäft pro Tag erweitert: Aus 800 Geschäften 1980 wurden 6000 im Jahr 1996. Dieses Wachstum erfolgte zu einer Zeit, in der Einzelhandelsgeschäfte in Japan einen Niedergang erlebten, und es wurde durch die Umwandlung vieler kränkelnder »Tante-Emma-Läden« ermöglicht. Das Unternehmen hat ein Drittel des Marktes der Nachbarschaftsläden in Japan erfaßt und ist seinem größten Rivalen Lawsons weit voraus.

Merchandising: Ein wichtiger Faktor im Erfolg des Unternehmens waren seine Merchandising-Systeme, die so ausgelegt sind, daß sie rasch an die sich verändernden Vorlieben der Verbraucher angepaßt werden können. Die Umsätze des Unternehmens pro Quadratmeter Einzelhandelsfläche übersteigen die der Konkurrenten bei weitem. Dank seiner Franchisenehmer ist das Unternehmen der größte einzelne Händler von Zeitschriften in Japan und der führende Lebensmittel-Einzelhändler, wobei sich die jährlichen Umsätze auf nahezu 11 Milliarden Dollar belaufen; 4 Milliarden Dollar dieser Umsätze stammen aus dem Straßenverkauf von Lebensmit-

Angaben zum Wachstum

1 Yen = 0,00864 US-Dollar, 31. Dezember 1996

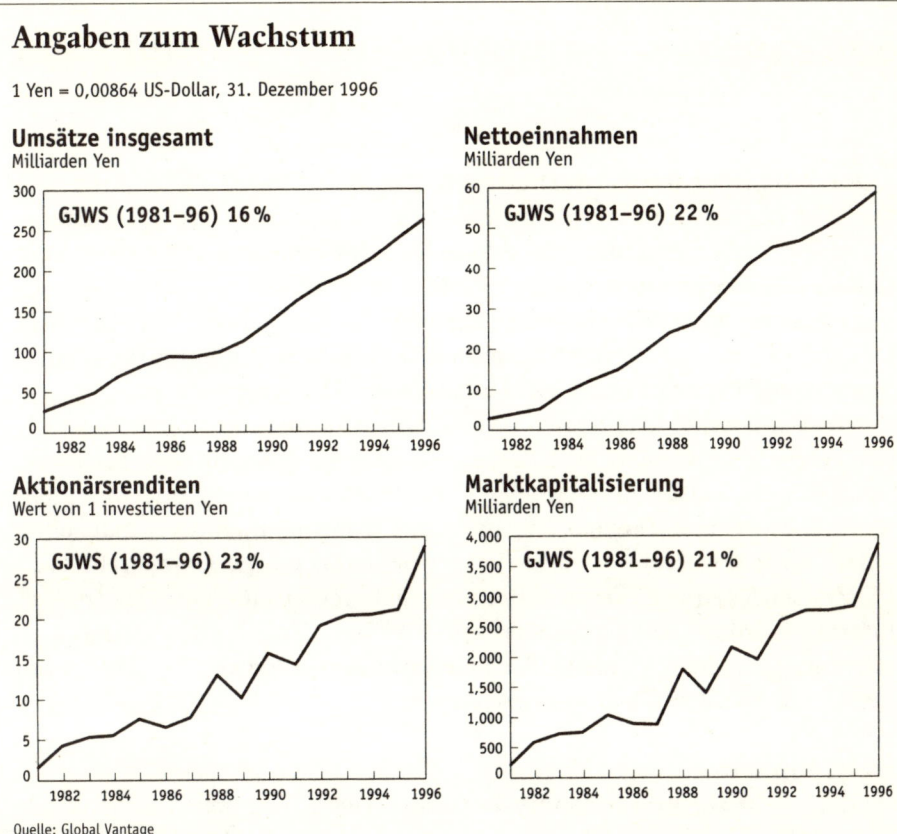

Umsätze insgesamt
Milliarden Yen

GJWS (1981–96) 16 %

Nettoeinnahmen
Milliarden Yen

GJWS (1981–96) 22 %

Aktionärsrenditen
Wert von 1 investierten Yen

GJWS (1981–96) 23 %

Marktkapitalisierung
Milliarden Yen

GJWS (1981–96) 21 %

Quelle: Global Vantage

teln, was die Ergebnisse von McDonald's in Japan noch überschreitet. Zudem ist das Unternehmen der größte einzelne Kanal für den Verkauf von Bier im Land.

Geschäftssysteme: Einer der Vorteile von Seven-Eleven Japan ist seine Fähigkeit, einzelne Produkte zu überwachen. Sein *Tanpin kanri*-System (Artikel für Artikel) gewährleistet, daß jedes Geschäft den besten Mix an Produkten führt, indem jedes verkaufte Produkt aufgezeichnet wird. Das System zeichnet zudem die Uhrzeit jedes Verkaufs sowie Geschlecht und ungefähres Alter des Kunden auf. Jedes Geschäft trifft seine eigenen unternehmerischen Entscheidungen zu Merchandising, Bestellwesen, Logistik und Bestand. Mit durchschnittlich drei Lieferungen pro Geschäft pro Tag können die Betreiber innerhalb von wenigen Stunden ihren Produktmix ändern und durch frische Lebensmittel ergänzen.

Softbank   1986–96

Übersicht über das Unternehmen

Softbank begann auf einer Fachmesse, auf der man Software an einem ge-
mieteten Stand verkaufte. Am ersten Tag des Betriebes 1981 stand sein
Gründer Masayoshi Son an einer Kiste und teilte seinen beiden Teilzeit-
Mitarbeitern mit: »Wir werden innerhalb von fünf Jahren 100 Millionen
Dollar und innerhalb von zehn Jahren 500 Millionen Dollar machen. Eines
Tages werden wir ein Zehn-Milliarden-Dollar-Unternehmen sein.«
Von diesen bescheidenen Anfängen hat Softbank in unterschiedliche com-
puterverwandte Gebiete wie Software-Vertrieb, Verlagswesen, Fachmes-
sen, Multimedia und Herstellung von PC-Hardware expandiert. Mit einem
Marktanteil von 50 Prozent dominiert das Unternehmen den japanischen
Markt für Software-Vertrieb. Es ist der weltweit größte Herausgeber von
PC-Zeitschriften und Veranstalter von Fachmessen und eine der größten
Internet-Werbeagenturen. Son hat sein Ziel von 10 Milliarden Dollar noch
nicht erreicht, 1996 wurden jedoch Gesamteinnahmen von 171 Milliarden
Yen (1,5 Milliarden US-Dollar) erzielt.

Höhepunkte

Weitere Schritte in verwandte Bereiche: 1989, nachdem Softbank ein
dominierender Software-Großhändler und wichtiger Herausgeber von PC-
Zeitschriften geworden war, betrat das Unternehmen einen neuen Weg,
den der Netzwerklösungen. Eine Akquisition und ein Joint-venture mit
Novell und einem deutschen Anbieter ermöglichten Softbank, eine führende Rolle bei der Formulierung der Netzwerk-Standards in Japan zu übernehmen.
1991 wurde ein Fachmessengeschäft von Ziff-Davis Publishing akquiriert,
was 1995 durch den Kauf von Comdex, der weltweit größten Fachmesse für
Computer und Technologie, ergänzt wurde. Diese Akquisitionen ergänzten
Softbanks Portfolio nicht nur um profitable und wachsende Geschäfte,
sondern erlaubten auch, insbesondere hinsichtlich des Internets, immer an
vorderster Front der Technologie zu bleiben. Softbank hat in eine Vielzahl
internetverwandter Unternehmen wie zum Beispiel Yahoo! investiert.
1995 erwarb Softbank schließlich Ziff-Davis Publishing für 2,1 Milliarden
Dollar, ebenso wie einige kleinere PC-Zeitschriftenverlage. Vor kurzem erwarb es einen Anteil von 80 Prozent an Kingston Technology, einem Hersteller von Speicherplatinen mit Sitz in den USA.
Drei Horizonte: Der japanische Markt belohnte Softbank im März 1996
mit einem Kurs-Gewinn-Verhältnis von über 100. Dies sackte 1997–98,

Angaben zum Wachstum

1 Yen = 0,00864 US-Dollar, 31. Dezember 1996

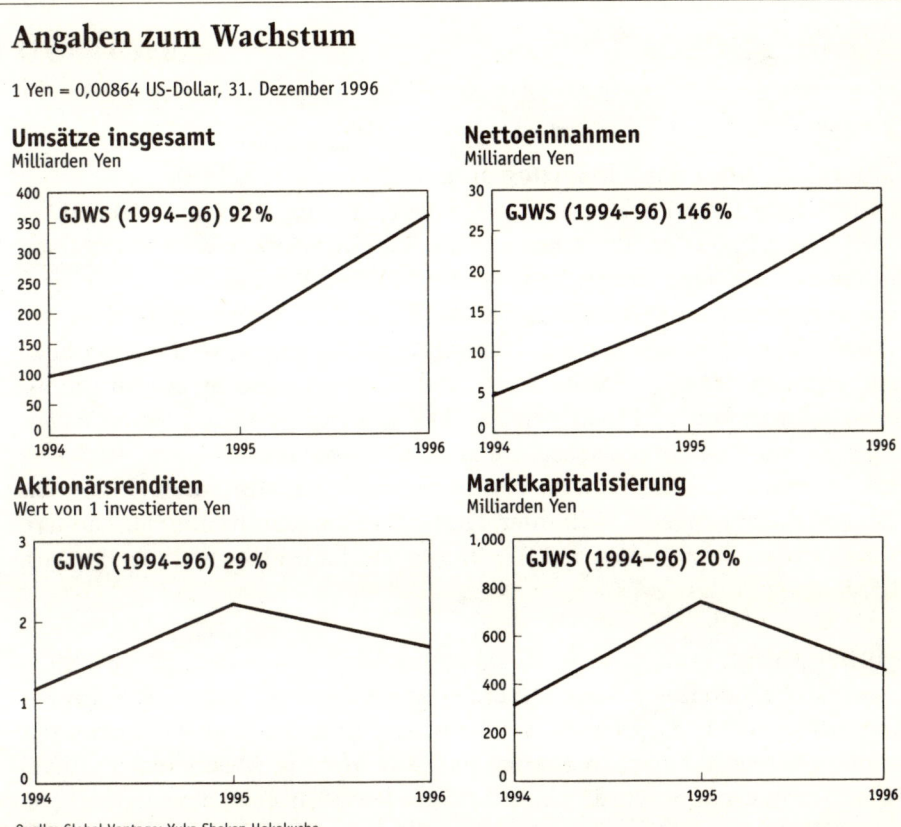

Umsätze insgesamt
Milliarden Yen

GJWS (1994–96) 92 %

Nettoeinnahmen
Milliarden Yen

GJWS (1994–96) 146 %

Aktionärsrenditen
Wert von 1 investierten Yen

GJWS (1994–96) 29 %

Marktkapitalisierung
Milliarden Yen

GJWS (1994–96) 20 %

Quelle: Global Vantage; Yuka Shoken Hokokusho

selbst bei ansteigender Rentabilität, auf 50 ab, wobei die Nettoeinnahmen 1997 um 57 Prozent verglichen mit 1996 stiegen. Trotz dieser jüngsten Börsenergebnisse bleibt Softbank ein gutes Beispiel für ein Unternehmen, das über drei ausgeglichene Horizonte verfügt.

State Street 1980–96

Übersicht über das Unternehmen

State Streets Ursprünge gehen bis auf die Gründung der Union Bank 1792 zurück. Bis Ende der 70er Jahre war die Bank mit Sitz in Boston zunächst in erster Linie eine kleine Regionalbank. Dann begann man, seine Aufmerksamkeit vom Privatkundengeschäft auf das Depotgeschäft und verwandte Dienstleistungen für das Finanzvermögen von Rentenfondskunden zu verlagern. Heute ist State Street weltweit tätig und bietet ein umfassendes Programm an Produkten und Dienstleistungen für Vermögensverwalter an und ist zudem selbst ein großer Fondsmanager.

1997 betrugen die Einnahmen von State Street 2,3 Milliarden Dollar, das Gesamtvermögen 35,4 Milliarden Dollar. Für Kunden in über 80 Ländern verwahrte es Vermögen von 3,9 Billionen Dollar und verwaltete 390 Milliarden Dollar.

Höhepunkte

Expansive Einstellung: State Street betrat das Geschäft der offenen Investmentfonds 1924, als es zum Safeverwalter und zur Transportfirma des ersten US-amerikanischen offenen Investmentfonds, Massachusetts Investors Trust, ernannt wurde. Ende der 70er Jahre hatte es seine angeschlossenen Gemeinschaftsbanken verkauft. Nach und nach verschaffte es sich den Ruf als führende Depotgesellschaft und wurde nicht nur in Depotdienstleistungen für Firmen- und Privatrentenfonds tätig, sondern auch in einem umfangreichen Spektrum weltweiter Depotgeschäfte, Verwaltung von Fonds mit definierten Beiträgen, und Jahresabschlußverwaltungs-Dienstleistungen.

Plattform mit IT-Fähigkeit: Eine der Fähigkeiten, die es State Street erlaubten, den Vermögensdienstleistungssektor zu betreten, war seine Stärke in der Informationstechnologie. Es nutzt Kundeninformationen so, daß es Produkte und Dienstleistungen erfolgreich über Verbundabsatz verkaufen kann. State Street schlug Kapital aus dieser Fähigkeit und bereitete den Weg für die Entwicklung von internationalen Index-Fonds Anfang der 80er Jahre. Gegen Ende des Jahrzehnts begann man, ein vollständiges Programm an kundenspezifischen Investmentstrategien sowie Devisenmanagement und Kurssicherungsmaßnahmen anzubieten.

Geographische Expansion: Ende der 70er und Anfang der 80er Jahre wollte eine steigende Anzahl an US-Kunden in ausländische Märkte investieren, und daher begann State Street mit dem Depotgeschäft für Vermögen in Übersee. In den 80er Jahren erfolgte zudem die Expansion seiner weltwei-

Angaben zum Wachstum

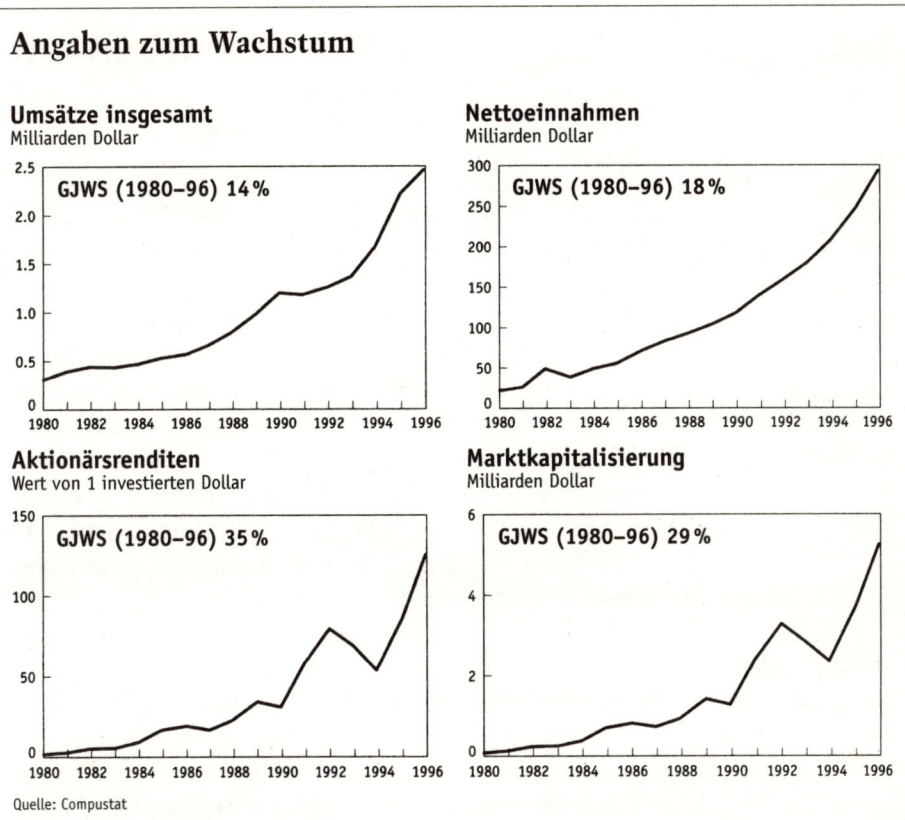

Umsätze insgesamt
Milliarden Dollar

GJWS (1980–96) 14%

Nettoeinnahmen
Milliarden Dollar

GJWS (1980–96) 18%

Aktionärsrenditen
Wert von 1 investierten Dollar

GJWS (1980–96) 35%

Marktkapitalisierung
Milliarden Dollar

GJWS (1980–96) 29%

Quelle: Compustat

ten Dienstleistungsgeschäfte für institutionelle Anleger. Heute erzielen die internationalen Geschäfte nahezu 25 Prozent der Gebühreneinnahmen und -gewinne, eine Zahl, die CEO Marshall Carter noch vor dem Jahr 2000 auf 40 Prozent zu steigern hofft.

Tejas Gas   1988–96

Übersicht über das Unternehmen

Tejas Gas ist ein US-amerikanisches Erdgaspipeline-Unternehmen, das in Verkauf, Aufbereitung, Transport und Vermarktung von Erdgas tätig ist. Nach einem Spin-off 1988 von der Hamilton Oil Corporation an die Aktionäre lagen die meisten seiner Unternehmensbereiche in den erdgasfördernden Gegenden von Süd- und Osttexas sowie den Gebieten von Texas und Lousiana am Golf von Mexiko. 1995 bildete Tejas ein Joint-venture mit Shell zur Gründung von Coral Energy Resources, einer landesweiten Partnerschaft zur Vermarktung von Erdgas.

1996 erzielte Tejas Einnahmen von 2,11 Milliarden Dollar und einen Nettogewinn von 43,4 Millionen Dollar. Anfang 1998 akquirierte Shell das Unternehmen für 1,45 Milliarden Dollar, d. h. mehr als das Dreizehnfache der Marktkapitalisierung 1988.

Höhepunkte

Umgestaltung des Wertschaffungssystems: Tejas erkannte früh, daß es Lagereinrichtungen ermöglichten, von vorübergehenden Preisschwankungen zu profitieren, die auf die Deregulierung der Gasbranche Mitte der 80er Jahre folgten. Zudem erkannte man, daß durch die Anbindung attraktiver Märkte an isolierte Gasreserven regionale Abweichungen der Gaspreise ausgenutzt werden konnten. Tejas ergänzte die grundlegende Rolle des Gaspipelinebetreibers – Förderung, Transport und Versorgung – durch Netz- und Lagerfunktionen. Man erzielte Wert durch die Nutzung des Pipelinenetzes mit nahezu 300 Anschlußpunkten, um Gas von billigeren Erzeugern zu attraktiven Märkten zu transportieren, und durch die Nutzung der Lagereinrichtungen, um Erdgas billig einzukaufen und später zu verkaufen. Die Verbindung aus Netz und Lagerung bot zudem einen zuverlässigen Anschlußpunkt für Erzeuger und eine verläßliche Versorgung für die Verbraucher.

Privilegierte Aktiva: Tejas begann mit einem dünnen Transportnetz in zwei südlichen US-Staaten. Zwischen 1988 und 1996 investierte man Hunderte von Millionen von Dollar in die Akquisition strategischer Aktiva. Durch die Konsolidierung dieser Aktiva errichtete man ein Netz, das Lousiana, Oklahoma und Texas abdeckte und das es ermöglichte, Größenvorteile zu erringen und Arbitragechancen zu nutzen. Dadurch wurde das Unternehmen zu einem attraktiven Partner für Shell.

Wachstumsbestrebungen und Wachstumsziele: Um sein Engagement für das Wachstum zu verdeutlichen, knüpfte Tejas die Vergütung der Mit-

Angaben zum Wachstum

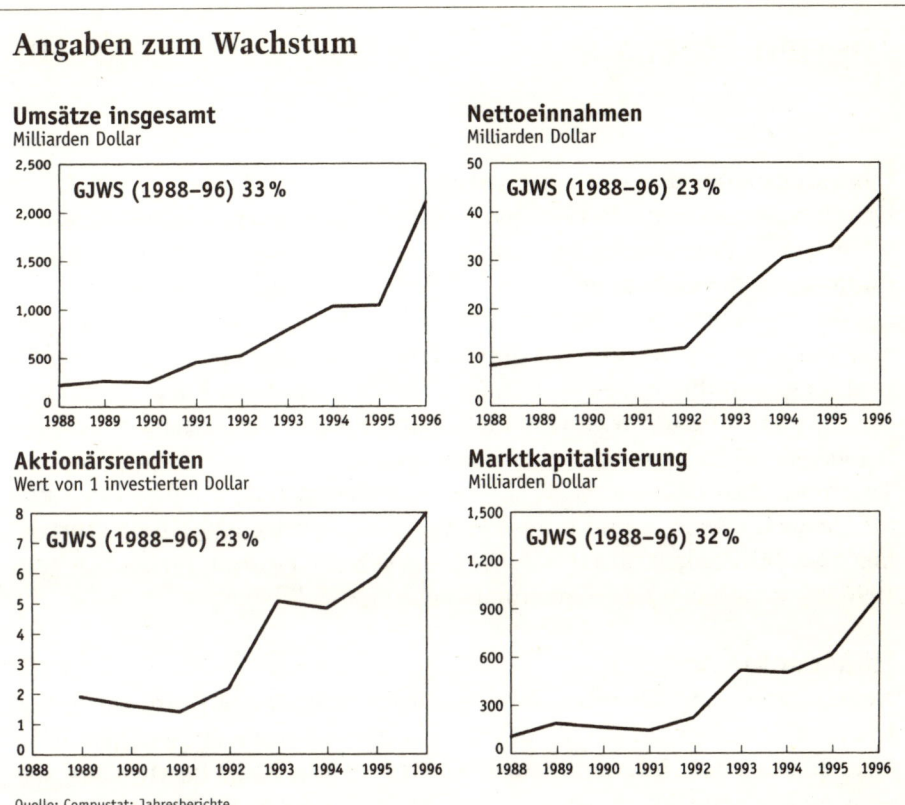

Umsätze insgesamt
Milliarden Dollar

GJWS (1988–96) 33 %

Nettoeinnahmen
Milliarden Dollar

GJWS (1988–96) 23 %

Aktionärsrenditen
Wert von 1 investierten Dollar

GJWS (1988–96) 23 %

Marktkapitalisierung
Milliarden Dollar

GJWS (1988–96) 32 %

Quelle: Compustat; Jahresberichte

arbeiter an hohe Gewinnziele. Ziel war es, den Gewinn pro Aktie jährlich um 20 Prozent zu erhöhen und einen Jahreszuwachs der Gewinne vor Zinsen, Steuern, Abschreibung und Tilgung von mindestens 10 Prozent zu erzielen. Zwischen 1988 und 1996 stiegen die Einnahmen von 221 Millionen Dollar auf 2,1 Milliarden Dollar mit einer Gesamtrate von 33 Prozent, während die Marktkapitalisierung ähnlich um 32 Prozent pro Jahr von 107 Millionen Dollar auf 979 Millionen Dollar stieg.

Thermo Electron   1980–96

Übersicht über das Unternehmen

Das Unternehmen wurde 1956 von George N. Hatsopoulos, einem Wissenschaftler und Professor für Maschinenbau am MIT, gegründet. Hatsopoulos träumte von der Gründung »eines technologiegesteuerten Unternehmens, das die entstehenden wichtigen Bedürfnisse in der Gesellschaft erkennt und Technologien schafft, um sie zu erfüllen«. Seine erste Idee, die Entwicklung gewerblicher Anwendungen für die Thermionik (ein Verfahren zur Umwandlung von Wärme in Elektrizität), wurde nie eingeführt, es folgten jedoch zahlreiche andere Innovationen.

Thermo Electron und seine Tochtergesellschaften stellen heute Produkte für Umwelt, Medizin und Industrie her. 1997 betrugen Thermos Einnahmen 3,6 Milliarden Dollar, ein Anstieg von 24 Prozent verglichen mit 1996; sie erzielten einen Gewinnzuwachs von 25 Prozent.

Höhepunkte

Neue strategische Themen: Zwei große externe Erschütterungen – der Konjunkturrückgang 1981–82 und der Zusammenbruch der Ölpreise 1982 – veranlaßten das Unternehmen, seine strategische Richtung neu zu überdenken. Die neue Strategie stellte eine Verlagerung des Schwerpunkts weg von kapitalintensiven Produkten und veralteten Industrien, hin zu fortschrittlicher Technologie, Medizin und Umwelt dar.

Produktinnovation: Thermo Electron begann, umfassend in Forschungs- und Entwicklungsprojekte zu investieren, die technologieintensive Geschäfte einbezogen, und sowohl durch interne Entwicklung als auch durch Akquisitionen verschaffte man sich den Ruf einer »kontinuierlichen Ideenschmiede«. Zu den innovativen Produkten gehören das SoftLight Haarentfernungssystem von Thermo Lase, ein Therapiesystem für die linke Herzkammer von Thermo Cardiosystems und ThermoLyte Propangas-Beleuchtungsprodukte von Thermo Power.

Spin-outs: Um die Entwicklung der Herztherapie-Technologie finanzieren zu können, erfolgte 1983 das Spin-out des Unternehmensbereiches Thermedics mit einem Angebot von 80 000 Anteilen an eine private Kapitalgesellschaft und nachfolgenden 700 000 Anteilen in einem öffentlichen Zeichnungsangebot. Seitdem wurde die Spin-out-Strategie über ein Dutzend mal angewendet, um die Vorteile von Kleinunternehmen und großen stabilen Unternehmen gleichermaßen nutzen zu können. Einer dieser Vorteile ist, die Mitarbeiter beibehalten zu können: Die Struktur des Spin-outs belohnt Innovatoren, indem sie ein Unternehmen, mit dem sie ihre Tech-

Angaben zum Wachstum

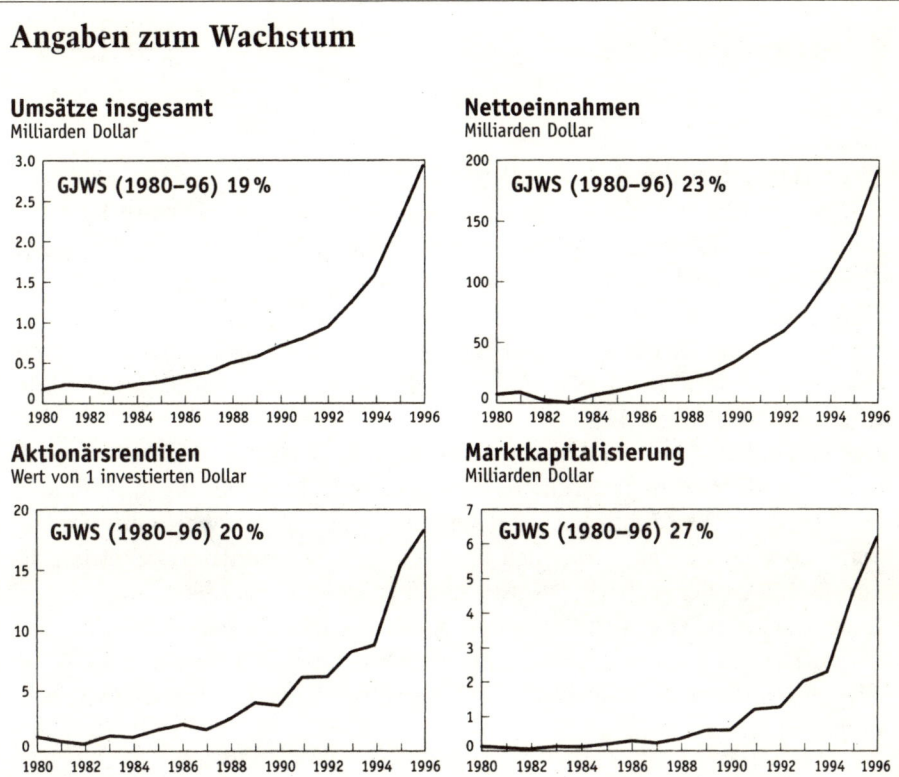

Umsätze insgesamt
Milliarden Dollar

GJWS (1980–96) 19 %

Nettoeinnahmen
Milliarden Dollar

GJWS (1980–96) 23 %

Aktionärsrenditen
Wert von 1 investierten Dollar

GJWS (1980–96) 20 %

Marktkapitalisierung
Milliarden Dollar

GJWS (1980–96) 27 %

Quelle: Compustat

nologie vermarkten können, zu ihrem Eigentum macht. Spin-outs vermeiden zudem die Bürokratie, die die Entscheidungsfindung behindern und Innovation in großen Mischkonzernen ersticken kann. Thermo Electrons bisherige Erfolge dabei, Technologien vom Labor auf den Markt zu bringen und die Mitarbeiter mit Optionen zu belohnen, dienen als Anreiz für Forscher, ihre Ideen dem Management vorzulegen.

Village Roadshow 1988–96

Übersicht über das Unternehmen

Village Roadshow (VRL) wurde 1954 für den Betrieb von Drive-in-Kinos in Melbourne, Australien, gegründet und expandierte während der 60er Jahre allmählich in herkömmliche Kinos. In den 70er und 80er Jahren konzentrierte man sich auf den Aufbau eines australischen Film- und Fernsehvertriebsgeschäftes in Partnerschaft mit Greater Union und Warner Brothers sowie auf die Errichtung von Multiplex-Kinos in ganz Australien. Die Börsennotierung erfolgte 1988.

VRL expandierte seitdem in die Film- und Fernsehproduktion, Themenparks, Rundfunksender, Freizeitzentren, Schallplatten und Einzelhandel. Seit Mitte der 90er Jahre hat man sich auf eine massive weltweite Expansion seines speziellen Multiplex-Kino-Formats konzentriert. Ziel ist, bis zum Jahr 2001 der weltweit größte Kinobetreiber zu werden.

Mit Einnahmen von 393 Millionen Australischen Dollar (312 Millionen US-Dollar) 1997, einem Anstieg von 32 Prozent verglichen mit 1996, ist Village Roadshow Australiens herausragendstes Entertainment-Unternehmen.

Höhepunkte

Besondere Beziehungen: VRL begann in den 60er Jahren mit dem Filmvertrieb, als die erste größere Allianz mit Greater Union erfolgte, um Roadshow Distribution zu gründen. Heute ist das Unternehmen der australische Vertrieb für Warner Brothers, Disney (einschließlich Touchstone und Buena Vista) und einige unabhängige Studios. Seine Partnerschaft mit Warner Bros umfaßt Joint-ventures in australischen Themenparks, Einzelhandelsgeschäfte und Filmvertrieb sowie internationale Kinos. 1997 schloß Village den Kauf von 50 Prozent des Multiplex-Netzes von Warner Bros im Vereinigten Königreich und in Deutschland ab. Der Abschluß stärkte seine Unternehmensbereiche in Griechenland und Ungarn und umfaßte auch Verpflichtungen zur Entwicklung neuer Bereiche in Italien, der Schweiz, Frankreich, Österreich und der Tschechischen Republik.

Expansive Einstellung: Ausgehend von Kinobetrieb und Filmvertrieb hat sich VRL zu einem weit stärker diversifizierten Unternehmen entwickelt. 1990 drang man in die Filmproduktion für Fernsehen und Kino vor, und heute ist Village in Australien eines der führenden Unternehmen.

1991 expandierte Village Roadshow in Themenparks, von denen es derzeit drei der erfolgreichsten betreibt. Zusätzlich erwarb es 1993 eine Teileigentümerschaft am staatlichen UKW-Rundfunksender, der 1997 vollständig

Angaben zum Wachstum

1 Australischer Dollar = 0,7944 US-Dollar, 31. Dezember 1996

Umsätze insgesamt
Milliarden Australische Dollar

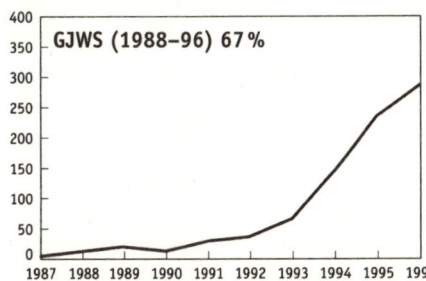

GJWS (1988–96) 67 %

Nettoeinnahmen
Milliarden Australische Dollar

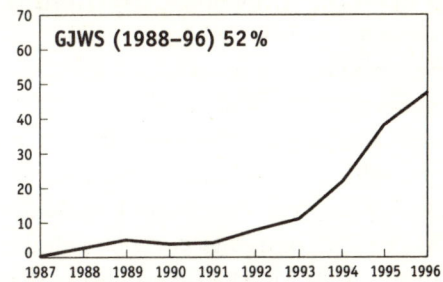

GJWS (1988–96) 52 %

Aktionärsrenditen
Wert von 1 investierten Australischen Dollar

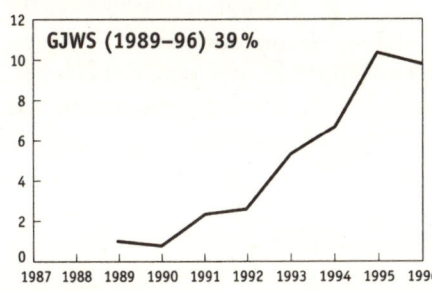

GJWS (1989–96) 39 %

Marktkapitalisierung
Milliarden Australische Dollar

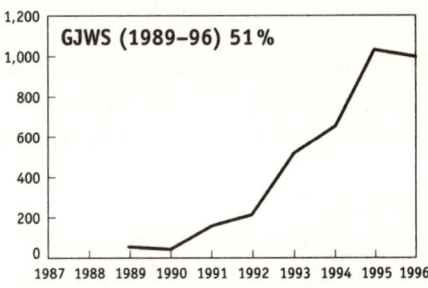

GJWS (1989–96) 51 %

Quelle: Global Vantage; Easystream

erworben wurde. Der Sender spricht eine große Zuhörerschaft im Alter von 19 bis 39 Jahren an und ist der größte UKW-Sender außerhalb der USA. VRL dringt zudem in Virtual Reality-Indoor-Themenparks, interaktive Software sowie Schallplatten vor und tätigt Unternehmungen im Einzelhandel über ein gemeinsames Geschäft mit Warner Bros Studio Stores.

Kapitalproduktivität: Um das Kapital zu verringern, das zur Unterstützung der weltweiten Expansion der Multiplex-Kinos erforderlich war, erfolgte ein Spin-off der Immobilien-Holdings in einen Immobilientrust, und Kapital und Talent wurden auf die Errichtung und den Betrieb von Kinos konzentriert.

Geteilte Unternehmensleitung: VRL wird von einem Triumvirat geleitet, das die Verantwortung für die Leitung übernimmt, wobei der Titel des CEO jährlich weitergereicht wird.

Warnaco 1986–96

Übersicht über das Unternehmen

Warnaco wurde 1874 gegründet und stieg durch die Entwicklung eines breiten Programms an Büstenhaltern und verwandten Produkten für den Verkauf in Kaufhäusern der gehobenen Klasse zum Marktführer in den USA im Bereich Miederwaren auf. Während der 50er und 60er Jahre erfolgten zahlreiche Akquisitionen, durch die sich das Unternehmen zu einem diversifizierten Hersteller von Bekleidung wandelte.

In den 70er Jahren erlebten die ersten Geschäfte Rückschläge. Nach einem Wechsel im Management begannen die Umsätze in den 80er Jahren infolge übermäßiger Kostensenkungen zu fallen. 1986 tätigten Andrew Galef und Linda Wachner ein fremdfinanziertes Übernahmeangebot und begannen, Ideen zum Ankurbeln des Wachstums einzuführen.

Heute ist Warnaco Hersteller von Miederwaren für Frauen und von Herrenbekleidung. Das Unternehmen strebt an, »Coca-Cola der BH-Branche« zu werden. 1996 betrugen die Einnahmen 1,1 Milliarde Dollar.

Höhepunkte

Leitung: Ohne Linda Wachner wäre Warnacos Turnaround wohl kaum so erfolgreich gewesen. Nachdem sie in den 70er Jahren Vice-president von Warnaco gewesen war, ging sie 1978 zu Max Factor und machte innerhalb von zwei Jahren durch einen Turnaround aus einem Verlust von 16 Millionen Dollar einen Gewinn von 5 Millionen Dollar. Als sie eine fremdfinanzierte Übernahme von Max Factor versuchte, wurde sie vom US-amerikanischen Lebensmittelunternehmen Beatrice geschlagen. Danach versuchte sie, Revlon zu übernehmen, verlor jedoch gegen Ronald Perlman. Aufgrund der unterdurchschnittlichen Entwicklung entschied sie sich schließlich, Warnaco zu übernehmen. Und dieses Mal war sie erfolgreich.

Das Recht auf Wachstum verdienen: Das neue Managementteam leitete mehrere Programme ein, um die betrieblichen Prozesse zu rationalisieren, und desinvestierte eine Reihe von Geschäften, was die Verringerung der Unternehmensbereiche von 15 auf lediglich drei zur Folge hatte: Miederwaren, Männerbekleidung und Einzelhandelsgeschäfte. Zusätzlich steigerte eine umfassende Kostensenkung Gewinne und Cash Flow, um die Schulden aus der Übernahme von 500 Millionen Dollar auszugleichen. Das neue Unternehmen traf grundlegende strategische Entscheidungen und konzentrierte sich auf Miederwaren als wichtigsten Wachstumsmotor.

Markenmanagement: Nachdem die Rentabilität wiederhergestellt war, ging man 1991 an die Börse. Während der 90er Jahre setzte man das Wachs-

Angaben zum Wachstum

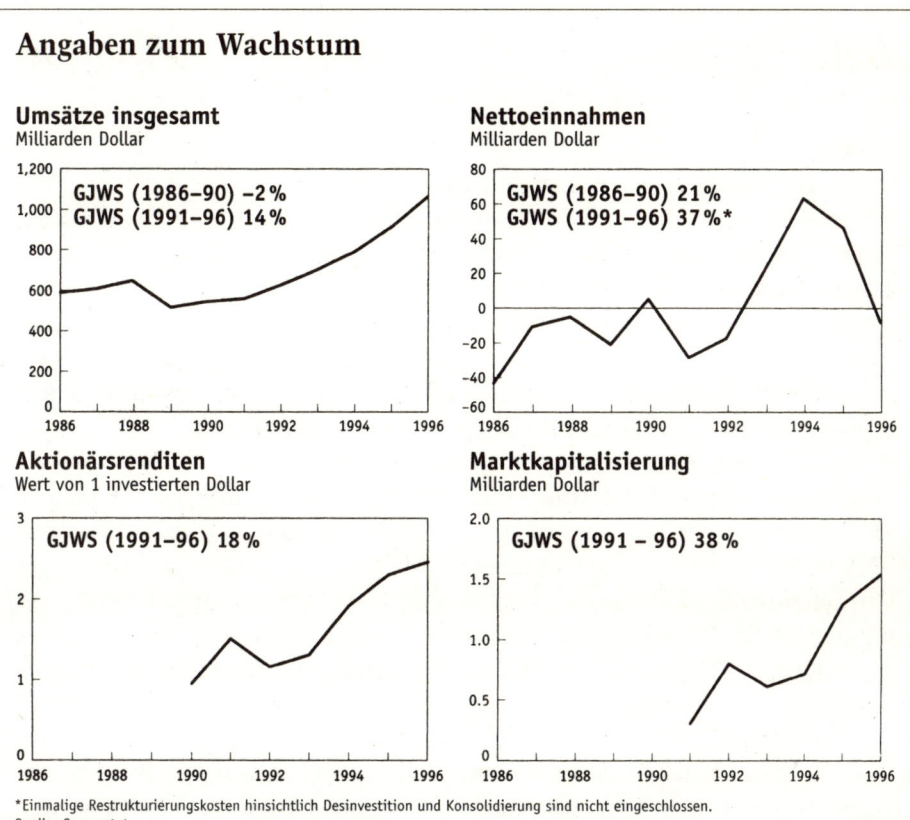

Umsätze insgesamt
Milliarden Dollar

GJWS (1986–90) –2 %
GJWS (1991–96) 14 %

Nettoeinnahmen
Milliarden Dollar

GJWS (1986–90) 21 %
GJWS (1991–96) 37 %*

Aktionärsrenditen
Wert von 1 investierten Dollar

GJWS (1991–96) 18 %

Marktkapitalisierung
Milliarden Dollar

GJWS (1991 – 96) 38 %

*Einmalige Restrukturierungskosten hinsichtlich Desinvestition und Konsolidierung sind nicht eingeschlossen.
Quelle: Compustat

tum durch die Lizenzierung der Herstellung und Vermarktung von Marken
wie Calvin Klein, Fruit of the Loom, Lejaby und Marilyn Monroe fort. Marken, die nicht mehr rentabel waren, wurden wohlüberlegt abgestoßen.
Geographische Expansion: Warnaco verfolgte eine aktive Globalisierungsstrategie und errichtete Produktionsanlagen und Verkaufsniederlassungen
in Europa, Südamerika und Asien.

Wells Fargo   1980–96

Übersicht über das Unternehmen

Die Wells Fargo Bank wurde 1852 von Henry Wells und William Fargo, zwei Gründern der American Express Company, gegründet und ist die älteste Bank in Kalifornien. Durch die Akquisition örtlicher und regionaler Banken im Westen der USA wuchs sie ständig, schrumpfte bis 1995 jedoch wieder und war nur noch in Kalifornien tätig. Die für ihre hohe Leistungsfähigkeit bekannte stark regional orientierte Privatkundenbank unternahm 1995–96 Schritte, um das Wachstum anzukurbeln.

Wells verdoppelte das Vermögen nach dem allererste feindlichen Versuch zur Übernahme der kalifornischen Konkurrentin First Interstate Bancorp. 1997 betrugen die Einnahmen 6,7 Milliarden Dollar und das Vermögen 97,5 Milliarden Dollar. Im Juni 1998 gab sie eine Allianz gleichrangiger Partner mit der Norwest im Wert von 34 Milliarden Dollar bekannt, um die siebtgrößte Bank in den Vereinigten Staaten zu gründen; hier betrug das Vermögen 191 Milliarden Dollar, und die Größe wurde erneut verdoppelt.

Höhepunkte

Das Recht auf Wachstum verdienen: Wells Fargo hat sich den Ruf für herausragende Betriebsleistung verdient. Es ist zum Großteil der starken Ausrichtung auf die Kosten zu verdanken, daß sie 1995 hinsichtlich Gesamtkapitalrentabilität und Eigenkapitalrendite an der Spitze der 50 größten US-Banken stand, mit Ergebnissen von 2,03 bzw. 29,7 Prozent.

Die Luft geht aus: Die Bank mußte feststellen, daß die jährliche Kostensenkung nicht aufrechterhalten werden konnte und daß die zukünftige Schaffung von Shareholder Value durch Spitzenwachstum angetrieben werden mußte.

Wachstum ankurbeln: Die Ernennung von Paul Hazen zum Chairman und CEO und von William Zuendt zum President und COO im Januar 1995 schuf die Voraussetzungen für neue Ziele. Sie ergänzten das obere Management durch außenstehende Personen, erhöhten die Investitionen in neue Technologien, verlagerten das Privatkundennetz von herkömmlichen Bankfilialen zu Minifilialen in Supermärkten und zu Bankkiosken und erweiterten das Darlehensgeschäft für Kleinunternehmen landesweit. Das war jedoch noch nicht alles.

Die feindliche Übernahme der First Interstate Bancorp, die im April 1996 abgeschlossen wurde, war ein deutliches Zeichen, daß sich bei Wells einiges geändert hatte. Während man noch mit der Verarbeitung dieser Akquisition zu kämpfen hatte, ging man schon zur Fusion mit Norwest über, um

Angaben zum Wachstum

Umsätze insgesamt
Milliarden Dollar

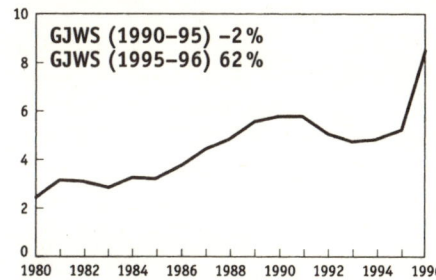

GJWS (1990–95) –2%
GJWS (1995–96) 62%

Nettoeinnahmen
Milliarden Dollar

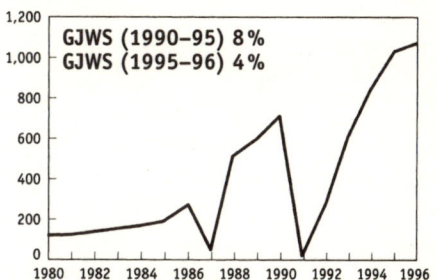

GJWS (1990–95) 8%
GJWS (1995–96) 4%

Aktionärsrenditen
Wert von 1 investierten Dollar

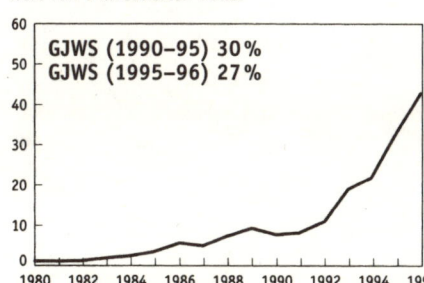

GJWS (1990–95) 30%
GJWS (1995–96) 27%

Marktkapitalisierung
Milliarden Dollar

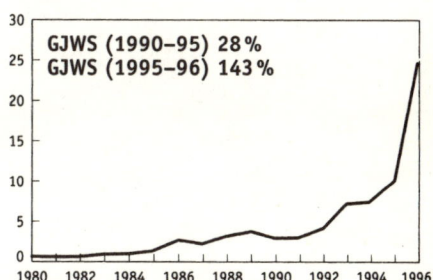

GJWS (1990–95) 28%
GJWS (1995–96) 143%

Quelle: Compustat

ein noch stärkeres und wettbewerbsfähigeres Unternehmen mit sich ergänzenden Fähigkeiten und einer breiteren geographischen Abdeckung in den Vereinigten Staaten zu gründen.

Literaturverzeichnis

Z. Achi, A. Doman, O. Sibony, J. Sinha und S. Witt, »The paradox of fast growth tigers«, *The McKinsey Quarterly*, 1995, Nr. 3, S. 4–17.

I. Adizes, *Corporate Lifecycles: How and why corporations grow and die and what to do about it* (Englewood Cliffs, New Jersey, 1989).

K. Andrews, *The Concept of Corporate Strategy* (Burr Ridge, Ill., 1971).

P. Anslinger, D. Carey, K. Fink und C. Gagnon, »Equity carve-outs: A new spin on the corporate structure«, *The McKinsey Quarterly*, 1997, Nr. 1, S. 165–172.

P. L. Anslinger und T. E. Copeland, »Growth through acquisitions: A fresh look«, *Harvard Business Review*, Januar–Februar 1996, S. 126–135.

W. B. Arthur, »Competing technologies, increasing returns, and lockin by historical events«, *The Economic Journal*, März 1989, Nr. 99, S. 116–131.

C. Baden-Fuller und J. Stopford, *Rejuvenating the Mature Business: The competitive challenge* (London 1996²).

M. A. Baghai, S. C. Coley, R. H. Farmer und H. Sarrazin, »The growth philosophy of Bombardier«, *The McKinsey Quarterly*, 1997, Nr. 2, S. 4–29.

M. Baghai, S. C. Coley und D. White, »Staircases to growth«, *The McKinsey Quarterly*, 1996, Nr. 4, S. 38–61.

J. Bain, *Barriers to New Competition* (Cambridge, Mass., 1956).

C. Y. Baldwin und K. B. Clark, »Capital-budgeting systems and capabilities investments in US companies after the Second World War«, *Business History Review*, Frühjahr 1994, Nr. 68, S. 73–109.

A. Bhide, »How entrepreneurs craft strategies that work«, *Harvard Business Review*, März–April 1994, S. 150–161.

A. Bhide, »The questions every entrepreneur must answer«, *Harvard Business Review*, November–Dezember 1996, S. 120–130.

J. Bleeke und D. Ernst (Hrsg.), *Collaborating to Compete: Using strategic alliances and acquisitions in the global marketplace* (New York 1993).

Z. Block und I. C. MacMillan, *Corporate Venturing: Creating new businesses within the firm* (Boston, Mass., 1993).

H. K. Bowen, K. B. Clark, C. A. Holloway und S. G. Wheelwright, »Development projects: The engine of renewal«, *Harvard Business Review*, September–Oktober 1994, S. 110–120.

M. Bower, *The Will To Lead: Running a business with a network of leaders* (Boston, Mass., 1997).

G. Bowley, »Silicon Valley's transplanted sapling«, *Financial Times*, 27. März 1998, S. 20.

L. Bryan und J. Fraser, *Race for the World* (Boston, Mass., in Kürze erscheinend).

S. Butler u. a., »A revolution in interaction«, *The McKinsey Quarterly*, 1997, Nr. 1, S. 4–23.

A. Campbell und M. Alexander, »What's wrong with strategy?«, *Harvard Business Review*, November–Dezember 1997, S. 42–51.

J. Carter, M. van Dijk und K. Gibson, »Capital investment: How not to build the Titanic«, *The McKinsey Quarterly*, 1996, Nr. 4, S. 146–159.

J. Champy und N. Nohria, *Fast Forward* (Boston, Mass., 1996).

A. B. Chan, *Li Ka-Shing: Hong Kong's exclusive billionaire* (Toronto 1996).

H. W. Chesbrough und D. J. Teece, »When is virtual virtuous? Organizing for innovation«, *Harvard Business Review*, Januar–Februar 1996, S. 65–73.

C. M. Christensen, *The Innovator's Dilemma: When new technologies cause great firms to fail* (Boston, Mass., 1997).

J. Cohen und L. Stewart, *The Collapse of Chaos: Discovering simplicity in a complex world* (New York 1994).

J. Collins, »What comes next?«, *Inc. Magazine*, Oktober 1997.

J. C. Collins und J. I. Porras, *Built to Last: Successful habits of visionary companies* (London 1994).

D. Collis, »Corporate advantage: Identifying and exploiting resources«, Harvard Business School, Notizen 6/10/91, S. 1–13.

D. J. Collis und C. A. Montgomery, »Competing on resources: Strategy in the 1990s«, *Harvard Business Review*, Juli–August 1995, S. 118–128.

K. Coyne, S. Hall und S. Clifford, »Is your core competence a mirage?«, *The McKinsey Quarterly*, 1997, Nr. 1, S. 40–54.

J. Curran, »GE Capital: Jack Welch's secret weapon«, *Fortune*, 10. November, 1997, S. 130.

M. A. Cusamano, »How Microsoft makes large teams work like small teams«, *Sloan Management Review*, Herbst 1997, S. 9–20.

J. D. Day und J. C. Wendler, »The new economics of organization«, *The McKinsey Quarterly*, 1998, Nr. 1, S. 4–32.

A. De Geus, *The Living Company: Growth, learning and longevity in business* (London 1997).

M. De Pree, *Leadership is an Art* (New York 1989).

L. Edvinsson und M. S. Malone, *Intellectual Capital: Realizing your company's true value by finding its hidden roots* (New York 1997).

W. G. Egelhoff, *Organizing the Multinational Enterprise: An information processing perspective* (Cambridge 1988).

K. M. Eisenhardt und S. L. Brown, *Competing on the Edge: Strategy as structured chaos* (Boston, Mass., 1998).

K. M. Eisenhardt und S. L. Brown, »Time pacing: Competing in markets that won't stand still«, *Harvard Business Review*, März 1998, S. 59–71.

P. B. Evans und T. S. Wurster, »Strategy and the new economics of information«, *Harvard Business Review*, September–Oktober 1997, S. 71–82.

R. Foster, *Innovation: The attacker's advantage* (New York 1986).

J. W. Gardner, *Self-Renewal: The individual and the innovative society* (New York 1981).

S. Ghemawat, *Commitment: The dynamics of strategy* (New York 1991).

S. Ghoshal und C. A. Bartlett, *The Individualized Corporation: A fundamentally new approach to management* (New York 1997).

S. Ghoshal und H. Mintzberg, »Diversification and diversifact«, *California Management Review*, Band 37, Nr. 1, Herbst 1994, S. 8–27.

M. Goold, A. Campbell und M. Alexander, *Corporate-level Strategy: Creating value in the multibusiness company* (New York 1994).

R. M. Grant, »The resource-based theory of competitive advantage: Implications for strategy formulations«, *California Management Review*, Frühjahr 1991, Band 33, Nr. 3, S. 114–134.

R. Grieves, »Greenmailing Mickey Mouse; Disney buys out a threatening investor for $ 325 million«, *Time*, 25. Juni 1984.

R. Grover, *The Disney Touch: How a daring management team revived an entertainment empire* (Homewood, Ill., 1991).

R. G. Hagstrom Jr., *The Warren Buffet Way* (New York 1994).

G. Hamel und R. B. Lieber, »Killer strategies that make shareholders rich«, *Fortune*, 23. Juni 1997.

G. Hamel und C. K. Prahalad, *Competing for the Future: Breakthrough strategies for seizing control of your industry and creating the markets of tomorrow* (Boston, Mass., 1994).

G. Hamel und C. K. Prahalad, »Core competence of the corporation«, *Harvard Business Review*, Mai–Juni 1990, S. 79–91.

G. Hamel und C. K. Prahalad, »Strategy as stretch and leverage«, *Harvard Business Review*, März–April 1993, S. 75–84.

M. Hammer und H. Champy, *Reengineering the Corporation: A manifesto for a business revolution* (New York 1993).

J. Heard und J. Keller, »Nokia skates into high tech's big league«, *Business Week*, 4. April 1988.

R. Henderson, »Managing innovation in the information age«, *Harvard Business Review*, Januar–Februar 1994, S. 100–105.

S. Hensley, »Charles Schwab to start selling life insurance in May«, *American Banker*, 23. April 1996.

F. Hesselbein, M. Goldsmith und R. Beckhard (Hrsg.), *The Organization of the Future* (San Francisco 1997).

T. R. Horton, *What Works For Me: 16 CEOs talk about their careers and commitments* (New York 1986).

Tsun-yan Hsieh, »Prospering through relationships in Asia«, *The McKinsey Quarterly*, 1996, Nr. 4, S. 4–13.

M. Iansiti und J. West, »Turning great research into great products«, *Harvard Business Review*, Mai–Juni 1997, S. 69–79.

K. Inamori, *A Passion for Success: Practical, inspirational, and spiritual insights from Japan's leading entrepreneur* (New York 1995).

H. Ishida, »Amoeba management at Kyocera Corporation«, *Human Systems Management*, 1994, Band 13, Nr. 3, S. 183–195.

R. M. Kanter, J. Kao und F. Wiersema, *Business Masters: Innovation – breakthrough thinking at 3M, DuPont, GE, Pfizer, and Rubbermaid* (New York 1997).

R. S. Kaplan und D. P. Norton, *The Balanced Scorecard* (Boston, Mass., 1996).

J. Katzenbach, *Teams at the Top: Unleashing the potential of both teams and individual leaders* (Boston, Mass., 1997).

L. Katzenbach u. a., *Real Change Leaders: How you can create growth und high performance at your company* (New York 1995).

J. Kay, *Foundations of Corporate Success: How business strategies add value* (Oxford 1993).

D. T. Kearns und D. A. Nadler, *Prophets in the Dark: How Xerox reinvented itself and beat back the Japanese* (New York 1992).

J. Kluge u. a., *Shrink to Grow: Lessons from innovation and productivity in the electronics industry* (London 1996).

T. Levitt, *Marketing for Business Growth* (New York 1974).

T. Levitt, »Marketing myopia«, *Harvard Business Review*, Neudruck September–Oktober 1975, S. 26–181.

J. Lowe, *Jack Welch Speaks* (New York 1998).

J. B. McCoy, L. A. Frieder und R. B. Hedges Jr., *Bottom-Line Banking* (Chicago 1994).

C. C. Markides, »To diversify or not to diversify,« *Harvard Business Review*, November–Dezember 1997, S. 93–99.

G. G. Marmol und R. M. Murray Jr., »Leading from the front«, *The McKinsey Quarterly*, 1995, Nr. 3, S. 18–31.

J. Mickelthwait und A. Wooldridge, *The Witch Doctors* (London 1996).

P. Milgrom und J. Roberts, »Complementarities and fit: Strategy, structure and organizational change in manufacturing«, *Journal of Accounting and Economics*, April 1995, S. 179–208.

S. Milgrom und J. Roberts, *Economics, Organization and Management* (Englewood Cliffs, New Jersey, 1992).

W. H. Miller, »Gillette's secret to sharpness«, *Industry Week*, 3. Januar 1994.

D. Q. Mills und G. B. Friesen, *Broken Promise: An unconventional view of what went wrong at IBM* (Boston, Mass., 1996).

H. Mintzberg, *The Rise and Fall of Strategic Planning: Reconceiving roles for planning, plans, planners* (New York 1994).

C. A. Montgomery (Hrsg.), *Resource-Based and Evolutionary Theories of the Firm: Towards a synthesis* (Norwell, Mass., 1995).

C. A. Montgomery und S. Hariharan, »Diversified expansion by large established firms«, *Journal of Economic Behavior and Organization*, 1991, Nummer 15, S. 71–89.

I. Morrison, *The Second Curve: Managing the velocity of change* (New York 1996).

J. Nocera, *A Piece of the Action* (New York 1994).

T. Pare, »GE monkeys with its money machine«, *Fortune*, 21. Februar 1994, S. 81.

B. A. Pasternack und A. J. Viscio, *The Centerless Corporation: A new model for transforming your organization for growth and prosperity* (New York 1998).

E. Penrose, *The Theory of the Growth of the Firm* (Oxford 1995³).

M. A. Peteraf, »The cornerstones of competitive advantage: A resource-based view«, Strategic Management Journal, März 1993, Nr. 14, S. 179–191.

T. J. Peters und R. H. Waterman Jr., *In Search of Excellence: Lessons from America's best-run companies* (Sydney 1994).

T. Peters, *The Circle of Innovation* (New York 1997).

J. Pfeffer, *Competitive Advantage through People: Unleashing the power of the work force* (Boston, Mass., 1994).

J. Pfeffer, *The Human Equation: Building profits by putting people first* (Boston, Mass., 1998).

I. Porter, »Village Roadshow shoots for top billing«, *Australian Financial Review*, 12. Oktober 1995, S. 23.

M. Porter, *Competitive Strategy: Techniques for analyzing industries and competitors* (New York 1980).

M. Porter, »What is strategy?«, *Harvard Business Review*, November–Dezember 1996, S. 61–78.

E. Reichheld, *The Loyalty Effect* (Boston, Mass., 1996).

G. Rommel u. a., *Simplicity Wins: How Germany's mid-sized industrial companies succeed* (Boston, Mass., 1995).

D. Rumball, *Peter Munk: The making of a modern tycoon* (Toronto 1996).

R. P. Rumelt, D. E. Schendel und D. J. Teece (Hrsg.), *Fundamental Issues in Strategy: A research agenda* (Boston, Mass., 1994).

D. Sadtler, A. Campbell und R. Koch, *Break Up! When large companies are worth more dead than alive* (Oxford 1997).

P. J. H. Schoemaker, »Scenario planning: A tool for strategic thinking«, *Sloan Management Review*, Winter 1995, S. 25–40.

C. Schwab, *How To Be Your Own Stockbroker* (New York 1984).

E. C. Shapiro, *Fad Surfing the Boardroom* (Reading, Mass., 1995).

R. Slater, *The New GE* (Homewood, Ill., 1993).

A. J. Slywotsky, *Value Migration: How to think several moves ahead of the competition* (Boston, Mass., 1996).

A. J. Slywotsky und D. J. Morrison, *The Profit Zone: How strategic business design will lead you to tomorrow's profits* (Boston, Mass., 1997).

L. Sproull und S. Kiesler, *Connections* (Cambridge, Mass., 1995).

G. Stalk Jr., D. K. Pecaut und B. Burnett, »Breaking compromises, breakaway growth«, *Harvard Business Review*, September–Oktober 1996, S. 131–139.

G. Stalk Jr., P. Evans und L. E. Schulman, »Competing on capabilities«, *Harvard Business Review*, März–April 1992, S. 57–69.

T. A. Stewart, *Intellectual Capital: The new wealth of organizations* (New York 1997).

J. Stuckey und D. White, »When and when not to vertically integrate«, *Sloan Management Review*, Frühjahr 1993, Band 34, Nr. 3, S. 71–83.

W. C. Taylor und A. M. Webber, *Going Global: Four entrepreneurs map the new world marketplace* (New York 1996).

D. Teece und G. Pisaro, »The dynamic capabilities of firms: An introduction«, *Industrial and Corporate Change*, 1994, Band 3, Nr. 3, S. 537–556.

D. Teece, G. Pisaro und A. Shuler, »Dynamic capabilities and strategic management«, CCC Working Paper Nr. 94–9, University of California, Berkeley, August 1994.

N. M. Tichy mit E. Cohen, *The Leadership Engine: How winning companies build leaders at every level* (New York 1997).

N. M. Tichy und S. Sherman, *Control Your Destiny or Someone Else Will* (New York 1993).

R. M. Tomasko, *Go for Growth: Five paths to profit and success – Choose the right one for you and your company* (New York 1996).

R. M. Tomasko, *Downsizing: Reshaping the corporation for the future* (New York 1987).

M. Treacy und F. Wiersema, *The Discipline of Market Leaders: Choose your customers, narrow your focus, and dominate your market* (Reading, Mass., 1995).

M. L. Tushman und C. A. O'Reilly III, »Ambidextrous organizations: Managing evolutionary and revolutionary change«, *California Management Review*, Sommer 1996, Band 38, Nr. 4, S. 8–30.

J. M. Utterback, *Mastering the Dynamics of Innovations: How companies can seize opportunities in the face of technological change* (Boston, Mass., 1994).

P. Wack, »Scenarios: Uncharted waters ahead«, *Harvard Business Review*, September–Oktober 1985, S. 72–89.

M. M. Waldrop, *Complexity: The emerging science at the edge of order and chaos* (New York 1992).

M. Weidenbaum und S. Hughes, *The Bamboo Network* (New York 1996).

C. B. Wendel, *The New Financiers* (Chicago 1996).

B. Wernerfelt, »A resource-based view of the firm«, *Strategic Management Journal*, September–Oktober 1984, Band 5, S. 171–180.

R. Whitely und D. Hessan, *Customer Centered Growth: Five proven strategies for building competitive advantage* (Reading, Mass., 1996).

P. Williamson und M. Hay, »Strategic staircases«, *Long Range Planning*, 1991, Band 24, Nr. 4, S. 36–43.

D. Young, »Illinois Tool still fastened to keep-it-simple formula«, *Chicago Tribune*, 26. April 1993.

Register

Patricia B. Seybold
mit Ronni T. Marshak

koenig.kunde.com

Wie erfolgreiche Unternehmen
im Internet Geschäfte machen

368 Seiten, gebunden mit Schutzumschlag
DM 58,00 / ÖS 423,00 / sFr 52,59
ISBN: 3-430-18377-4

koenig.kunde.com entwickelt acht bewährte Strategien, mit denen
Firmen im elektronischen Handel nicht nur Geld verdienen, sondern
auch ihre Kundenbeziehungen nachhaltig verbessern können.

»...flott und verständlich geschrieben, extrem informativ und span-
nend zu lesen und um Klassen besser als fast alle bisher erschienenen
deutschen E-Commerce-Bücher. Für alle, die einen umfangreichen
E-Commerce-Auftritt planen, gibt es zur Zeit keine wichtigere Lek-
türe.«
Internet Professionell

»Eine Pflichtlektüre für Manager.«

Euro am Sonntag

Peter F. Drucker

Management im 21. Jahrhundert

272 Seiten, gebunden mit Schutzumschlag
DM 58,00 / ÖS 423,00 / sFr 52,50
ISBN: 3-430-12238-4

Das Management des 21. Jahrhunderts muß sich radikalen Umbrüchen stellen. Technologie- und Informationsrevolution fordern den Manager als »change leader«. Eine seiner wichtigsten Aufgaben wird es sein, die Produktivität und die Motivation der »Wissensarbeiter« der Zukunft zu fördern. Aber auch in Bereichen wie Bildung, Gesundheit, Kultur oder Verwaltung sind künftig neue Managementqualitäten gefragt.
Peter F. Drucker, der Lehrmeister des modernen Managementdenkens, entwirft in seinem neuen Buch eine hellsichtige Perspektive der Chancen und Risiken für Wirtschaft und Gesellschaft des 21. Jahrhunderts und weist dem Management klare Wege durch die anstehenden Herausforderungen.